编译文库 | 马克思主义

张 颖 著

卡尔·考茨基的唯物主义历史观研究
The Research on Karl Kautsky's Materialist Conception of History

图书在版编目（CIP）数据

卡尔·考茨基的唯物主义历史观研究／张颖著. —北京：中央编译出版社，2025.5

ISBN 978-7-5117-4613-9

Ⅰ. ①卡… Ⅱ. ①张… Ⅲ. ①考茨基（Kautsky, Karl 1854-1938）–历史唯物主义–思想评论 Ⅳ. ①B03

中国国家版本馆 CIP 数据核字（2024）第 046992 号

卡尔·考茨基的唯物主义历史观研究

责任编辑	周雪凝
责任印制	李　颖
出版发行	中央编译出版社
网　　址	www.cctpcm.com
地　　址	北京市海淀区北四环西路 69 号（100080）
电　　话	（010）55627391（总编室）　（010）55627311（编辑室）
	（010）55627320（发行部）　（010）55627377（新技术部）
经　　销	全国新华书店
印　　刷	佳兴达印刷（天津）有限公司
开　　本	710 毫米×1000 毫米　1/16
字　　数	261 千字
印　　张	17
版　　次	2025 年 5 月第 1 版
印　　次	2025 年 5 月第 1 次印刷
定　　价	98.00 元

新浪微博：@中央编译出版社　　微　信：中央编译出版社（ID: cctphome）
淘宝店铺：中央编译出版社直销店（http://shop108367160.taobao.com）　（010）55627331

本社常年法律顾问：北京市吴栾赵阎律师事务所律师　闫军　梁勤
凡有印装质量问题，本社负责调换。电话：（010）55627320

本书获得上海体育大学马克思主义理论研究专项出版资助计划的支持，特此致谢！

序

对第二国际理论家的研究是近些年来国内学界的重要研究领域,取得了非常可观的学术进展,张颖的博士论文《卡尔·考茨基的唯物主义历史观研究》,是在复旦大学就读期间在这一领域深入犁耕的成果。

第二国际是马克思主义发展史上的关键一环,它构成了马克思主义从"原生态马克思主义"向"马克思之后的马克思主义"的过渡阶段①,也推动了19世纪马克思主义在欧洲的全新发展。卡尔·考茨基作为第二国际和德国社会民主党最有影响力的理论家,在传播、普及和捍卫马克思主义方面做出了重大贡献,在恩格斯逝世之后的25年里,在马克思主义阵营中,考茨基的影响力远远超出19世纪时期的欧洲范围。考茨基的著作影响了许多国家的好几代马克思主义者,比如列宁在接受马克思主义的第一个时期就深受考茨基的影响,以至列宁在与考茨基决裂以后依然承认至少考茨基在1914年以前的著作是机会主义的敌人。毛泽东在同斯诺谈话时曾提到促成自己转向马克思主义的三本书,除了陈望道翻译的第一本中文版《共产党宣言》、柯卡普的《社会主义史》以外,第三本就是考茨基的《阶级斗争》,即《爱尔福特纲领解说》。1921年,考茨基的《阶级斗争》作为"新青年丛书"第八种由新青年社出版,对马克思主义在中国的早期传播产生了重要影响。②

在当代,国内外关于考茨基的研究并不多。就国外来说,关注考茨基

---

① 姚顺良:《应该重视和加强对第二国际的研究》,载《国外理论动态》,2008年第6期。

② 李良明:《恽代英译〈阶级争斗〉评介》,见北京大学《马藏》编纂与研究中心主编《〈马藏〉研究》第二辑,北京:科学出版社2021年版。

的学者不多，即使有，大多集中在考茨基生平、资本主义批判理论、帝国主义理论、社会主义革命的理论与策略，考茨基与列宁、伯恩施坦等人之间的论争。关于考茨基的评价则大致分为以下三种：一是全盘否定考茨基理论的马克思主义哲学性质，批判考茨基的庸俗马克思主义用科学实证代替了革命的辩证法，陷入了经济决定论的泥沼，这以卢卡奇、柯尔施和葛兰西等早期西方马克思主义者为代表。二是全盘肯定考茨基的马克思主义理论，把考茨基看作是马克思主义的继承人，这以考茨基的亲属以及巴尔特·特洛姆普为代表，其中巴尔特·特洛姆普认为考茨基是发明马克思主义的人，是马克思主义理论上的继承人。三是综合评价考茨基，承认考茨基的思想在前期和后期是有变化的，但肯定考茨基曾经是马克思主义者，比如在马尔堡学派为代表的理论家看来，列宁把考茨基说成是"无产阶级的叛徒"，表明只有曾经是马克思主义者才能成为叛徒①；佩里·安德森在《西方马克思主义探讨》一书中，指出考茨基等人的著作是恩格斯思想的延续，这些著作是"马克思遗产的总结而不是发展"。②

就国内来说，受极"左"思潮影响，学界关于考茨基的研究基本是以反对修正主义和机会主义为中心的，这期间虽出版了很多关于考茨基的著作，但都是作为老修正主义的批判对象出版的。改革开放以来，学术界关于考茨基的研究有了较为全面的分析，特别是国内学者翻译了大量德国关于考茨基研究状况的文章以及考茨基的生平大事等。此外，关于考茨基的研究不再限于修正主义的批判，在广度上进一步拓展，比如土地问题、灌输论、民主与社会主义等问题得到重视。然而学界已发表的成果在关于考茨基唯物主义历史观研究的文章则付之阙如，专著类更是鲜有，对于考茨基的论述仅仅散落在关于第二国际史、马克思主义发展史中，对考茨基的整体评价也基本沿袭之前的一些说法。近年来，以姚顺良教授、徐军

---

① 陈爱萍：《西方学者对第二国际马克思主义哲学研究的三个阶段》，载《哲学动态》，2010年第2期。
② [英] 佩里·安德森：《西方马克思主义探讨》，张秀琴译，重庆：重庆出版社2023年版，第12页。

教授等为代表的学者提出要加强和重视第二国际研究，一方面开启了关于考茨基唯物主义历史观文本的深层解读，另一方面，把考茨基的唯物主义历史观研究置于马克思主义理解史的视域中，同马克思主义的各个流派、谱系的发展结合起来，使得关于考茨基唯物主义历史观的研究生动立体起来。

关于考茨基的研究不能绕过考茨基的唯物主义历史观，正如考茨基本人所说，唯物主义历史观是终其一生用以思想和指导工作的方法，考茨基晚年花费近七年写成并出版的《唯物主义历史观》一书，是考茨基一生理论工作的结晶。考茨基关于唯物主义历史观的理解渗透着浓厚的实证主义和折中主义色彩，这对其犹豫不决、消极等待的政治策略产生了影响，由此关于考茨基的争议也比较多。基于此，张颖博士选择考茨基的唯物主义历史观作为研究主题，不仅有助于考察考茨基唯物主义历史观的演变历程，而且有助于分析其关于社会主义革命的理论和策略的变化。这项研究依托考茨基《唯物主义历史观》的经典文本对考茨基的唯物主义历史观进行深层次的解析，不仅梳理了考茨基历史观的演变历程，阐释了考茨基唯物主义历史观的研究对象和本质，系统介绍了考茨基关于阶级、国家、社会主义运动问题的理解；而且通过梳理第二国际内部理论家、列宁以及早期西方马克思主义学者与考茨基的论争，力图全面呈现考茨基相关理论的特点，并从理论贡献、理论局限以及重新审视争议焦点等方面对考茨基进行了全面评价，以期准确把握考茨基在马克思主义源流谱系中的角色，理解考茨基的思想成果、特色和局限。

张颖在其博士论文的基础上，又进行了补充和完善，修改后的著作更加聚焦考茨基的《唯物主义历史观》及其相关著作，力图重新发现经典著作的持久价值；同时立足21世纪国外马克思主义再研究的当代视角，以开放的心态回到考茨基的经典著作，直面关于考茨基与社会进化论、经济决定论的争议，回归文本，实现了基于经典著作的哲学批判再出发，具有一定理论创新和时代价值。

借张颖博士著作出版之际，一是向她表示祝贺，再是期望这本著作的出版，能够在国内学界马克思主义发展史有关第二国际的研究方面起到实质性的推动作用。

是为序。

郑召利

2023年6月于复旦大学光华楼

目录 Contents

导论 ·· 1
  一、前马克思主义时期 ·· 2
  二、马克思主义时期 ·· 7
  三、非正统马克思主义时期 ································ 24

第一章 考茨基的唯物主义历史观的研究对象和本质 ········ 29
  第一节 考茨基的唯物主义历史观的研究对象 ·········· 31
    一、人的本性 ·· 31
    二、人类社会 ·· 40
  第二节 考茨基的唯物主义历史观的本质 ·················· 51
    一、唯物主义历史观的精髓 ································ 51
    二、唯物主义历史观的世界观基础 ···················· 55

第二章 关于阶级与阶级斗争问题 ································ 61
  第一节 阶级概念和阶级形成 ·································· 61
    一、阶级的概念 ·· 63
    二、阶级的起源 ·· 68
  第二节 阶级与知识分子 ·· 73
    一、知识分子的历史发展 ································ 73
    二、知识分子作为新中间等级 ·························· 77
    三、知识分子与工人阶级 ································ 81
  第三节 阶级斗争 ·· 85

一、前资本主义社会的阶级斗争 …………………………… 86
　　二、资本主义社会的阶级斗争 …………………………… 91

第三章　关于国家和国家的消亡问题 ………………………… 96
第一节　国家的概念和起源 …………………………………… 96
　　一、国家的概念 ……………………………………………… 96
　　二、国家的起源 ……………………………………………… 101
第二节　国家的类型 …………………………………………… 105
　　一、最初古老的国家 ………………………………………… 105
　　二、东方专制国家和地中海城市国家 ……………………… 108
　　三、中世纪国家与城市 ……………………………………… 110
　　四、资本主义工业国家 ……………………………………… 113
第三节　国家的消亡 …………………………………………… 119
　　一、对无政府主义的批判 …………………………………… 120
　　二、国家消亡的另类话语 …………………………………… 124
　　三、社会国家 ………………………………………………… 126

第四章　关于社会革命与无产阶级专政问题 ………………… 131
第一节　社会革命 ……………………………………………… 131
　　一、社会革命的本质 ………………………………………… 132
　　二、社会革命的形式 ………………………………………… 136
第二节　无产阶级意识与社会主义运动 ……………………… 144
　　一、无产阶级意识的形成 …………………………………… 145
　　二、无产阶级意识的作用 …………………………………… 150
第三节　民主与无产阶级专政 ………………………………… 155
　　一、关于民主与无产阶级成熟问题 ………………………… 156
　　二、关于民主与无产阶级统治形式问题 …………………… 159
　　三、关于无产阶级专政问题 ………………………………… 161
　　四、对苏维埃政权的批判 …………………………………… 165

第五章　论争中的考茨基 169
第一节　第二国际内部的论争 169
　　一、关于资本主义民主制度的论争 170
　　二、关于政治总罢工和群众斗争问题的论争 173
　　三、关于帝国主义以及帝国主义战争的论争 177
　　四、关于社会主义的论争 181
第二节　列宁对考茨基的批判 185
　　一、关于战争的性质问题 185
　　二、关于国家与革命问题 188
　　三、关于民主与无产阶级专政问题 192
第三节　早期西方马克思主义对"庸俗马克思主义"的批判 197
　　一、关于科学实证主义的批判 197
　　二、关于经济决定论的批判 203

第六章　如何评价考茨基的唯物主义历史观 210
第一节　考茨基的理论贡献 211
　　一、唯物主义历史观中蕴含的社会人类学批判维度 212
　　二、在伦理学上对马克思主义所作的贡献 217
　　三、对唯物主义历史观"经典表述"的集中阐释 222
第二节　考茨基的理论局限性 226
　　一、实证主义和折中主义倾向 227
　　二、旧唯物主义立场和历史主义发生学 230
第三节　重新审视两个争议焦点 236
　　一、考茨基与经济决定论 236
　　二、考茨基与社会进化论 241

参考文献 248

后　记 258

导 论

卡尔·考茨基作为极富争议的马克思主义理论家,我们需要立足于21世纪国外马克思主义再研究的角度重新挖掘其当代价值。重新审视考茨基的唯物主义历史观,有利于我们了解马克思主义的不同阐释路径。从国外马克思主义的四条阐释路径[①]看,以考茨基为代表的第二国际理论家属于"正统马克思主义"的阐释路径,一定程度上,西方马克思主义的阐释路径就是在批判包括考茨基在内的"正统马克思主义"的基础上产生的。所以,研究考茨基的唯物主义历史观不仅有利于重新思考马克思的唯物主义历史观,而且有利于充分理解马克思主义的不同阐释路径。

理解考茨基的唯物主义历史观需要把握考茨基思想的演变轨迹,考茨基思想的演变轨迹基本可以看作第二国际发展进程的缩影,同时也代表了第二国际时期马克思主义理论家关于马克思主义阐释路径的探索。在马克思主义发展史上,考茨基思想的历史演变成为对其进行历史定位或评判的依据。其中最有影响力的莫过于列宁在《无产阶级革命和叛徒考茨基》中将考茨基定位为"十足的叛徒"[②]和"资产阶级走狗"[③],自此,"叛徒"标签的影响力就远远盖过了考茨基前期所有的声望和荣誉,并一直伴随考茨基晚年直至去世。时至今天,在马克思主义发展史研究中,考茨基也一直作为批判的对象而不受重视。

---

① 王凤才、陈学明在《国外马克思主义研究:四条路径及其评价》(2011年第2期)上总结了马克思主义的四条阐释路径:"正统马克思主义"阐释路径、东欧"新马克思主义"阐释路径、"西方马克思主义"阐释路径和"国外马克思学"阐释路径。本书对"正统马克思主义"和"西方马克思主义"的界定均采用此文观点。

② 《列宁选集》第三卷,北京:人民出版社2012年版,第599页。

③ 《列宁选集》第三卷,北京:人民出版社2012年版,第619—620页。

国内学者对考茨基思想演变的划分基本一致，不过具体的分期时间点有所不同。谢淀波教授将考茨基的理论活动划分为前马克思主义时期、捍卫马克思主义时期和机会主义时期，但没有明确表明时间节点；姚顺良教授将考茨基的思想演变划分为四个时期，即前马克思主义时期（1883年以前）、马克思主义和革命社会主义时期（1884—1910年）、"中派主义"时期（1910—1918年），以及折中主义和"社会民主主义"时期（1918—1938年）。本书则把考茨基的思想演变划分为三个时期：前马克思主义时期（1881年前）、马克思主义时期（1881—1914年）和非正统马克思主义时期（1914—1938年），并将考茨基的思想演变大致概括为从激进民主主义到正统马克思主义再到改良主义。当然，这些划分阶段是相对的，就算当考茨基演变为非正统马克思主义之后，我们也不能简单地断定他的理论观点包括唯物主义历史观，在一切方面都具有反马克思主义的性质。

一、前马克思主义时期

考茨基在晚年回忆录中说到，从进入维也纳大学开始，他的活动"总是在科学与政治、理论与实践之间兼顾两者"①，所以考察考茨基早年的思想历程，应该从考茨基的政治思想、科学研究以及社会活动等实践进行分析，以便对考茨基早年的思想状况有一个明确的把握。

在政治思想方面，早年的考茨基经历了激进的捷克民族主义到模糊的社会主义两个阶段。其中，捷克民族主义思想的产生和逐渐消除，与考茨基的家庭背景有密切联系。考茨基的家庭是奥地利帝国民族混杂状态的一个缩影，他是捷克人和德国人的儿子，他的外祖父是维也纳人，外祖母是奥地利东北部人，而他的祖父是捷克人，祖母却有着波兰血统。考茨基的父亲一直抱有捷克民族主义思想，因此不能忽视考茨基或多或少会受到父亲的影响。当然，考茨基的捷克民族主义思想的产生受到了更为直接的事

---

① ［德］考茨基：《一个马克思主义者的成长》，叶至译，北京：生活·读书·新知三联书店1973年版，第4页。

件影响,即在1868年考茨基拜访了住在波希米亚乡镇的叔叔,年轻的考茨基被那里热烈的农民反叛运动深深触动,进而受到了捷克民族主义情绪的鼓动。对于年轻的考茨基来说,他生活在由捷克艺术家主导,却充满了世俗德国公民的维也纳,捷克民族主义思想实际上无疑成为青年考茨基青春期反叛的一个发泄口,并且在接下来的两年中考茨基一直认为自己就是激烈的捷克民族主义者。① 但是考茨基并非一直陷于捷克民族主义思潮中,这是因为考茨基母亲的家庭是德意志式的家庭,虽然考茨基九岁时迁往维也纳,但仍然是在一种完全德意志式的家庭环境中长大的,比如在他的家庭中最常见的新闻资源不是有关捷克民族主义或农民的刊物,而是有关维也纳资产阶级的德语出版物。在这样的环境中,考茨基的捷克民族主义思想是很难长久维持的,就像考茨基自己回忆的那样,他在民族问题上,处于一种游移不定的政治情感中,不仅同情捷克人,实际上也同情德意志人、匈牙利人和意大利人。

事实也证明,考茨基的捷克民族主义思想确实没有维持多久。1871年,考茨基受到巴黎公社的鼓舞,其激进政治思想逐渐加强。考茨基的浪漫激进主义促使了他必然会同情支持巴黎公社的拥护者,并且这种同情会促使考茨基的政治激进主义认同巴黎公社所代表的社会主义。由此,考茨基开始接触对他来说完全生疏的社会主义,但是从此以后社会主义便牢牢抓住了他的心。除巴黎公社外,法国著名小说家乔治·桑对考茨基的社会主义思想也产生了重要影响。巴黎公社带给考茨基的是对社会主义的兴趣以及对工人阶级的同情,但是考茨基的家人或是朋友没人能够回答考茨基什么是社会主义,甚至在亲戚和朋友中他是被孤立的。在这种情况下,乔治·桑的小说告诉了考茨基关于社会主义的那些知识,更重要的是给予考茨基莫大的信心和精神支持。② 当然考茨基也承认这些小说也只是告诉他研究社会主义的必要性以及实现社会主义需要一个漫长的过程,并没有告

---

① Gary P. Steenson. *Karl Kautsky*, 1854–1938: *Marxism in the Classical Years*, Pittsburgh, Pa: University of Pittsburgh Press, 1979, p. 19.

② Gary P. Steenson. *Karl Kautsky*, 1854–1938: *Marxism in the Classical Years*, Pittsburgh, Pa: University of Pittsburgh Press, 1979, p. 21.

诉他有关社会主义的明确概念。对于日后成长为成熟马克思主义者的考茨基，肯定会否定乔治·桑小说中的一些观点，比如反工业主义、假定的小资产阶级的工匠品德以及依靠继承贵族财产为共产主义社会建立基础等。但是不能否认，哪怕作为后来成熟马克思主义者的考茨基，其著作中的一些思想确实与乔治·桑是一致的，比如工人和工业主之间固有的但又被忽视的矛盾，需要把社会主义建立在教育和知识的基础上①，等等。

  直至1871年末，考茨基的捷克民族主义思想已经变成了一种模糊的社会主义或激进民主主义，他的思想是以同情低等阶级为特点的，并且相信通过知识和研究，能够洞悉未来社会的道路。1873年至1874年间，考茨基写了一系列文章，主要观点就是通过平等、自由、普遍教育、消除失业等方式来调和资本和劳动之间的矛盾。考茨基认为这些目标可以通过建立一个联邦共和国来实现，在这里言论、出版、集会是无条件自由的，男女有同等的选举权，并且高校提供针对贫困学生的免费教育。考茨基认为这个激进的共和国通过逐渐收购工人，将其转变为工人经营的合作社的形式就能克服工人和工厂主的矛盾。②

  在科学知识思潮方面，考茨基受到19世纪下半叶实证主义和唯物主义的影响。一方面，这里的实证主义更多的是指达尔文主义引发的科学主义思潮，它把自然科学研究中的那些分析方法和研究方法应用到其他所有领域，同时实证主义思潮没有把人类解放的信念寄托在伦理或宗教上，而是坚信科学带来人类解放等。另一方面，这里的唯物主义也并非严格意义上的哲学上的唯物主义，而是强调不管在经济领域、生物学领域还是其他领域都非常注重物质对观念和行为的决定作用。具体来说考茨基受到了英国实证主义史家亨利·托马斯·巴克尔③，德国动物学家、哲学家恩斯特·

---

  ① Gary P. Steenson. *Karl Kautsky*, 1854-1938: *Marxism in the Classical Years*, Pittsburgh, Pa: University of Pittsburgh Press, 1979, pp. 22-23.

  ② Gary P. Steenson. *Karl Kautsky*, 1854-1938: *Marxism in the Classical Years*, Pittsburgh, Pa: University of Pittsburgh Press, 1979, p. 23.

  ③ 亨利·托马斯·巴克尔（Henry Thomas Buckle, 1821—1861），英国著名的实证主义史家，以其1857—1861年间所著《英国文明史》（*History of Civilization in England*）二卷而闻名。

海克尔①，庸俗唯物主义代表人路德维希·毕希纳以及英国科学家达尔文等的影响。考茨基在回忆录里指出达尔文主义对他的观点产生了最大的影响，但是他对海克尔、毕希纳试图将自然科学的发现应用到人类社会的尝试的认识也是极为深刻的。②

考茨基就是在这种科学思潮的影响下开始他的历史、科学、社会主义和经济学研究的，主要是把达尔文主义应用于社会发展。考茨基酷爱历史和科学，在他21岁时就制定了写一部包罗万象的世界史的计划。在自然科学方面，在研究达尔文、海克尔、巴克尔以及毕希纳的自然科学基础上，考茨基完成了自己的第一本著作《人口增殖对社会进步的影响》，该书完成于1878年，出版在1880年，主要理论出发点是从达尔文主义出发，反对马尔萨斯的理论，但是对新马尔萨斯理论却抱有好感。考茨基反对马尔萨斯关于现有的贫困源于人口过剩的理论，赞同社会主义者对马尔萨斯的批评。考茨基此时也开始认真研究社会主义，毕竟之前乔治·桑的小说和路易勃朗的历史著作展示出来的社会主义概念还是极不明确的。考茨基关于社会主义的研究开始于拉萨尔③，众所周知，拉萨尔的著名论断就是把工人的贫困归于"铁的工资规律"，并认为工人的解放就是通过国家建立工人合作社使工人获得全部劳动所得。考茨基在此期间所发表的激进民主主义的观点，诸如通过共和国逐渐收购工厂将其转变为工人经营的合作社，就能克服工人和工厂主的矛盾这个观点其实就是受到拉萨尔的影响。此外，考茨基还对新康德主义的代表人物阿尔伯特·朗格的社会观点表示同情，认为他的观点与约翰·穆勒和达尔文的观点有很多相同之处。在研究社会主义的同时，考茨基也开始研究经济学。考茨基曾尝试研读马克思的《资本论》，但灰心地放弃了，转而研究马克思批判的

---

① 恩斯特·海克尔（Ernst Heinrich Philipp August Haeckel，1834—1919），德国动物学家和哲学家，海克尔将达尔文的进化论引入德国并在此基础上继续完善了人类的进化论理论。

② Gary P. Steenson. *Karl Kautsky*, 1854 - 1938: *Marxism in the Classical Years*, Pittsburgh, Pa: University of Pittsburgh Press, 1979, p. 25.

③ 斐迪南·拉萨尔（Ferdinand Lassalle，1825—1864），德国政治家、哲学家、社会主义者，德国早期工人运动领导人。

政治经济学，比如英国的罗歇、亚当·斯密、李嘉图、约翰·穆勒等，考茨基在回忆录指出这一时期研读穆勒和巴克尔的书要比马克思的书多得多。此外，考茨基也对反对英国经济学派的美国经济学家凯里①及其追随者卡尔·欧根·杜林②感兴趣，但是考茨基对他们总是抱有批判的态度，对杜林甚至怀有厌恶。由此可以看出考茨基此时的经济学观点是各种思想的大杂烩，带有强烈的折中主义性质。

早年的考茨基除了注意科学研究，也非常关注各种政治活动。1874年考茨基进入维也纳大学学习，次年一月便加入奥地利社会民主党。正如考茨基在回忆录里所说的，他的政治发展历程对他的科学发展历程产生了很大影响。③ 在奥地利社会民主党机关报《平等报》的推动下，考茨基开始接触拉萨尔的著作，正式研究社会主义。考茨基通过给维也纳的党报和莱比锡的《人民国家报》撰稿，参加政党的政治活动。1876年考茨基同威廉·李卜克内西和奥古斯特·倍倍尔接触并建立联系④，1877年考茨基加入德国社会主义工人党（后为德国社会民主党），1879年考茨基开始为卡尔·赫希伯格⑤撰稿，并在他的帮助下于1880年出版了已被搁置两年的自己的第一本著作《人口增殖对社会进步的影响》。之后被赫希伯格邀请去苏黎世为其出版的《社会科学和社会政策年鉴》和《政治经济论丛》撰稿，这让他改变了生活道路，从此开始了写作和社会民主党职业活动家的生涯。

---

① 亨利·查尔斯·凯里（Henry Charles Carey, 1793—1879），美国经济学家，基本基调是在维护资本主义制度下，努力进行阶级调和及利益调和，反对自由贸易，主张保护关税，代表作《社会科学原理》。

② 卡尔·欧根·杜林（Karl Eugen Dühring, 1833—1921），德国哲学家、庸俗经济学家，小资产阶级社会主义的思想代表。

③ ［德］考茨基：《一个马克思主义者的成长》，叶至译，北京：生活·读书·新知三联书店1973年版，第4页。

④ ［德］考茨基：《一个马克思主义者的成长》，叶至译，北京：生活·读书·新知三联书店1973年版，第7页。

⑤ 卡尔·赫希伯格（Karl Höchberg, 1853—1885），德国社会民主党人、改良主义者、新闻工作者，父亲是富裕的银行家，赫希伯格以继承的巨额遗产资助党创办报刊，被称为"富有的社会民主党人"。

从考茨基的早年经历可以看出，考茨基一开始就是理论和实践、科学和政治同时兼顾。在政治思想上，考茨基经历了激进捷克民族主义到模糊的社会主义的过程，并最终成为社会民主党职业活动家。在科学思想上，考茨基主要受到达尔文主义影响，达尔文主义成为考茨基新世界观的重要组成部分，并被应用于各种理论研究。在社会主义和政治经济学方面，考茨基主要研读了拉萨尔、朗格、凯里和杜林的著作。在此时马克思远没有引起考茨基的注意，他对马克思还是持淡漠的态度，并对马克思理论"采取批评的和不信任的态度"[①]。

二、马克思主义时期

根据考茨基该阶段理论工作的主要任务，我们对其"马克思主义时期"思想历程的考察划分为三个阶段：1880年至1890年的流动时期、1890年至1904年的反对修正主义时期和1905年至1914年向中派主义过渡时期。

（一）流动时期

1880年到1890年于考茨基是个人经历和知识经历都非常重要的阶段，在此期间考茨基结了两次婚，他的理论活动基本在苏黎世、维也纳、伦敦以及斯图加特等城市进行，也正是在19世纪80年代，考茨基与恩格斯、倍倍尔、伯恩施坦、维克多·阿德勒[②]以及很多俄国、法国社会民主党人建立了友谊。在这个时期，考茨基逐渐地从浪漫的、自然科学的社会主义转变为具有恩格斯倾向的马克思主义者，并逐渐成为重要的马克思主义理论家。[③]

1880年初，考茨基刚到苏黎世之时，仍是一名浪漫的、怀有自然科学

---

① ［德］考茨基：《土地问题》，梁琳译，北京：生活·读书·新知三联书店1955年版，第9页。

② 维克多·阿德勒（Victor Adler, 1852—1918），奥地利社会民主工党和第二国际领导人。

③ Gary P. Steenson. *Karl Kautsky*, 1854–1938: *Marxism in the Classical Years*, Pittsburgh, Pa: University of Pittsburgh Press, 1979, p. 43.

主义思想的朦胧的社会主义者,此时他还没有完全摆脱巴克尔、海克尔、毕希纳等人著作的影响。在苏黎世,对考茨基影响最大的无疑是赫希伯格和伯恩施坦。虽然考茨基在回忆录里说赫希伯格的兴趣在哲学和音乐史,因而不能成为他的导师,但是不可否认赫希伯格确实拓宽了考茨基的知识视野。在他的介绍下,考茨基阅读了社会达尔文主义者赫伯特·斯宾塞的著作,还了解了保护关税、国际劳动法等实用经济学的内容。与赫希伯格相比,伯恩施坦对考茨基的影响更大。伯恩施坦比考茨基大五岁,他在最活跃的社会主义思想环境的激励下成长起来,在政治事务方面,伯恩施坦远比考茨基高明得多。此时的考茨基把伯恩施坦看作自己强有力的引导人。① 在此期间,考茨基和伯恩施坦曾一起写信给恩格斯,一起研读马克思、恩格斯的著作,两人情投意合,正像考茨基自己所说,别人把他们两人视作红色的俄瑞斯忒斯和皮拉得斯②。正是这种亲密的关系,让考茨基在后来反对伯恩施坦之时,最初表现出一种犹豫不决。1881 年,考茨基在倍倍尔的陪同下,前往伦敦会见了马克思和恩格斯,并担任了恩格斯的私人秘书。当然,他们的第一次见面给马克思留下了不好的印象。马克思在给燕妮·龙格的信中写道:"他是一个平庸而目光短浅的人,过分聪明(他才二十六岁),自负,在某种程度上是勤勉的,对统计学下了不少功夫,但收效不大,是个天生的俗种,不过,在他那种人当中他还算个正派人;我尽可能地把他打发到我的朋友恩格斯那里去。"③ 似乎马克思有意避免与考茨基的任何接触,这是马克思对考茨基的唯一评论,至于马克思唯一一次与考茨基的通信,是为了请考茨基转交马克思写给考茨基母亲的信件,马克思是非常尊重考茨基母亲的,当考茨基告诉马克思,自己的性格与母亲一点也不像时,马克思暗暗为他母亲庆幸。恩格斯对考茨基的评价

---

① Gary P. Steenson. *Karl Kautsky*, 1854 – 1938: *Marxism in the Classical Years*, Pittsburgh, Pa: University of Pittsburgh Press, 1979, pp. 44 – 45.

② 希腊神话故事里的人物,俄瑞斯忒斯是希腊名将阿伽门农的儿子,其父被杀害后,为免遭杀害,被送到其他国家,与国王的儿子皮拉得斯情同手足;俄瑞斯忒斯回国替父报仇后,被复仇女神逼疯,皮拉得斯想方设法帮助其恢复健康。后来"俄瑞斯忒斯和皮拉得斯"表示莫逆之交、亲密无间的朋友。

③ 《马克思恩格斯全集》第 35 卷,北京:人民出版社 1971 年版,第 171 页。

不是那么苛刻，但却认为考茨基不太适合做一名政治作家，认为考茨基在成为重要的马克思主义理论家之前需要有大量的实践经历才行。1882年秋，考茨基开始筹办德国社会民主党的理论刊物《新时代：精神生活与公共生活杂志》（下文简称《新时代》），并于1883年至1917年间担任《新时代》编辑长达35年之久。在考茨基看来，《新时代》连同伯恩施坦主办的《社会民主党人报》是"第一批有意识地和有系统地为宣传和进一步发展马克思主义思想和研究而服务的杂志。从这两个杂志开始，人们才能谈得上有马克思主义学派"①。

此时虽然考茨基已经开始阅读马克思、恩格斯的著作，特别是他与伯恩施坦一起认真研读了恩格斯的《反杜林论》，但实际上考茨基并未摆脱那种自然主义—科学主义的世界观。在这个时期考茨基的很多著作实际上是融合了马克思和达尔文的观点。在《新时代》创办的最初三年，考茨基花了很多时间讨论动物和人类的社会本能，攻击斯宾塞学派的社会达尔文主义者，把他们看作是无政府主义者的同盟军。因为这些社会达尔文主义者坚持认为原始人类的生存状况是个人主义的和无政府主义的。而考茨基则坚持认为早期人类的组织，是原始共产主义，是以建立在强烈的集体主义团结下的平等和纪律为基础的。发表在《新时代》上的《印第安人问题》一文集中表现了考茨基此时的思想特点。一方面，考茨基批判了社会达尔文主义关于原始人类问题的观点，指出正是白人的个人主义才导致了印第安人被毁灭和杀戮；另一方面，考茨基也更多地使用马克思的术语来解释印第安人败给白人的原因，指出这不是更好的、更强壮的、更聪明的人赢了，而是更高的生产方式赢了。② 考茨基在恩格斯的建议下，集中研究人类学和历史学，其研究成果是《婚姻和家庭的起源》。根据考茨基的回忆录，此书写于1881年至1882年冬，在这本书中考茨基驳斥了摩尔根关于普纳路亚婚姻制度的推断，认为摩尔根提到的亲属称谓不能看作是身

---

① ［德］考茨基：《一个马克思主义者的成长》，叶至译，北京：生活·读书·新知三联书店1973年版，第14页。

② Gary P. Steenson. *Karl Kautsky*, 1854–1938: *Marxism in the Classical Years*, Pittsburgh, Pa: University of Pittsburgh Press, 1979, pp. 64–65.

份等级称呼而应看作辈分称呼。

综上可以看出，在19世纪80年代初，考茨基在世界观上以融合马克思的唯物主义和达尔文主义为特点，在实践上考茨基的研究还没有与工人运动建立直接相关的联系。

从1883年年末开始，考茨基越来越多地致力于马克思的研究，越来越少关注自然科学的主题。① 1885年，考茨基迁居伦敦，在恩格斯的直接领导下工作。在1885年到1890年之间，考茨基着手研究政治经济学和历史，积极传播和普及马克思主义特别是经济理论和历史理论，用历史的观点研究经济学，用经济学的观点来研究历史，并运用马克思主义来研究具体的社会历史问题特别是社会思想史。此时考茨基已经成为坚定的恩格斯倾向的马克思主义者。这一时期考茨基关于马克思主义的工作方向主要集中在两个方面：第一，考茨基用更为简单、通俗化的形式解释马克思的著作。考茨基和伯恩施坦共同翻译了马克思的《哲学的贫困》（马克思的原稿是法语），在恩格斯的鼓励下考茨基还独立撰写了《马克思的经济学说》，力图对马克思的《资本论》做通俗的解释来满足广大工人和知识分子的需求。《马克思的经济学说》也是考茨基本人以及第二国际时期对马克思主义进行通俗阐释的代表作。第二，在恩格斯的鼓励下，考茨基以马克思的名义同一切伪装的科学社会主义以及马克思主义的敌人进行辩论。② 诸如，1884年在指出马克思与洛贝尔图斯的区别时，考茨基与德国社会民主党内的经济学家施拉姆发生冲突。③ 在《马克思的经济学说》中，考茨基密切联系马克思和恩格斯的经典文本，不仅创造性地阐发了关于资本主义的批判理论，批判了庸俗经济学，而且同无产阶级的现实运动联系起来。

虽然考茨基的唯物主义世界观要求他仍以社会规律去理解人类社会的运作，但是他已经不再将达尔文主义的生物概念简单地扩展并运用于人类

---

① Gary P. Steenson. *Karl Kautsky*, 1854–1938: *Marxism in the Classical Years*, Pittsburgh, Pa: University of Pittsburgh Press, 1979, p. 66.

② Gary P. Steenson. *Karl Kautsky*, 1854–1938: *Marxism in the Classical Years*, Pittsburgh, Pa: University of Pittsburgh Press, 1979, p. 66.

③ [德]考茨基：《一个马克思主义者的成长》，叶至译，北京：生活·读书·新知三联书店1973年版，第15页。

社会，还特别否认这种扩展的合理性。可见考茨基此时已经离开了19世纪70年代和80年代初期的那种自然科学主义，真正意义上转向了马克思主义。19世纪80年代末考茨基的两本历史著作《托马斯·莫尔及其〈乌托邦〉》(1888)和《法兰西革命时期的阶级斗争》(1889)是运用唯物主义历史观的范例。考茨基之所以研究莫尔这位天主教徒和思想家，主要是因为他看到马克思主义是两种社会主义潮流的汇合，所以他要考察现代社会主义在早期的区别。考茨基把托马斯·莫尔和托马斯·闵采尔看作是早期社会主义最重要的代表人物。考茨基写这本著作的主要目的就是揭示莫尔的《乌托邦》（该书全名是《关于最完美的国家制度和乌托邦新岛的既有益又有趣的金书》）是第一本社会主义的著作，它预见了资本主义的灭亡并设想了后资本主义时代的特征。《法兰西革命时期的阶级斗争》试图分析在1788年到拿破仑上台期间，法国革命中的大量复杂事件。与《托马斯·莫尔及其〈乌托邦〉》不同，《法兰西革命时期的阶级斗争》处理的是与工人运动有重要关系的事件，因此它的影响力要比前者深远。在《法兰西革命时期的阶级斗争》一书中，考茨基对驱动法国革命时期社会各个阶级及团体的经济利益做了细致和理性的分析。[①] 考茨基虽然同情共和党人，但是他把大革命的结果看作是不成熟的法国资产阶级不可避免的结果，以及走向现代资本主义发展过程的必要步骤。这两部著作特别是《法兰西革命时期的阶级斗争》是考茨基真正意义上运用唯物主义历史观进行历史研究的著作，并且这两本著作为考茨基成为马克思主义国际理论权威做好了准备。[②]

（二）反对修正主义

1890年《反社会党人法》的解除，可以看作德国社会民主党发展的一个分水岭。其一，在接下来的二十五年中，德国社会民主党逐渐发展为一个人数众多的大党，并且取得了选举上的一系列胜利，考茨基也随着社会

[①] Gary P. Steenson. *Karl Kautsky*, 1854–1938: *Marxism in the Classical Years*, Pittsburgh, Pa: University of Pittsburgh Press, 1979, p. 81.

[②] Gary P. Steenson. *Karl Kautsky*, 1854–1938: *Marxism in the Classical Years*, Pittsburgh, Pa: University of Pittsburgh Press, 1979, p. 82.

民主党的壮大逐渐赢得了国际声望，成为一名卓越的马克思主义理论家。考茨基拥有的辩论家的技巧、对《新时代》的控制以及在编辑马克思的文献著作特别是《资本论》四卷本中所发挥的作用，使他赢得了国际声望。考茨基被看作是马克思和恩格斯的继承人、马克思主义的理论权威。正像著名的历史学家尤里乌斯·布劳恩塔尔所说的，考茨基使马克思主义从一个深奥难解的体系转变为一场声势浩大的政治运动的纲领。① 其二，《反社会党人法》的废除有利于社会民主党的宣传和组织，与此同时，政党规模的扩大及其所取得的成就，让德国社会民主党内的温和派和激进派的分歧更加明显。一方面，在德国社会民主党取得选举胜利、生活水平提高以及社会民主党官僚机构保守力量等因素影响下，温和派的力量不断增强，并逐渐发展为第一次世界大战以前的右派。另一方面，由于德国社会民主党持续地被排斥、劳动纠纷周期性的暴力镇压以及权力缺乏引起的沮丧，加上世纪之交关于帝国主义的争论，这些因素推动激进派的产生和壮大，并逐渐成为第一次世界大战前的左派。1890年到1904年之间，考茨基花了大量时间去批判他认为极为有害的右派倾向。② 此时右派的代表人物有福尔马尔③、爱德华·大卫④、伯恩施坦等，他们主张争取农民扩大社会民主党的号召力，并且过分强调议会改革的成效，主张和平长入社会主义等。

考茨基反对修正主义的斗争是从土地问题开始的。1890年，《反社会党人法》废除后，社会民主党在城市的发展非常迅速，然而在农村的发展却极为缓慢。社会民主党人应该如何对待土地问题成为亟待解决的实际问题。1894年在德国社会民主党法兰克福代表大会上，福尔马尔、勋朗克联

---

① Gary P. Steenson. *Karl Kautsky*, 1854–1938: *Marxism in the Classical Years*, Pittsburgh, Pa: University of Pittsburgh Press, 1979, p. 83.

② Gary P. Steenson. *Karl Kautsky*, 1854–1938: *Marxism in the Classical Years*, Pittsburgh, Pa: University of Pittsburgh Press, 1979, p. 84.

③ 福尔马尔（Georg von Vollmar, 1850—1922），巴伐利亚政治家，德国社会民主党右翼领导人。

④ 爱德华·大卫（Eduard Heinrich Rudolph David, 1863—1930），德国社会民主党右派领导人之一，经济学家。

名提出了一项关于农业问题的草案，主张保护农民。① 在1895年的德国社会民主党布勒斯劳代表大会上，福尔马尔等向大会提出了"农业纲领草案"，并得到了爱德华·大卫等人的支持。但由于考茨基等多数人反对福尔马尔提出的这一草案，最终并没有通过。福尔马尔等人要求社会民主党的农业政策不仅要保护工人，而且要照顾农民的利益，包括保护富农，使他们免受剥削和贫困。福尔马尔认为，只要社会民主党采取适当的方式，在农村人口最艰难的时候，是可以争取农民支持社会民主党的。② 与福尔马尔一致的，爱德华·大卫在《社会主义与农业》一书中，把农民的家庭经济看作农业的最高级形式，力图分散大企业，指出机器只适用于工业；对于农业，机器并不能节约生产费用。③

考茨基等大多数人对福尔马尔和爱德华·大卫关于土地—农业问题的观点是持反对态度的。考茨基还特别著有《土地问题》一书，集中钻研农业问题。首先，考茨基批判了资产阶级经济学家和爱德华·大卫所津津乐道的小规模农业生产继续存在的问题。在考茨基看来，爱德华·大卫所津津乐道的小农生产实际上是土地碎分的表现。考茨基指出资本主义农业具有特殊规律，即资本集中的倾向与土地碎分化倾向并存，他指出："在近代社会中大地产要消灭小地产或完全排挤小地产是谈不到的。我们已经看见在土地所有权集中进行得很远的地方，就有碎分的趋势。"④ 小生产之所以能够存活下来，实际上是通过成为国内企业的外包工等方式，因而小生产的增加意味着大生产所需农村剩余劳动力的增加，意味着无产者的增加，这反而证明了小生产或者说土地碎化是同农业资本的集中紧密相连的，也恰好证明了大生产对小生产的优越性。其次，考茨基批判福尔马尔

---

① ［德］考茨基：《一个马克思主义者的成长》，叶至译，北京：生活·读书·新知三联书店1973年版，第18页。
② 《福尔马尔文选》，国际共运史研究室编，北京：人民出版社1984年版，第230页。
③ 姚顺良：《资本主义理解史（第二卷）：第二国际时期资本主义批判理论的演变》，南京：江苏人民出版社2009年版，第157页。
④ ［德］考茨基：《土地问题》，梁琳译，北京：生活·读书·新知三联书店1955年版，第199页。

和爱德华·大卫等人关于保护农民和争取农民支持的主张。考茨基反对通过农业纲领草案，这并不意味着社会民主党不必关心农民，而是强调关心农民命运需要从无产阶级的利益和社会发展的客观趋势出发。考茨基从分析无产者特征出发，指出农民还不完全具备无产者的特性，有时农民利益与无产者利益是对立的。而且在私有经济盛行的农村，保守的小农思想总是使农民倾向于保护私有制，并且期望自己成为独立的生产经营者，但私有制不利于社会化大生产，同时不利于过渡到社会主义公有制农业。因此考茨基指责福尔马尔和爱德华·大卫保护农民就是保护导致农民贫困的农民所有制，即保护把农民锁在贫困上的枷锁。再次，考茨基反对把农民看作是社会主义运动的一支同盟军，一方面他们与无产者利益不是完全一致的甚至是相反的，另一方面，农民中出现了富农、中农以及贫雇农的划分，他们自身也不能构成利益一致的阶级，他们内部分化为资本家的支持者和劳动者的盟友，并且他们之中的有些人为了保卫现有的财产，寻求国家的保护，将自己出卖给反动势力，与军队、官僚以及地主结成联盟，所以，社会主义者不得不同他们斗争。[①] 考茨基指出社会民主党人可以依靠的对象仅仅是拥护公有制的雇农，而不是拥护私有制的小农。

考茨基的《土地问题》不仅批判了爱德华·大卫和福尔马尔等"巴登派"的右派思想，还成为反对伯恩施坦修正主义的先声[②]，为社会民主党制定正确的土地政策指明了方向，而且阐明了社会民主党的无产阶级的阶级立场，指出社会民主党人决不能迁就农民而放弃反对私有制这个社会主义的基本原则。

在考茨基写作《土地问题》同福尔马尔、爱德华·大卫进行土地—农民论战之时，伯恩施坦的修正主义已经蔓延开来。考茨基从一开始就对与伯恩施坦论战就不感兴趣，这是因为与土地问题不同，和修正主义论战仅仅是为考茨基早已深信不疑的信念进行辩护，而不会给他带来新的启示和

---

① Dick Geary. *Karl Kautsky*, Manchester: Manchester University Press, 1987, pp. 28 – 29.
② 姚顺良：《资本主义理解史（第二卷）：第二国际时期资本主义批判理论的演变》，南京：江苏人民出版社 2009 年版，第 176 页。

知识。伯恩施坦开始以《社会主义问题》为标题发表一系列文章之时，考茨基是深有同感的，把他看作恩格斯和自己已经开始的事业的继续。当伯恩施坦系统地概括和阐明自己的观点时，考茨基对伯恩施坦则由怀疑变成了激烈的反对，但是他对伯恩施坦的反对焦点不在于伯恩施坦对马克思主义哲学的歪曲，而在于对资本主义理论的歪曲。其中一个例证就是普列汉诺夫打算把自己从哲学上清算伯恩施坦的文章发表在《新时代》上，但是考茨基却以《新时代》读者对哲学不感兴趣为由拒绝刊载，并回信给普列汉诺夫，指出如果伯恩施坦只不过在哲学上对马克思主义进行歪曲蜕变，那丝毫不会让他感到不安。无论考茨基对伯恩施坦的批判最初表现得何等犹豫或不彻底，但不能否定考茨基与伯恩施坦的论战是这个时期考茨基应对右派挑战的集中表现。与伯恩施坦的论战鲜明地展示了考茨基的正统马克思主义思想及其存在的缺陷，这些理论缺陷成为日后考茨基转变为中派的原因。本书从三个方面来考察考茨基对伯恩施坦的批判。

第一，考茨基捍卫了马克思的资本积累理论。马克思在《资本论》中详细阐释了资本主义积累规律：

> 由此可见，不管工人的报酬高低如何，工人的状况必然随着资本的积累而恶化。最后，使相对过剩人口或产业后备军同积累的规模和能力始终保持平衡的规律把工人钉在资本上，比赫斐斯塔司的楔子把普罗米修斯钉在岩石上钉得还要牢。这一规律制约着同资本积累相适应的贫困积累。因此，在一极是财富的积累，同时在另一极，即在把自己的产品作为资本来生产的阶级方面，是贫困、劳动折磨、受奴役、无知、粗野和道德堕落的积累。①

马克思指出资产阶级的财富积累和工人阶级的贫困积累是同时进行的，资产阶级和无产积极是对立的两极。但在伯恩施坦看来，社会结构同以前相比，没有简单化，反而是高度分化了，并且用股份公司来说明"有产者的人数不是'或多或少地'增加，而简直就是**更多了**，就是说**绝对地**

---

① 《马克思恩格斯文集》第5卷，北京：人民出版社2009年版，第743—744页。

而且相对地增加了"①。考茨基从当时的资本主义现实出发,对伯恩施坦作了反驳。考茨基指出股份公司根本无法阻挡资本积累和贫困积累的趋势,事实上股份公司是为大资本家和投机者服务的,股票的增加,不能说明财产分配。在《社会革命》一书中,考茨基进一步详细解释了股份公司是金融支配工业的手段,其实质是把中下层阶级不用于立即消费的金钱变成货币资本,并提供给金融资本家,从而增加他们收买企业的资金,最终把工业集中于几个金融资本家手里。② 此外,考茨基批判了伯恩施坦用以反对资本集中的"小生产稳定论",考茨基指出社会民主党人从来没有否认过小企业伴随大企业未来存在的可能性,但是反对伯恩施坦所认为的在商业、农业等小生产有极强的生产力的看法,他指出"农民经营能够对抗大经营,不是靠自己的高度的生产能力,而是由于自己的极低的需要"③。在考茨基看来,小生产之所以还存留,一方面由于资本购买小块土地联合成大土地不容易,另一方面,大生产也需要小生产提供的各种劳动力,大生产和小生产的关系已经构成了资本家和无产者的关系,小生产的存在实际上是对大生产的依赖。但是,考茨基指出资本主义生产方式和个人所有的小生产会逐渐消失的趋势是不可否认的,而且从社会主义者的角度看,这种趋势是很重要的,因为这可以让无产阶级逐渐意识到战胜私有财产的不可避免性。考茨基指出资本集中是一个非常关键的问题,因为它创造出了社会主义革命的主客观条件。综上可以看出,考茨基关于资本主义发展规律的理论思考非常清晰,在他看来,资本集中不仅创造了无产阶级的历史任务,而且创造了解决任务的方式。

第二,进一步阐释了无产阶级贫困化理论,坚持阶级对立两极化。在讨论完伯恩施坦关于否定现代社会资本集中的趋势后,考茨基开始批判伯恩施坦的第二个观点——否定贫困集中。伯恩施坦关于资本集中或企业集中趋势的态度是有保留的,他并没有绝对否认资本集中趋势;然而他关于

---

① [德]伯恩施坦:《社会主义的前提和社会民主党的任务》,殷叙彝译,北京:生活·读书·新知三联书店1965年版,第104页。
② 《考茨基文选》,王学东编,北京:人民出版社2008年版,第126页。
③ [德]考茨基:《土地问题》,梁琳译,北京:生活·读书·新知三联书店1955年版,第125页。

贫困集中趋势的态度是极力反对的。伯恩施坦认为，生产力的提高意味着社会财富不断增长，而资本家的消费同增长的社会财富相比，是"天平上的一根羽毛"。因此，社会财富要么流入无产阶级手中，要么被中等阶级拿走。在此，伯恩施坦提出了"中间阶级"理论，并指出随着资本主义财富的增长，"收入层次和经营层次的划分表现了相当明显的平行现象，特别是只就中间部分而言。我们看不到中间部分在任何地方有所减少，相反，它们几乎到处都有相当大的扩展"[1]。因此，在伯恩施坦看来，随着资本积累，阶级结构并非像马克思在《共产党宣言》中所认为的那样，只是资产阶级和无产阶级的对立，并非日趋两极化，伯恩施坦认为中间等级并没有消失，反而有了相当大的扩展，中间等级的存在有力地抑制了两极分化的趋势。

考茨基指出新中间等级并非像伯恩施坦所说那样是旧中间等级的继续，旧中间等级是以生产资料的私人所有制为基础的，而新中间等级是由从事脑力劳动的知识分子组成的，他们是资本家的雇佣者。考茨基还指出新中间等级并不是一个同质的阶级，他们内部也有分层，最有特权的知识分子已经接近资产阶级，最没有特权的知识分子相当于无产阶级，而越来越多的是中间阶层。新中间等级缺少与资本进行斗争的准备，他们既痛恨资产阶级的贪得无厌，又对无产阶级的粗鲁感到气愤。[2] 但是，考茨基并没有试图反对伯恩施坦借用中间等级来否定阶级两极化的观点。在他看来，尽管中间等级仍然存在并且数量不断增加，但是随着资本主义关系的发展和资本的集中，中间等级的地位和作用已经变化了。中间等级即使在地位和意识上不完全是无产阶级的，但他们的重要特征与无产阶级有共同之处。他们正在逐渐地无产阶级化。

与此同时，考茨基进一步阐释了马克思的贫困理论。考茨基指出在资本主义社会中，镇压无产阶级和无产阶级力量增加的两种趋势同时展开，而这种趋势的展开实际就是资本家和工人阶级之间矛盾对立的表现。工人

---

[1] [德] 伯恩施坦：《社会主义的前提和社会民主党的任务》，殷叙彝译，北京：生活·读书·新知三联书店1965年版，第123页。

[2] 姚顺良：《资本主义理解史（第二卷）：第二国际时期资本主义批判理论的演变》，南京：江苏人民出版社2009年版，第300页。

阶级反对贫困的斗争已经改变了资本主义社会中无产阶级贫困的性质，无产阶级的贫困已经从物质贫困变为了社会贫困。因此，在考茨基看来，伯恩施坦所指的贫困的消失，是物质贫困的消失。随着先进资本主义生产力的发展，工人的生活水平尽管有了很大的提高，但是工人的社会贫困却不断加剧，工人阶级越来越被排挤在他们自己所创造的文明之外。同时，在考茨基看来，日益增长的贫困也表现在越来越多的妇女和儿童成为劳动力。他从这种贫困中得出无产阶级阶级斗争的必要性，指出只有消灭资本主义生产方式才能消灭贫困。贫困理论对于理解考茨基关于工人的社会主义革命意识的发展是有重要意义的，正如尤卡·格罗瑙所认为的贫困化理论是考茨基革命的社会主义学说的一个最重要的部分①。

第三，考茨基坚持以无产阶级夺取政权为目的的社会革命必然性。伯恩施坦认为马克思主张的暴力革命已经过时，便向马克思的革命理论发起攻击，大力宣扬合法改良主义，伯恩施坦主张通过议会政治斗争来夺取政权。在民主问题上，伯恩施坦认为民主意味着社会的一切成员权利平等，这不仅是争取社会主义的手段，也是实现社会主义的形式。② 工人阶级的斗争不是作为剥削阶级和被剥削阶级的斗争来理解的，而是为了更好的物质生活和民主的扩展而斗争。民主投票的权利能够使它的成员之间的关系成为虚拟的伙伴关系，并最终导致真正的伙伴关系的形成。因此，在伯恩施坦看来，自由民主比阶级斗争更重要是显而易见的。伯恩施坦关于自由民主的理解实质体现了伯恩施坦对无产阶级专政的强烈谴责。至此，伯恩施坦完全放弃了武装斗争，走向了合法改良主义。

考茨基虽然拒绝参与伯恩施坦关于无产阶级专政的讨论，但是围绕资本主义社会中的阶级两级化和工人阶级统一的问题展开了政治权力的分析。考茨基迫切要求国家政权的明确转变，在他看来，资本积累和阶级两极化，在使工人力量日益增长的同时，也不断扼杀工人的政治表达需求，

---

① Jukka Gronow. *On The Formation of Maxism*, Helsinki: Societas Scientiarum Fennica, 1986, p. 43.
② ［德］伯恩施坦：《社会主义的前提和社会民主党的任务》，殷叙彝译，北京：生活·读书·新知三联书店1965年版，第191—192页。

阶级两极化表明了夺取政权的必要性。考茨基认为，不应当用蚕食资本主义的办法获得阶级斗争的胜利，为了使无产阶级的每次胜利和敌人的每次失败得以加深，必须不断扩大斗争的规模。当然，考茨基也非常重视民主的作用，民主能使无产阶级在精神上趋于成熟，从而适应社会革命的手段，"民主之于无产阶级，犹如空气和阳光之于有机体那样，缺少了就不能发挥其力量"①，民主与无产阶级的利益是一致的。但是民主也不会阻碍资本的发展，在无产阶级力量增长的同时，资本组织程度以及在政治上和经济上的力量也在增长。所以，在资本主义生产方式下，奢求资本主义逐步和平长入社会主义，是一种空想。因此，在考茨基看来，民主并不能阻止革命，社会改革和无产阶级组织加强，只会导致战斗的无产阶级产生出更先进的革命分子，使同资产阶级的斗争由争取基本生存条件的斗争，转变为夺取政权的斗争。因此，社会主义不是民主逻辑的完成，而是阶级斗争逻辑的结果。这成为马克思主义正统与修正主义之间的关键区别。②

第四，考茨基维护了马克思的唯物主义历史观。伯恩施坦把马克思主义歪曲为一种宿命论，试图为唯物史观补充一个意识观，同时伯恩施坦反对马克思的辩证法，认为辩证法是阻碍人们正确分析问题的"陷阱""泥潭"。在考茨基看来，辩证法是理论研究的最好方法和最尖锐武器，对立面的斗争是一切事物发展的动力。伯恩施坦对辩证法的责难，实际上变成了对马克思主义方法及其最成熟的代表作《资本论》的责难。③ 考茨基认为伯恩施坦实际混淆了决定论和机械论，把历史必然性和人们所处的绝境混为一谈。在马克思主义关于社会主义的理解中，方法是关键，而不是结论，这种方法就是唯物史观。④

总的来说，考茨基与伯恩施坦的论战，集中体现了考茨基关于马克思

---

① 《考茨基文选》，王学东编，北京：人民出版社2008年版，第139页。
② Alan Shandro. "Karl Kautsky: On the Relation of Theory and Practice", Science & Society, Vol. 01, No. 4, Winter 1997–1998, pp. 474–501.
③ 姚顺良：《资本主义理解史——第二国际时期资本主义批判理论的演变》，南京：江苏人民出版社2009年版，第295页。
④ 庄福龄等：《马克思主义史》第2卷，北京：人民出版社1995年版，第37—38页。

主义的理解。虽然考茨基最初持犹疑态度，但不得不说考茨基的态度是真诚的，在抑制修正主义思潮中，考茨基的正统马克思主义起到了重要作用。值得一提的是伯恩施坦对考茨基决定主义的批判是有部分合理性的。在考茨基看来，社会主义的未来不仅仅是由经济发展决定的，也需要日益增长的革命的工人阶级运动。资本主义社会的解体和社会主义社会的建立，在最终本质上，是阶级斗争的结果。只有当工人阶级意识到它的历史任务后，才能推翻资本主义，实现社会主义的最终目标，而考茨基则期望革命的主体会从资本主义中自动产生。这种决定主义是考茨基正统马克思主义的典型特点，这些特点成为考茨基日后受到激进左派批判的原因。

（三）向中派主义过渡时期

这个时期，考茨基承担了重要的理论任务，即整理出版马克思的遗著，其中涉及党史的部分交给了梅林，考茨基主要负责经济学部分，主要任务就是出版《剩余价值学说史》。1914年出版了1913年编辑完成的《资本论》第一卷的普及版（即《资本论》1914年斯图加特版，通称"考茨基版"）。考茨基还研究了基督教起源问题，其成果是1908年出版的《基督教的起源》。1910年考茨基发表了《自然界和社会中的增殖和发展》一文，对自然的人口规律和人类社会的人口规律进行区分，他强调虽然社会主义社会的人口规律还未知，但绝不必担心社会主义会由于人口过剩而毁灭，考茨基此时关于人口问题的看法与其早年《人口增殖对社会进步的影响》中的观点是不同的。①

在一系列关于政治和现实的问题上，考茨基逐渐转向中派立场。从1905年俄国革命爆发到1914年第一次世界大战爆发，第二国际内部在如何对待俄国革命经验、是否承认政治性群众罢工以及如何对待帝国主义之间战争的问题上逐渐分化为左派、中派和右派。左派认为俄国的革命经验同样适应于欧洲，主张政治罢工和革命暴力；右派根本否定俄国革命，推行合法改良主义；中派肯定俄国的政治罢工和暴力革命，但是在俄国经验

---

① [德]考茨基：《一个马克思主义者的成长》，叶至译，北京：生活·读书·新知三联书店1973年版，第25—27页。

是否适应西欧的问题上持保留态度。一般来说，在1905年俄国革命前后，考茨基的观点是激进的、革命的，是站在左派的，但是从1910年起，考茨基则表现出中派主义立场，他在《在巴登和卢森堡之间》中写道，在地理上马克思的故乡特利尔在德国的巴登州和卢森堡大公国之间；在政治上也是如此，巴登的修正主义者在右边，罗莎·卢森堡在左边，而他自己则处于"马克思主义的中心"，这表明考茨基明确宣布转向中派主义立场。在这个阶段考茨基提出不同于俄国斗争方式的"疲惫战略"，日益把批评的主要矛头指向左派。

第一，关于俄国革命问题。考茨基肯定俄国革命，在俄国革命爆发之前，考茨基预见了革命的发生并且预言了俄国革命将对西欧产生影响。在1904年的《形形色色的革命家》中，针对卢斯尼亚认为考茨基过高估计了俄国工人作为现实政治因素的疑问，考茨基回应道"毫无疑问，俄国就其经济发展来说远远落后于德国或英国，它的无产阶级也不如，例如，德国或英国的无产阶级强大和成熟。但一切都是相对的，阶级的革命力量也是相对的"[①]，他继续指出俄国如果发生革命，将对欧洲带来的政治影响：一方面，俄国革命会使邻国的无产阶级运动趋于活跃和加强，而且会冲击阻挡民主的各种障碍，比如普鲁士的三级选举制；另一方面，俄国革命将会促进东欧复杂民族问题的解决。毫无疑问，1905年俄国革命的到来，让考茨基感到欢欣鼓舞。考茨基在《伦理学与唯物主义历史观》（1906）的序言中，仍然强调俄国革命的持续性和对西欧的影响，指出无论如何，在俄国的农民还没有得到满足之前俄国的革命是不可能结束的，并且强调俄国革命拖延得越久，西欧无产阶级群众会越觉醒，西欧也就越有可能开始阶级斗争。在《取得政权的道路》中，考茨基还细数了俄国革命对西欧产生的真实影响，比如奥地利争取普选权的胜利斗争、匈牙利起义以及1908年柏林的大规模街头示威等。值得一提的是，考茨基晚年仍然津津乐道自己关于俄国1905年革命到来及其政治影响的正确预测：

> 我正确地预料到这次革命……我对它的强烈和持续程度估计过

---

① 《考茨基文选》，王学东编，北京：人民出版社2008年版，第207页。

高,因而也对于它对西方所能产生的影响估计过高。……尽管如此,这次革命仍然给奥地利带来了平等的普选权,并且加强了普鲁士境内争取普选权斗争的冲击力。它和军备竞赛一起在欧洲造成了一个动荡不定的时期,这个时期就有可能引起十分惊人的灾难。①

第二,关于政治性群众罢工的讨论。早在1891年,考茨基已经论证了政治大罢工的合理性,在考茨基看来,如果面临重大抉择,如果暴力事件深刻唤醒了工人群众,那么大规模的罢工就能产生巨大政治效果。在《社会革命》(1902)一书中,考茨基特意强调他始终坚持罢工在未来革命斗争中将发挥重大作用的观点。俄国1905年革命的胜利,使关于政治总罢工的讨论再次成为焦点。此时考茨基依旧肯定政治总罢工的有效性,并且强烈抗议德国社会民主党的中央领导试图通过《前进报》阻止大罢工的策略。考茨基把工人大罢工看作工人阶级最强有力的武器,是对抗反动阵营破坏普选权的武器,考茨基一直坚持德国社会民主党必须保护必要时采用非议会制方法的权利和制度。此外,考茨基把1905年鲁尔煤矿工人举行群众性罢工的日子,以及同年9月社会民主党耶拿代表大会通过总政治罢工决议的日子看作"光荣的日子"。这些观点可以看作考茨基参与1905年工人大罢工讨论的激进表现。然而我们需要注意,考茨基的言论是有误导性的。毫无疑问,考茨基确实保护政党左派讨论工人大罢工策略的权利,也做好准备去思考工人大罢工策略在具体情境下的使用,然而在工人阶级实践运动中,考茨基却从没有在任何具体形势下倡议运用大罢工的策略,这体现了考茨基理论与实践的割裂。

与其说,考茨基关于政治罢工的观点发生了向中派的转变,不如说从一开始,政治总罢工在考茨基那里就是有限制的。考茨基在1902年就强调他的罢工绝不同于无政府主义者和法国工会的罢工,指出如果企图把政治总罢工当作一举推翻现存社会制度的手段,这简直是无稽之谈。考茨基非常注重罢工运用的条件,他指出社会民主党只是把罢工当作极端特殊的手

---

① [德]考茨基:《一个马克思主义者的成长》,叶至译,北京:生活·读书·新知三联书店1973年版,第24页。

段来考虑，也就是说，在考茨基看来，政治总罢工只是工人运动的一种补充手段，在现实生活中，不能把政治罢工作为一种经常的方式。1910年以后，考茨基既对俄国革命的普适性提出质疑，认为不能把俄国的经验简单地当作现成的样本搬到普鲁士的选举权斗争中来①，同时又指责左派力图把整个工人运动极端化而成为政治性群众罢工和街头骚乱，这实际是犯了"街头痴呆症"。至此，考茨基关于政治罢工具有限制性的观点和保留性的态度，在同左派的论战中完全暴露了出来。

考茨基此时关于政治罢工的讨论涉及三个问题：政治或政府因素的相对重要性；自发性（主观）和客观条件之间的关系；工人阶级政党的性质和作用。② 首先关于政治因素。1905年俄国革命前夕，在讨论比利时工人罢工问题时，考茨基对欧洲国家的革命前景做了分析。考茨基比较分析了德国和俄国的政治环境，指出德国政府是世界上最有权力的政府，它拥有最强大、最有组织纪律的军队和官僚机制，统治着一群热爱和平且没有革命传统的公民。与此相反，虽然俄国工人阶级和经济发展程度远落后于德国，但是由于它的政府力量弱小，所以比起先进的工业国德国，落后的农业国俄国更容易发生革命。基于此，考茨基在分析革命前景时优先考虑了政治因素，特别强调德国政府强大的力量，让革命在德国难以发生。其次，关于主观条件和客观条件的关系问题，考茨基指出历史的发展不是由主观意志决定的，历史的发展必须考虑客观的实际条件。最后，关于工人阶级政党的问题。考茨基在写给阿德勒的信中，表达了自己对社会民主党的不满，他指着社会民主党中央委员会是一个过分集中于官僚和议会制的老人联盟，建议以增加工会联盟者和新闻出版者的形式给中央委员会增加新鲜血液。③ 考茨基指出在党和工会的关系上要坚持党对工会的政治领导，考茨基反对把工会自治理解为无政府主义，"即为了使党和工会之间的行

---

① 《考茨基言论》，中央编译局资料室编，北京：生活·读书·新知三联书店1966年版，第157页。

② Gary P. Steenson. *Karl Kautsky*, 1854–1938: *Marxism in the Classical Years*, Pittsburgh, Pa: University of Pittsburgh Press, 1979, p.151.

③ Gary P. Steenson. *Karl Kautsky*, 1854–1938: *Marxism in the Classical Years*, Pittsburgh, Pa: University of Pittsburgh Press, 1979, p.153.

动能够协调一致，似乎只要有共同的目的就够了，似乎在这方面不需要协议和谅解，以及紧密的团结，而这一切只有或者通过身兼数职，或者通过组织上的联合才能实现"①。

综上所述，在关于大罢工讨论的尾声，考茨基关于德国社会性质、政治和经济之间关系以及政党性质和社会未来前景等问题的思考，已经比较成熟。考茨基非常重视政治因素，他把德国的国家性质这一政治因素看作是影响德国社会未来前景的重要因素，甚至认为阶级斗争中的政治因素优于经济因素。考茨基还指出魏玛政府的另一个政治性质，即它保证了参与非议会制活动的工人的利益。1906年以后，考茨基对德国政府是持敌对态度的，所以他是激进的，但同时他又是温和的，因为他反对社会主义者为了创造革命形势所进行的自觉行动。考茨基认为当政党反对德国政府，并以社会主义为目标是革命的政党，但不是制造革命的政党，因为与客观条件不一致（即德国政府的力量）的激进行动将只会导致灾难。考茨基非常愿意依赖德国社会内部固有矛盾的进一步升级形成革命形势；同时也愿意依靠德国社会民主党的传统策略使工人为即将到来的革命做好准备。这些观点成为考茨基1910年转向中派主义的理论基础，考茨基中派主义的观点在他与卢森堡、蔡特金等左派关于大罢工等问题的论争中完全暴露出来。

三、非正统马克思主义时期

从1914年第一次世界大战爆发到1938年考茨基逝世，考茨基在政治立场上同社会民主党的大多数处于对立状态，同时他也不能使少数派感到满意。考茨基之所以陷入如此孤立的境地，一是因为对待战争问题上的中间立场，二是因其社会民主主义立场所导致的对布尔什维克政权的批判。在政治活动方面，1917年考茨基离开德国社会民主党后，为了显示他与其他机会主义者的不同，同年4月考茨基成立德国独立社会民主党，随后他被免去《新时代》主编职务。1918年，德国十一月革命后，考茨基被委任P.谢德曼政府外交部副部长和社会化委员会主席，在就职外交部副部长

---

① 《第二国际第七次代表大会文件（1907年8月—24日）》，《国际共产主义运动史文献》编辑委员会编译，北京：中国人民大学出版社2001年版，第240页。

后，由于独立派无法与多数派合作他便退出了政府，所以考茨基的外交部副部长职务在还未真正开始之前就结束了。

1921年2月，考茨基在维也纳成立"第二半国际"，1922年9月，考茨基将独立社会民主党和右翼社会民主党合并，1923年5月，考茨基促成"第二半国际"与右派的所谓"第二国际"合并，并积极参与合并后的"社会主义工人国际"新纲领的起草。1933年，法西斯上台，考茨基迁居维也纳，并于次年获得捷克斯洛伐克国籍。1938年，考茨基在阿姆斯特丹逝世。本书主要从考茨基对待帝国主义战争以及布尔什维克政权的政治态度和他晚年的《唯物主义历史观》所表达的基本观点来考察考茨基该时期的"非正统"马克思主义思想。

整个社会民主党在力求阻止战争这一点上是一致的，但是当战争不顾社会民主党的反对爆发之时，在是否应该支持政府的问题上社会民主党发生了分裂。1914年10月，考茨基在《新时代》发表了《战争时期的社会民主党》，在文中指出政府从来没有像战争开始时那样强大，而同样政党也从来没有像战争开始时那样软弱无力，以此说明战争期间行动的复杂性。考茨基宣称战争爆发之后，只要缔结和约的时间还不成熟，那么实际问题不再是要战争还是和平，而是本国胜利还是失败。基于此，考茨基提出了战争期间无产阶级应有的态度和行动。在他看来，无论在哪个民族国家，无产阶级应该拿出自己的一切力量来保证国土的独立和完整，并且认为：

> 如果尽管社会民主党尽了一切努力仍旧发生了战争，那么每个国家也必须尽可能进行自卫。由此可见，一切国家的社会民主党人都有同等的权利或者同等的义务参加这种保卫，任何一国的社会民主党人也不能因此责备别国的社会民主党人。①

---

① [德]考茨基:《战争时期的社会民主党》，载《新时代》第33卷（1914—1915年）第1册第1期，第1—7页，转自http://marxists.catbull.com/chinese/Kautsky/marxist.org-chinese-kautsky-191410.htm。

以考茨基为代表的中派关于"保卫祖国"口号的辩护，代表了考茨基在关于是否支持政府军事拨款问题上的中间态度。在德国政府为战争军事拨款的问题上，考茨基认为不应该持绝对的赞成或绝对的反对，在他看来，德国政府已经举国上下地保证德国只为自卫而战，其目的在于通过没有兼并、赔款、暴行的协商方式尽快结束战争。1914年考茨基在大战前夕写成《帝国主义》一书，进一步发挥了他在1912年9月《再论裁军》一文中所表达的帝国主义只是贯彻资本扩张意图的一种方法而非经济进步的一个必要条件的观点，由此，考茨基明确提出了"超帝国主义论"，否认金融资本的统治必然导致帝国主义战争。① 此时的考茨基与伯恩施坦言归于好，交往甚密，考茨基承认，尽管二人保持着各自理论上的特色，但是在实际行动上两人是一致的。正是在对待战争政策问题上的中间立场，让考茨基陷入了完全孤立，受到了卢森堡和李卜克内西的猛烈批判。

关于1917年俄国十月革命以及布尔什维克政权的无产阶级专政问题的讨论，进一步加剧了考茨基在党内的孤立处境。考茨基对俄国十月革命最初是持欢迎态度，因为俄国十月革命使社会主义政党成为一个巨大国家的统治者，但是当1918年布尔什维克解散了"立宪会议"，宣布以苏维埃为唯一政权形式实行无产阶级专政时，考茨基立刻出来反对两种"妄想"：一是认为在社会主义发展道路上，像俄国一样的落后国家能够超过西方国家的"妄想"，二是认为通过暴力以及少数特权派与人民大众的对立便能建设社会主义的"妄想"。② 考茨基连续发表了《无产阶级专政》（1918）、《恐怖主义和共产主义》（1919）、《从民主制到国家奴隶制》（1921）和《社会民主主义对抗共产主义》（1932—1937）等著作，反对布尔什维主义。1918年考茨基在德国中派的《社会主义的对外政策》杂志上撰文号召各国社会民主党同布尔什维克做斗争。考茨基基于民主与专政的关系批判苏维埃政权，在考茨基看来没有民主就没有社会主义，专政并不意味着

---

① 姚顺良：《考茨基在马克思主义发展史上地位的重新审视》，http：//www.ptext.cn/home4.php？id=273，2013/05/05.

② ［德］考茨基：《一个马克思主义者的成长》，叶至译，北京：生活·读书·新知三联书店1973年版，第31页。

废除民主，而是以普选制为基础进行最广泛的民主应用，因此考茨基指责布尔什维克政党把"向来是一个**阶级**的**战斗组织**的苏维埃变成了**国家组织**"①。

此外，考茨基关于唯物主义历史观的理解也延续了他一贯的折中主义特点。1927年出版的《唯物主义历史观》系统地阐发了考茨基关于唯物主义历史观的理解。考茨基晚年特别强调自己的马克思主义特色，在他看来，唯物史观当然要归功于马克思和恩格斯，但是通过自己50年的工作以及在理论和实践中的应用，他已经使这种方法内化为他自己的了。考茨基一直主观上忠诚于马克思主义，他认为对各种新的自然科学成果和哲学社会科学思潮的兼收并蓄，是为了坚持和发展马克思主义，而不是要"补充"和取代马克思主义。毋庸置疑，一方面，考茨基在捍卫唯物主义历史观的总体性质和理论意义上，深刻体现了他的马克思主义理论功底，以及对马克思和恩格斯的忠诚；另一方面，考茨基早年受到达尔文主义思潮影响，因而在关于人性、社会结构、阶级和国家等问题的唯物主义历史观的理解中，充满了折中主义色彩。

综上所述，通过梳理考茨基唯物主义历史观的生成和演变，我们可以看出考茨基马克思主义观的形成与19世纪末20世纪初的欧洲特别是德国的政治环境和工人运动密切相关。考茨基的马克思主义观经历了由正统马克思主义向非正统马克思主义的转变，这个转变说明由于政治环境的变化，考茨基的态度逐渐由激进走向温和，然而不应该理解为考茨基已经完全抛弃他过去的革命思想转变成了马克思主义的"叛徒"。在关于革命方式、社会主义国家与民主以及唯物主义历史观等问题上考茨基的观点基本上是前后一致的。就考茨基的唯物主义历史观来说，它总是因为进化论色彩或经济决定论而备受诟病，但是我们需要看到考茨基的唯物主义历史观在关于自然与社会、经济与社会关系的理解中并不总是机械的决定论，考茨基早期的历史观对于考茨基唯物史观的影响要更大。面对20世纪初革命和政治形势的巨大变化，虽然考茨基的政治策略确实与历史宿命论中的一些因素联系在一起，但是这个特点是所有第二国际马克思主义者在第一次

---

① 《考茨基文选》，王学东编，北京：人民出版社2008年版，第362页。

世界大战来临的那些年中的典型表现。考茨基的问题在于他没有像列宁、卢森堡以及托洛茨基那样通过消除关于历史唯物主义理解中的政治宿命论的最后残余,对革命和战争做出回应;反而通过退回到机械唯物主义的模式以应对这些历史事件。

  本书关于考茨基思想历程的划分是相对的,不论是前马克思主义时期还是马克思主义时期,考茨基都对自然科学和历史科学保持着浓厚的兴趣,可见达尔文主义的影响不可小觑。一方面,在恩格斯运用唯物主义历史观的号召下,考茨基把唯物史观的研究拓展到了历史、生物、宗教以及伦理领域,促进了马克思主义历史学派的形成,扩大了马克思主义在欧洲的普及;另一方面,知性科学的思维方式,使考茨基的唯物主义历史观带上了科学色彩而失去了哲学性质,因而在制定革命政策时往往丧失理论的革命性和批判性。即便如此,我们也不能断言当考茨基演变为非正统马克思主义之后,他的唯物主义历史观,在一切方面都具有反马克思主义的性质。我们应该在考茨基的唯物主义历史观中把握历史形势的变化,考察其思想的基本前提;同时在历史形势中展开对考茨基思想机械性的批判。一言以蔽之,我们要在社会主义运动的历史与现实中把握考茨基的唯物主义历史观。

第一章　考茨基的唯物主义历史观的研究对象和本质

考茨基在晚年选择系统地阐述唯物主义历史观，并将其整理为《唯物主义历史观》一书于1927年出版，这足以证明考茨基对唯物主义历史观的重视，用考茨基自己的话说，唯物主义历史观是他一生工作成果的结晶，唯物主义历史观是他半个世纪理论和政治活动所依据的方法。20世纪初的政治环境和当时马克思主义发展的理论形势等，构成了考茨基晚年系统阐发唯物主义历史观的主客观历史环境。

就政治环境来说，一方面，第一次世界大战后各国社会民主党四分五裂，广大无产者期待在社会民主党的带领下"上天堂"①，但是没有一个社会民主党能够实现，因此人们开始蔑视社会民主党及其所依据的唯物主义历史观。另一方面，人们常常误解唯物史观关于意志与规律的关系，要么划定意志作用的界限，把唯物主义历史观看作麻痹革命斗志的负担，要么走上另一个极端，抛弃意志有限性，宣称意志是无所不能的。随着第一次世界大战的平息以及革命形势的好转，考茨基指出，社会民主党要想使实践进行到最大限度，就必须让群众通晓唯物主义历史观为进行革命斗争并取胜提供了最有成效的方法。但是战后马克思主义理论的缺乏与工人运动实践对马克思主义的强烈现实需求，形成了严重对立，这构成了考茨基系统阐释唯物主义历史观的现实环境。

就马克思主义发展的理论背景来说，马克思、恩格斯逝世后，理论界

---

① ［德］考茨基：《唯物主义历史观》第一分册，上海：上海人民出版社1964年版，序，第9页。

流行着各种关于唯物主义历史观的理解。考茨基总结了当时流行的各种唯物主义历史观，并把它们分为三类：第一类企图调和唯物主义历史观与唯心主义历史观。以伯恩施坦、路德维希·伏尔特曼（Ludwig Woltmann）为代表的社会民主党右派企图把马克思与康德调和起来，而弗里茨·阿德勒（Fritz Adler）在《恩斯特·马赫对机械唯物主义的克服》中则企图将马赫哲学与历史唯物主义合二为一。第二类以马克思和恩格斯的学生为代表，他们毫无保留地站在唯物主义历史观的立场上，把历史唯物主义应用到历史研究和政治实践上去，这以拉法格、普列汉诺夫、拉布里奥拉、梅林和库诺夫为代表。第三类以希法亭、卢森堡、巴尔符斯（Parvus）、阿克雪里罗德（Axelrod）和列宁等人为代表，他们承认唯物主义历史观并以之作为思想和行动的指南，但主要从政治或经济的角度去研究而不是从历史的角度去研究唯物主义历史观。针对关于唯物主义历史观的多样化理解，考茨基一方面承认其历史必然性（考茨基把多样性的唯物主义历史观的出现归结为唯物主义历史观的流行以及马克思和恩格斯没有对他们的历史哲学进行系统阐释），另一方面考茨基敏锐地看到，由于"马克思主义者"们在个人、阶级以及民族立场上的不同，因而关于唯物主义历史观的理解在理论立场、观点和方法上都存在着很大差异，甚至背离了唯物主义历史观的本质。在考茨基看来，这为全面系统阐述唯物主义历史观提供了契机。

考茨基顺理成章地提出了论证"自己的历史观"的任务。考茨基认为，他的唯物主义历史观毋庸置疑地要归功于马克思、恩格斯，考茨基确信经过他五十年的理论和实践工作，这种唯物主义历史观已经成为他自己的了。理解考茨基关于唯物主义历史观的阐释路径，需要澄清考茨基的理论出发点。与马克思、恩格斯的思想历程开始于黑格尔不同，考茨基的思想历程是从达尔文出发的，这个思想背景决定了考茨基在唯物主义历史观的研究方法和内容上必然与马克思和恩格斯有所不同。考茨基的主要贡献是根据最新科学研究把唯物主义历史观扩展到无阶级社会和生物学领域。在考茨基看来，人类社会的发展和动植物的发展都遵循普遍规律，社会发展和物种变化都可归因于环境的改变，区别只在于植物、动物和人类在对环境的适应方式上存在差异。这便构成了考茨基关于唯物主义历史观理解的特色，对考茨基来说，经济因素对历史发展的意义十分重大，但是自然科学也与唯物主义历史观紧密相连，在考茨基的思想发展历程中，历史观是首先与自然科学相联系的。因此，考茨基的唯物主义历史观的本质是历史科学，研究对象是人性和人类社会，他关于人性和人类社会的研究总是保留着自然维度，历史发展总是与有机体的发展相联系。

第一节 考茨基的唯物主义历史观的研究对象

考茨基的《唯物主义历史观》一书分为两部分（第一部分论述自然界和人类社会，第二部分论述国家和人类发展），共五大卷，其中第一卷阐释唯物主义历史观的形成、发展以及本质，其余四卷则展示了人和人类社会发展的全部历史，其中，第二卷关于人由动物转变为人的过程及其遗传而来的本性；第三卷关于人类的无阶级社会；第四卷关于阶级社会，特别是资本主义社会的特征；第五卷关于人类的未来社会。由《唯物主义历史观》的框架结构可以看出，考茨基的唯物主义历史观的研究对象是人和人类社会。考茨基在探讨人性和人类社会时，批判性地吸收了当时最新的生物学、人类学、种族学以及心理学等实证科学的成果，丰富了唯物主义历史观关于人和无阶级社会的理论，但同时也将其唯物主义历史观中的实证特点暴露无遗。

考茨基指出关于人的本性的研究是人类学的任务，但是唯物主义历史观也没有忽视人性在历史上的作用。人性是历史过程由之发端的"正题"，是人类从动物遗传而来的先天的一般本质，包括自我保存欲、伦理、性爱、对美的追求以及求知欲等，这些都萌芽于动物，是全人类普遍的东西。人类带着他们全部的能力、欲望和需要进入并影响历史发展进程，同时人们在历史中进一步发展人性，使人性逐渐发展为高度发达的文明人类在一定历史阶段上的特殊的东西。

一、人的本性

考茨基关于人性本质的理解围绕人性在唯物主义历史观中的逻辑地位

和人性的动物性特点展开。在20世纪，唯物主义历史观被理解为在分析各个历史现象时把历史现象的特性归结为物质环境的特性，同时也被理解为只承认人的行动受经济动机制约，除此之外别无它因，因而唯物主义历史观往往被指责为只知历史特殊性，而不知全人类性的东西。针对这个现象，考茨基坚定地指出，这种指责是错误的，唯物主义历史观当然知道人类的特性并且还以人类的特性为前提，作为前提性存在的人性一旦进入历史进程也会不同程度地干预历史；问题在于唯物主义历史观作为一种历史观，它并不研究这种全人类性的东西，而只能研究历史上的特殊性。

（一）人性的本质

作为唯物主义历史观研究前提的人性到底如何理解呢？在考茨基看来，人性的本质表现为先天的一般本质和人身上的动物性。首先，考茨基指出人性具有先天性，由此指出唯物主义历史观所研究的人性的本质：

> 我们加以考虑的人性只是作为出发点的人性，就是说：作为那种在人和环境之间形成历史过程的辩证过程正题的人性。我们可以拿来作为这样正题加以考虑的不是一个结论，不是这种辩证过程的一个合题，不是经过历史发展变成了人的本性，而是人从那种历史过程开始时所具有的、从他的动物祖先遗传得来的本性。①

在考茨基看来，人性就是作为先天本质的人的一般本质，即历史过程由之发端的正题，正题是自我，反题是个体周围的环境，合题则是自我对环境的适应。在考茨基这里，人性其实就是未经社会历史洗礼过的人性，它不是这个辩证过程的合题，而是在辩证过程开始之前人类便已具备的本性。因此，人性是人类社会历史最初的起点，这种先天普遍的人性构成了一切发展的基础，它不是高度发达的人类文明的产物，相反是人类在进入历史之前便从动物祖先那遗传而来的本性。只有理解了历史由之发端的人

---

① ［德］考茨基：《唯物主义历史观》第二分册，上海：上海人民出版社1965年版，第51页。

性，才能理解人性以外的环境以及人对环境的适应。

其次，考茨基进一步指出人性的实质就是动物性。人性作为先天的一般本质，那么具体是指什么呢，考茨基在唯物主义历史观的研究对象的特殊性及其研究前提的普遍性比较中，诠释了人性作为动物性的本质。考茨基指出那些确认全人类性存在的人们，往往把这种全人类性的东西看作当代人的性格特征，考茨基一针见血地指出，这些所谓全人类性的东西实质上是高度发达的人类文明在一定历史阶段上呈现出来的"特殊的东西"，而非普遍的东西，研究历史上的特殊性正好是唯物主义历史观的任务。作为唯物主义历史观研究前提的全人类性，在人类开始其历史发展进程之前就获得了，这种全人类性基本上就是人具有的动物性，由此考茨基明确规定了人性作为动物性的实质。在考茨基看来，人从动物遗传得来的这种先天的本质，规定着世界历史的整个特性。考茨基特别强调唯物主义历史观并没有忽视普遍人性的作用。但是，考茨基指出人性分析不是唯物主义历史观的任务，而是人类学的任务，唯物主义历史观把人性分析作为它的前提。

在揭示了人性作为先天的动物性本质之后，考茨基具体说明了人性的内容及其多样性。考茨基指出这种全人类性的东西不能被看作一种片面的欲望，那种认为唯物主义历史观仅仅建立在利己主义基础上的看法是荒谬的。考茨基指出人性并不是局限于利己主义，还包括自保欲、性爱、伦理、对美的喜爱欣赏以及对认识的追求等，人类带着这些能力、欲望和需求进入历史发展进程，因而这些东西也会在不同程度上干预历史进程。考茨基研究了各种欲之间的矛盾对立的关系，比如个体的自我保存欲可能与同种的保存欲、社会欲等发生矛盾，而美欲也会同社会目的的合目的性相对立，并且每一种欲内部也是存在矛盾的，由此考茨基得出我们每一个人不仅是一本需要经过详细推敲写出的书，而且也是一个矛盾体的结论。当作为人性的各种欲之间相互冲突时，该如何行动呢？考茨基指出，当人性各种欲之间存在冲突时，理智会发生作用影响人的行动。

在这里考茨基谈到了理智与欲的关系，一方面，欲只提出特定行动目的，所以如何在每次行动中找到一个既符合个体的一般目的又符合当时环境特点的行动方法，这有赖于智力的作用。依靠理智达到的认识能力，在某种程度上，会使人从欲的奴仆逐渐变成欲的主人，相比欲的需要，理智能让人提出更高级的目的。另一方面，最强烈的智力也不能让我们摆脱自己的欲望。在历史进程中，作为人性的欲望会不断变化，但作为人的本质，人的欲望总会规定着历史，影响着人们的生活。值得肯定的是，考茨基最终还是高扬了理性，不仅认为当人类的各种欲陷入矛盾时，需要理智的解决，并且宣称"谋求我们行动的一致、我们世界观的一致、我们环境的一致，是理性的使命"①！

仔细推敲不难看出，考茨基把理智与欲的关系看作了有意识与无意识之间的关系。虽然考茨基指出试图揭露人的无意识的各种方法带有神秘主义倾向，是一定被马克思和恩格斯所驳斥的，但是考茨基还是肯定了无意识的作用，指出我们最高目的所追求的，也就是我们在欲的影响下无意识追求的东西，只不过前者是在高级阶段上有意识的追求而已。因此，在这里考茨基实际上承认了弗洛伊德与马克思主义的关联之处，当然这种关联也只限于精神分析——"反对迄今所流行的对人的欲的生活的低估"②，只有在这个方面，精神分析对于马克思主义才是重要的。这体现了考茨基对弗洛伊德持有谨慎的批判态度，并非像有些学者指责的那样，考茨基的唯物主义历史观全部是带有弗洛伊德主义的"折衷主义方法论的奇怪结合"③。

通过考茨基关于人性本质的理解，我们可以看出，考茨基对人性的分析没有像马克思和恩格斯在《关于费尔巴哈的提纲》和《德意志意识形态》中那样，把人的问题与社会生产和实践联系起来，从而既没有从"一切社会关系的总和"的角度理解人的本质，也没有把人理解为包括他们现实的活动和现实的物质生产条件的"现实的人"。相反，他一直在生物学意义上，从达尔文的生物学角度，把人类的动物性与社会性联系起来，在一定意义上它反击了在人性问题上某种人本学的批判，但是从唯

---

① [德]考茨基：《唯物主义历史观》第二分册，上海：上海人民出版社1965年版，第252页。
② [德]考茨基：《唯物主义历史观》第二分册，上海：上海人民出版社1965年版，第250页。
③ 刘佩弦、马健行：《第二国际若干人物的思想研究》，北京：中国人民大学出版社1994年版，第226页。

物主义历史观的角度来讲，它具有了明显的实证色彩，缺少唯物史观的理论基础。

（二）人性的种类

考茨基指出人性包含多种对立性的欲望，比如自我保存欲、道德欲、种的保存欲、审美欲以及探究欲等，这些欲望可以归结为三类——自我保存欲、社会欲和种的保存欲。这些人类特性对人类的作用不是同等的，自我保存欲、社会欲和种的保存欲对人类发挥性的影响。

1. 人的自我保存欲

在考茨基看来，自我保存欲就是生活意志，它是"一切欲的本源。它是人同一切能发生愿望的动物所共有的"①。考茨基通过反对快乐主义和利己主义两种哲学观点，阐释了自我保存欲作为人类根本行为动机的特征。快乐主义的哲学家认为人和动物的最初欲望不是自我保存欲，而是努力寻求快乐和躲避痛苦。考茨基反驳说，追求快乐或躲避痛苦是有机体生活的一个强有力的动机，但是并非一切行为都是由它激发起来的，苦和乐往往是行为的结果而非动机。具体原因如下，自我保存欲固然是最根本的欲，但并非唯一的欲，无论何种欲望，只要它们得到满足便能获得快乐的感觉，反之便引起痛苦，所以追求快乐的范围远远大于追求自我保存。因此，快乐或痛苦的感觉是从不同欲望中产生的并以各种欲望的满足或妨碍为前提。

考茨基同样反对叔本华把人类和动物的行为归结为利己主义的观点。叔本华认为，利己主义是生命意志客体化斗争的根本原因，而利己主义就是认为"无论自己在宇宙中多么渺小，仍然以自己为中心，要把自己的幸福放在一切其他的考虑之前，并不惜为此而牺牲一切甚至毁灭世界"②的心理。在考茨基看来，叔本华把利己主义看作人类行为动机的观点是粗鲁的，因为自我保存欲并非必然意味着利己主义，自我保存欲在不同的生活

---

① ［德］考茨基：《唯物主义历史观》第二分册，上海：上海人民出版社1965年版，第58页。
② ［德］叔本华：《作为意志和表象的世界》，董建编译，北京：北京出版社2008年版，第134页。

条件下意味着十分不同的事情。在考茨基看来，要理清利己主义与自我保存欲的关系，需要澄清利己主义原有的规定性。考茨基认为，利己主义需要有两个关键词——保存自己、牺牲别人，二者缺一不可，它在追求自我保存之外，还要努力突出自己，牺牲别人，那些保存自己不受损害但未损害他人的人不是利己主义者。考茨基以动物在获取食物过程中未大量相互屠杀为例，说明动物行为并非都是出于为了保存自己而损害其他同类的利己主义目的。同时，考茨基也批判了利己主义是自然界生存斗争的必然结果的观点。在考茨基看来，虽然达尔文并没有明确表达类似看法，但是不可否认，达尔文确实为这种观点做了铺垫，因为他把自然界中的有机体和环境之间的相互作用只称作斗争而并没有称作对环境的斗争。正是把斗争首先理解为种内的战斗，而不是种外斗争的观点，才使得他们把利己主义看成生存斗争的结果。考茨基指出只有涉及同种同族时才有利己主义的问题。利己主义和战争不是动物界普遍共有的现象，只是人类所具有的。但是人类的利己主义不能简单地用人类个体的自我保存欲来说明，只能用人类社会的本质来说明。因此，一味只探讨人和动物共有的自我保存欲是不能充分了解人的特性的，而必须研究人的社会本质，详细观察作为社会动物的人类，因此考茨基展开了关于人的社会欲问题的讨论。

2. 人的社会欲

考茨基认为人性包含道德欲、审美欲和求知欲等社会欲望。关于社会和道德的起源，考茨基受到了达尔文主义的深刻影响，他反对社会契约论，反对启蒙主义的理性至上，在他看来，要想了解人类社会和道德的起源，必须返回到动物界中去，道德与人类和动物的群居有密切的关系。在考茨基看来，在关于人类起源问题上，马克思、恩格斯也受到了达尔文的影响，因为他们承认人类是群居性动物，但遗憾的是他们没有从群居本质来说明道德。考茨基通过列举动物群居生活中所展现的动物的各种富有同情心和牺牲精神的例子，指出原始民族的道德都可以在动物界找到与之类似的东西。在他看来群居生活可以产生一大批高尚的欲，比如同情心、荣誉心、奉献精神、牺牲精神、勇敢意志以及被古希腊、罗马人和一切原始民族看成最了不起的那些公民美德。考茨基非常赞同达尔文把道德看作是生存斗争培养起来的本能，并得出结论："道德并不是人所特有的东西，也不是以人心里一种神秘的圣火为依据的；它是人与动物共有的，它是导源于各种社会欲的。……那些社会本能是我们从自己的猿类祖先那里得来的。"① 其实，早在1883年和1884年，考茨基在《新时代》发表了《动物界的社会欲》和《人类的社会欲》，考茨基在达尔文的影响下，结合大量人类学资料，研究了原始人的社会欲，并描绘了一幅桃花源式的原始社会和睦相处的图画。在考茨基看来，在资本主义社会，文明发展并没有起到促进社会欲发展的作用，反而是不断破坏社会欲，只有在社会主义和共产主义中，在社会主义生产方式的作用下，社会欲才可以毫无阻挡地得到发展。

美的欲望也是社会欲的表现。在考茨基看来，无论人还是动物都有追求美的欲望，因而凡是将伦理和审美看作人与动物区别的神秘主义看法，在考茨基这里都受到批判。当然，考茨基十分聪明谨慎地界定了美的含义，以此来论证动物也存在对美的追求。在考茨基看来，如果要否定动物身上所具有的美的感受，那么只需将柏拉图的"美"拿来即可，因为在柏拉图那里美被看作神圣的东西。但是，若采用康德对美的定义，则有充足的经验证据显示动物对美的感知力。考茨基援引康德关于美的四个定义，并且声称第一个定义便可说明自己的目的，即"鉴赏是通过不带任何利害的愉悦或不悦而对一个对象或一个表象方式作评判的能力。一个这样的愉悦的对象就叫作美"②。考茨基认为美就是那些引起人们愉快而又不涉及利害关系的东西，并且美总是关联视觉印象或听觉印象。因此，考茨基通过援引达尔文的《人的起源》中所讲述的动物在视觉和听觉上具有关于美的兴趣，来说明动物身上早已存在的美学萌芽。

求知欲也是社会欲的表现。在考茨基看来，人的求知欲也植根于动物

---

① ［德］考茨基：《唯物主义历史观》第二分册，上海：上海人民出版社1965年版，第295页。
② ［德］康德：《判断力批判》，邓晓芒译，北京：人民出版社2017版，第35页。其他三个定义分别为："美是那没有概念而普遍令人喜欢的东西"；"美是一个对象的合目的性形式，如果这形式是没有一个目的的表象而在对象身上被知觉到的话"；"美是那没有概念而被认作一个必然愉悦的对象的东西"。

性，求知欲可以在动物中找到萌芽，动物已经渴望去认识那些被它的感官所能触及的世界。那么是什么把人类与动物的认识能力区别开来的呢？考茨基认为，由于技术和语言的发展，使得人类经验的范围逐代扩大，同时交通发展也使经验的空间范围不断扩大。要想掌握世界知识总体，不是个人能完成的，而是社会整体的任务。考茨基指出，新知识的出现固然是求知欲的结果，但终究新知识是由新现象引起的，而不是由追求新事物的精神因素引起的。因此，人们的求知欲不管在多大程度上成为人们行动的动机，它终归要受到周围世界的制约。

3. 种的保存欲

种的保存欲，即生殖欲、性欲。在谈论人类性欲时，考茨基受到了弗洛伊德的影响①，他承认弗洛伊德的精神分析只要反对迄今所流行的对人的欲的低估，那么它对于马克思主义来说便是重要的。考茨基认为，生殖欲是人的意志中最有力的因素之一，如果忽视这个因素，就无法理解人的意志及其在历史上的作用，在社会上占统治地位的两性关系，与家庭和婚姻的发展有着密切关系，对每一个时期的社会结构有着重大意义。在考茨基看来，性欲不同于自我保存欲，也不同于社会欲，比较了动物的性欲和人类的性欲的不同，考茨基认为动物是无"耻"的，而人类则是有羞耻之心的，哪怕后进的民族也早已有了这种羞耻之心。动物可以十分坦然地在同类面前进行性交，就如同当着同类的面吃喝一样；但人类是完全秘密地进行性交，不愿被别人看见。考茨基进一步指出，"在动物阶段时，离开群体去调情玩恋爱把戏，这还是常常是一件有生命危险的事情，那时调情还没有获得它那种秘密的性质，因而呈现着'无耻'的样子。性交这件事在人类社会的种种条件下、在许多有嫉妒心的男女一齐过共同生活的情况中所具有的那种非社会的性质，可以说是随着自然的被逐渐征服而逐渐加强的"②。

---

① 国内很多学者承认考茨基受到弗洛伊德影响，比如刘佩弦在《第二国际若干人物的思想研究》中提到过，金德隆在1990年《社会科学战线》上专门一篇文章论述了考茨基同弗洛伊德的关系。

② [德]考茨基：《唯物主义历史观》第二分册，北京：上海人民出版社1965年版，第198—199页。

调情和性交变成了秘密进行的行为，它驱使人进行性交时离开社会，到社交停顿了的万籁俱寂的沉沉黑夜，或者是户外森林幽深的去处。

考茨基还研究了人的性欲及其与社会历史条件、社会发展、伦理与宗教的关系。考茨基指出，性欲依赖于社会条件，对组成了一个家或已自有一个帐篷的配偶来说，性生活是很方便的，而在偏僻的野地进行是很危险的，容易受到袭击。社会经济状况也极大地影响着性欲，在城市生活中，由于精神生活即神经系统的刺激和活动增长伴随着肉体系统活动的减弱，因而性生活的强度在都市中会增长。在对待性欲的态度上，考茨基指出往往处在爱情中的人渴望性，而不在爱情中的人容易蔑视性，甚至采取一种盛怒的方式拒绝。这种态度上的对立，逐渐呈现出更严峻的形态，人们开始有了道德思考，把社会欲奉为神圣的东西，与此相反，人们把出于利己主义或享乐目的行为都看作是兽性在人身上的残余，而加以鄙视。母亲不顾一切、不惜牺牲自我地照料子女，是社会道德的登峰造极，而交媾欲望却讳莫如深，唯恐人知，还容易带上反社会的性质，以至于人们在谈到放荡行为时，首先联想到的就是性方面的放荡。考茨基指出这种道德观念又进一步上升为宗教观念，哪怕在并不违反社会准则的情况下，性也被藐视为下等的禽兽行为，这种想法在基督教的推动下发展到极端。凡是希望成为圣者的人，都必须终身保持身体的纯洁。在人类社会中，性与道德、宗教联系起来，并且获得了一种非社会性形态，甚至反社会性形态，它被看作下等的、禽兽性质的行为。

考茨基关于自我保存欲、道德欲、审美欲、求知欲以及性欲的研究并非只是作为纯粹抽象的对象进行研究，他之所以研究作为人类学任务的普遍人性的问题，是为了说明人类社会发展的原因。在他看来，全人类带着他们的全部能力、欲望、需求进入历史发展进程，那么这些欲望、需求就会不同程度地干预历史发展，因此，人性的各种欲望都是历史发展进程中不可忽视的因素。考茨基以特洛伊战争和罗马人无休止的战争为例，论证各种欲望对历史的影响，在他看来，即便最狭义的性欲在历史上也产生过作用，特洛伊战争就是因为性欲原因而产生的；同样对美的喜爱也能影响历史，比如自迦太基被征服以来，罗马人无休止的战争有不少原因在于美的欲望。总的来说，在考茨基这里，人性是作为动物性遗传而来的，在历史进程开始之前就已经获得，人性在人身上表现为多种欲望，这些欲望相互作用影响历史，并且在历史中进一步发展成具有特殊性的人性，但是人性先天具有的各种本质并没有消失。

二、人类社会

考茨基指出由于马克思和恩格斯所处时代及科学水平的限制，他们唯物主义历史观的研究对象主要是阶级社会特别是资本主义社会，事实上人类社会应该被区分为无阶级社会和阶级社会。考茨基在考察人类社会时，吸收了19世纪末20世纪初生物学、人类学等学科的研究成果，把无阶级社会的研究纳入唯物主义历史观的范围，一定程度丰富了唯物主义历史观的内容。由于考茨基非常注重唯物主义历史观的方法，并且积极响应恩格斯的号召，将唯物主义历史观作为研究工作的指南，积极钻研经济学、历史学、人类学、生物学、宗教学以及伦理学等学科，以至于在当时出现了人文社会科学研究中的马克思主义学派。

在这样的社会研究背景下，考茨基关于人类社会形成和发展的唯物主义历史观分析，便融合了历史学、人类学、生物学等多种学科的特点，从而充满了科学实证色彩。考茨基既承认种族、地理环境等因素对人类历史发展的影响，肯定了种族理论、人类地理学等对人类历史研究的成果，同时又谨慎地批判了这种人类社会学方法，最终在技术和经济的意义上，确立了人类社会形成和发展的根本动力。考茨基对人类社会发展的考察分析不仅强调了技术与经济的根本作用，而且也强调了种族、地理环境、人类意志等因素的作用，区别于社会达尔文主义在人类社会研究上所确立的单线论的历史发展道路，考茨基继承并发展了马克思主义所主张的历史发展道路多样性的传统，从而使人类社会的发展道路在唯物主义历史观的分析中呈现出多样性视角。本节主要阐述考茨基关于种族和地理环境、技术与经济以及个人意志在人类社会历史发展中的作用。

（一）种族、地理环境与人类社会

19世纪的人类学研究可以看作是在进化论影响下的人类学研究，这些研究受到了当时西方文化观念的深刻影响①，民族中心主义是19世纪西方文化观念的核心。考茨基批判性吸收了19世纪和20世纪初流行的种族理论和人类地理学等社会人类学的研究方法，一方面承认种族和地理环境对人类社会历史发展的作用，另一方面反对将种族和地理环境任何一个因素当作解释全部历史的钥匙。

1. 种族与人类社会

考茨基把种族因素作为研究历史发展的一个重要因素。考茨基指出，在人类发展过程中，最初统一的人类分裂为不同的人种，每一个人种都呈现出历史过程的特殊先验性。考茨基认为虽然不能夸大这种特殊性以及不同种族历史活动的特殊性，但对于历史来说，种族差异不是完全没有意义的。考茨基援引马克思在《资本论》中的话语——"撇开社会生产的形态的发展程度不说，劳动生产率是同自然条件相联系的。这些自然条件都可以归结为人本身的自然（如人种等）和人的周围的自然"②，来论证唯物主义历史观是承认种族在历史中的作用。总之，在考茨基看来，人类分成具有不同特性的种族，他们以各自不同的方式干预人类历史进程。

考茨基坚决反对那些企图用种族差异和种族对立说明人类全部历史的理论。他特别批判了把种族斗争看作历史动力的观点。考茨基指出，战争是否以种族对立为前提这是值得怀疑的，一方面，进行战争的永远是一个共同生活的组织，世界上不曾出现由一个种族组成的共同生活组织，所以以种族为单位进行的战争也不曾存在；另一方面，种族对立往往不至于引起战争，因为种族对立一般是由天赋特征所造成，这些对立可以转化为美学对立，进而对各种族之间关系的形成产生重要影响③，但这不足以引起战争。只有在种族生来分为高级种族和低级种族的情况下，美学对立才能产生冲突。比如1853年法国的戈比诺在自己的著作中指出黑色和黄色种族是低级种族，白色是高级种族，在他眼里世界图景是这样的："各民族——

---

① 王铭铭：《人类学是什么》，北京：北京大学出版社2016年版，第25页。
② 《马克思恩格斯文集》第5卷，北京：人民出版社2009年版，第586页。
③ [德]考茨基：《唯物主义历史观》第三分册，上海：上海人民出版社1984年版，第47页。

不是，而是人类陷于抑郁的昏迷状态的乌合之众，他们将在自己的微不足道失去知觉中苟延残喘，就像水牛站在毫无生气的环境里反刍一样。"① 然而考茨基认为不存在天生的高级种族和低级种族的，在他看来，不同种族有不同天赋，如果把性质迥然不同的种族相互比较并且去评定不同种族的高低，是非常奇怪的事，所以即便是不同种族在精神本质上存在不同，也不意味着个别种族存在着优越性。

考茨基还批评了历史编纂学把民族性应用于历史研究的方法。这种历史研究方法认为，一个民族的进步和该民族在一定时期内的停滞不前，都是由该民族特殊的天赋造成的。针对这个观点，考茨基指出不应该用天赋才能或自然缺陷来解释一个民族的进步或滞后，因为判断一个民族的精神特质或特性，是一件非常困难的事，对某个民族的个性进行判断，不仅依靠该民族的本质，而且依靠评价者同该民族接触时所处的时代环境。考茨基援引英国历史学家罗伯逊（T. M. Robertson）批判拉采儿（Friedrich Ratzel）②的民族性观点的论述，指出在拉采儿看来，中国社会组织之所以停滞不前只能用中国人的民族性，即中庸性来说明。但是在考茨基看来，结合唯物史观，中国人的保守主义是以经济条件为基础的，这种保守主义并不是什么自然规律，而是只要改变生产方式就可以克服的一时状态。③因此，考茨基不仅批判了那些历史学家将民族性看作一种神秘的、不可解释的东西的观点，而且也反对用这种神秘的民族性来解释该民族全部的历史发展进程。

考茨基指出，传统历史观无法解释的现象在唯物主义历史观这里变成了一个并非解决不了的问题，相反，解释每个民族的全部历史发展过程成为唯物主义历史观急切要求解决的问题并且能够为该问题指明解决的方

---

① ［苏联］C. A. 托卡列夫：《外国民族学史》，汤正方译，北京：中国社会科学出版社1983年版，第178页。

② 拉采儿（Friedrich Ratzel，1844—1904），德国自然科学家、地理学家和民族学家，地理环境决定论的代表人物之一。拉采尔系统地阐述了人类地理学，强调社会制度的自然基础，认为自然环境对文化起决定作用。

③ ［德］考茨基：《唯物主义历史观》第三分册，上海：上海人民出版社1984年版，第82—83页。

法。唯物主义历史观要求人们揭露影响历史发生和发展的外在条件,这些外部条件不仅仅是一个民族生活的外部条件,也包括该民族在进入历史过程时所具有的精神状态,即天赋和知识的总和,这种总和即所谓的民族性。考茨基认为一个民族的民族性包含两种性格,一种是获得的性格,一种是遗传的性格。遗传的性格是在各民族发展初期先天出现的,而获得的性格是由一定的历史过程决定的。一个民族生活的外部条件是很容易确定的,但是正确说明一个文明民族的民族性是非常困难的,这种困难并非意味着民族性具有神秘性。考茨基认为,民族性不是神秘的、不可解释的,民族性是每个民族世世代代的生活条件的产物。因此,在考茨基看来,了解历史过程就需要具备历史视野,不仅要了解现时代的客观环境,也要了解过去的历史的客观环境。当然考茨基指出关于种族遗传的种种条件是很难了解到的,但是考茨基相信终究会发现的,一言以蔽之,考茨基坚决反对把这些种族遗传特性看作是神秘莫测的东西。

  基于考茨基关于民族在历史发展中作用的分析,我们可以看出考茨基之所以反对把种族理论用于分析政治历史,其原因在于种族理论的"证据不足",考茨基认为"只要狭义的人类学在种族研究方面还得不到可靠的结论,只要生理学遗传的情况还好像在五里雾中,那么,历史家和政治家就不要把种族理论拉进自己的活动范围"①,否则只能造成混乱,制造混乱往往成为种族理论的唯一目的。换句话说,在考茨基这里,种族理论能否在历史和政治中站得住脚,取决于种族理论是否有人类学和生理学上的科学证明,即种族理论所包含的混乱实际是经验证据的不可靠所带来的。考茨基这种观点反映了19世纪中后期社会人类学的实证主义特点,在社会人类学那里,历史的解释方法可以应用于没有历史记载的地方,尤其是加上"考古学所提供的材料"②,就可以填补史前期的一些细节,从而对历史进行构拟。综上,不难发现,考茨基的唯物主义历史观研究带有鲜明的实证

---

  ① [德]考茨基:《唯物主义历史观》第三分册,上海:上海人民出版社1984年版,第107页。
  ② [英]拉德克利夫-布朗:《社会人类学方法》,夏建中译,北京:华夏出版社2002年版,第6页。

科学色彩，他关于人类学以及生物学遗传的大量讨论，集中体现了考茨基把唯物主义历史观当作了一种实证科学。

2. 地理环境与人类社会

地理环境也是影响人类社会发展的重要因素。考茨基一方面认为种族理论缺乏科学性的论证，不能用于研究说明各民族的历史发展；另一方面则指出人类地理学是想研究历史的人必须精通的科学。换句话说，考茨基承认自然地理环境在人类社会发展中的作用，也对自然地理环境在人类社会发展中的作用划定了界限，批判性指出"对于某一民族生活于其中的自然条件进行研究，与过去对该民族所属的种族进行研究相比，固然能够更深刻地洞悉该民族的历史特点，但决不能因此就夸大这种研究取得的历史学收获"①，由此可以看出，考茨基同样反对地理环境决定论，反对夸大地理环境在人类社会发展中的作用。考茨基看重人类地理学，注重自然条件对各民族历史发展的影响，受到了英国实证主义史学家亨利·托马斯·巴克尔②的影响。在考茨基看来，巴克尔认为人是自然的一部分，因此人类历史也遵循自然规律，巴克尔在分析人类文明时总是力求能在自然条件中找到历史发展变化的原因。考茨基也指出了巴克尔的不足，即他笼统地去确定自然条件对社会发展的影响，没有对不同时期做出不同的分析，没有加以区分说明。考茨基指出，要判断某个自然条件在经济和社会发展中是起促进还是妨碍作用，只能根据具体的时间地点来确定，需要具体的分析方法而非一般的分析方法。

总体来说，考茨基承认以巴克尔为代表的人类地理学研究方法，承认关于气候等自然地理条件的研究是有利于掌握人类历史发展的，考茨基确信随着研究的深入，人类地理学会对人类历史做出进一步的论证。巴克尔的人类地理学是考茨基在青年时期接触到的思想，因此我们有理由相信考

---

① [德]考茨基：《唯物主义历史观》第三分册，上海：上海人民出版社1984年版，第108页。

② 亨利·托马斯·巴克尔（Buckle Henry Thomas，1821—1862），英国著名的实证主义历史学家，以《英国文明史》而闻名，在西方近代史学史上，是打破传统史学，力求建立新史学的先驱。

茨基把人类地理学作为考察历史发展的重要因素是他早期思想的延续，这不仅形成了考茨基关于唯物主义历史观理解的实证科学特点，而且也证实了考茨基唯物主义历史观的起点是达尔文。所以，我们可以看出即便考茨基的唯物主义历史观承认经济因素对历史发展的影响，他关于历史的研究也总是与自然科学密切相关的。

当然我们还要看到，考茨基并不像巴克尔一样是地理环境决定论者。考茨基表现出了唯物主义历史观的自觉，他既看到了自然环境不能成为历史发展的动力，又看到了地理环境的社会历史性，考茨基指出某一地区的自然地理因素，并不是永远以同一种方式影响该地区的社会发展，因为自然条件发挥作用的大小是受到人类社会经济发展和技术发展的制约的，社会技术水平和经济发展水平制约着自然地理环境发挥作用的形式和大小。考茨基关于地理环境的观点与普列汉诺夫的观点具有一致性，普列汉诺夫也表达了如下关于自然地理环境与社会发展的观点：

> 社会人和地理环境之间的相互关系是极其变化无常的。它是随着人的生产力发展所达到的每一次新的进展而改变的。因此地理环境对社会人的影响在生产力发展的不同阶段产生着不同的结果。①

在普列汉诺夫看来，自然地理环境是人类历史发展中的重要因素，但是自然地理环境发挥作用的大小和方式受到生产力发展的不同阶段影响。因此可以看出承认自然地理环境对人类社会的影响，但地理环境的作用方式受到社会经济发展，特别是生产方式制约的观点，是第二国际主要理论家普遍承认的唯物史观观点。

总的来说，考茨基受到了种族理论和人类地理学的影响，承认种族和地理环境对人类社会的影响，但反对把种族理论和人类地理学作为历史研究的唯一方法。考茨基指出了两者的局限，在他看来，种族理论在人类学和生理学上经验证据不足，而人类地理学的研究对象即自然地理环境虽然

---

① 《普列汉诺夫文集》第 3 卷，王荫庭译，北京：商务印书馆 2021 年版，第 173 页。

是社会历史发展的自然条件，为理解不同的历史发展道路提供了角度；但是人类地理学却不能说明历史发展的根本动力。在考茨基看来，各民族地区的发展变化受到各民族的文化和风俗习惯及其地理环境和气候的制约，但是民族特性和自然地理环境绝对不是导致各民族地区持续发展的唯一因素。

（二）技术经济与人类社会

在考茨基看来，人类社会发展的动力不是种族和自然地理环境，而是技术和经济，技术和经济二者既密切相联又相互区分。

1. 技术与人类社会

考茨基分析了技术对于人类社会发展的作用，指出技术是基于人类社会新的需要而产生的。在考茨基看来，不同民族的历史发展变化是由技术变化引起的，技术运用是通过创造和运用人工器官加强或者补充自然器官，以自觉地适应各种外界变化的能力，正是技术的运用和发明使人类区别于并凌驾于动物之上。考茨基解释道，虽然技术在原始人类那已经有萌芽，但是人类社会的技术与原始人的发明是不同的，随着天赋差异的不断增加以及阶级社会中职业和阶级的分化，技术发明逐渐成为"一部分专家"①的事，这让技术发明呈现出新特点。考茨基强调这并不意味着技术发明是个别天才的无中生有，恰恰相反，技术发明是对已有物质条件的进一步发展，以便使之适应新的需要。因此，技术不是个人的产物，它是社会的产物，正如马克思所说："如果有一部考证性的工艺史，就会证明，18世纪的任何发明，很少是属于某一个人的。"② 考茨基以蒸汽机、汽船和火车的发明过程来说明技术是为了适应社会新的需要对已有事物的进一步发展。

考茨基分析了技术的产生、发展与土地、交通等社会其他因素的关系。一方面技术发展依赖于丰富的土地资源和便利的交通等必要的辅助手

---

① [德]考茨基：《唯物主义历史观》第三分册，上海：上海人民出版社1984年版，第183页。
② 《马克思恩格斯文集》第5卷，北京：人民出版社2009年版，第428—429页，注89。

段，另一方面技术也会影响和改变自然地理环境。考茨基认为一个民族和地区的地理环境既决定了该民族使用的工具种类，又决定了该民族使用工具的目的，进而也影响了该民族的生活方式、风俗习惯、民族性格、技术经验以及知识观点等。在讨论便利的地理位置时，考茨基强调优越的地理位置有利于不同民族、不同地区间的交流和交换，这种交换不仅包括工具、武器和装饰品的交换，而且包括思想和知识的交换。因此，考茨基非常注重各民族间的互相交流和学习。在讨论技术发展需要必要辅助手段时，考茨基非常注重地理环境对技术发展的影响，这是巴克尔的人类地理学对考茨基影响的体现。

考茨基继续分析了技术发展的动力问题。在他看来土地以及地理位置等辅助条件只能解释技术在不同地区的不同发展速度，但是无法说明技术产生和发展的动力。考茨基诉诸关于新事物的技术观念即人类精神的力量，来说明技术的产生，他认为，外界的新事物不断地向人类精神提出新问题迫使人类精神经常寻求新手段去寻找解决问题的新方法。考茨基明确指出技术的发展虽然离不开技术观念，但是人类精神不可能任意自由地创造出技术发展的动力，作为技术发展的动力必然是由外界刺激产生的。由此，考茨基最终深入社会，在技术与社会的紧密联系中探寻技术发展的动力。考茨基指出，从人类的整个历史发展来看，技术是无限发展的，但是在各个特定历史时期，技术是受到历史制约的。不过这种限制和制约同自然器官不一样，技术不受个人的能力、力量和需要的限制，而是受所处时代的社会能力、力量与需要的限制。因此，考茨基立足于人类社会本身去发现技术发展的动力，从社会整体能力的层次来寻找技术发展的限制与动力。

2. 经济与人类社会

考茨基进一步分析了与技术发展和社会发展密切相连的经济因素。考茨基指出技术和经济既密切联系又相互区别，在他看来，要正确理解社会经济形式，必须区分经济与技术。考茨基认为马克思在《资本论》中关于劳动过程的分析，已经划分了劳动的技术形式与劳动的经济形式，并把劳动的技术形式与经济形式的划分当作马克思伟大的经济思想成果之一。

劳动过程，就我们在上面把它描述为它的简单的、抽象的要素来说，是制造使用价值的有目的的活动，是为了人类的需要而对自然物的占有，是人和自然之间的物质变换的一般条件，是人类生活的永恒的自然条件，因此，它不以人类生活的任何形式为转移，倒不如说，它为人类生活的一切社会形式所共有。因此，我们不必来叙述一个劳动者与其他劳动者的关系。一边是人及其劳动，另一边是自然及其物质，这就够了。根据小麦的味道，我们尝不出它是谁种的，同样，根据劳动过程，我们看不出它是在什么条件下进行的：是在奴隶监工的残酷的鞭子下，还是在资本家的严酷的目光下……①

在马克思这里，劳动过程就一般性来说首先表现为人与自然关系的劳动过程，其实质是人类改造自然的物质生产力，物质生产力又直接表现为生产技术，因而劳动过程首先表现为一种劳动的技术形式，它是人类一切社会形式共有的。而一个劳动者与另一个劳动者的关系，表现为劳动的社会组织形式，取决于不同社会形式，具有社会历史性。就资本主义社会来说，劳动从属于资本而引起的生产方式本身的变化，诸如工人在资本家的监督下劳动和产品是资本家的所有物，而非直接生产者工人的所有物等，是建立在一系列资本主义经济条件基础上的。考茨基指出，马克思对作为商品的社会劳动产品和作为使用对象的物质性劳动的区别，实际上是对劳动的技术性与经济性的区别。

考茨基认为虽然很多经济学家都承认以上观点，但是在他们关于经济的定义中，却往往对技术和经济不加以区分，从而不能正确理解社会的经济形式。由此，考茨基对马克斯·韦伯、卡尔·毕歇尔②以及恩斯特·格罗塞③等社会经济学家所做的经济定义进行了批判。在韦伯看来，"一种行为只要它的目的在于追求希望得到的效用或者是运用这种效用的机会，我

---

① 《马克思恩格斯文集》第5卷，北京：人民出版社2009年版，第215页。
② 卡尔·毕歇尔（Karl Bücher，1847—1930），德国著名经济学家，新闻学创始人之一。
③ 恩斯特·格罗塞（Ernst Grosse，1862—1927），德国哲学家、民族学家和艺术学家。

们都可以统称之为'经济的'"①。考茨基指出，韦伯关于经济的定义没有区分经济和技术，因为其目的在于某种行为既能适用于经济又能适用于技术，就是说这个行为可以分为人对自然的行为和同他人一起或对他人进行的行为，而二者是有差异的。毕歇尔则认为那些根据一定经济原则而产生行为的那些关系，才是经济关系，这个经济原则是以最小的牺牲去获得最大的效果。考茨基指出毕歇尔把人对自然的关系以及对他人的关系，都包括在一个共同的经济概念——节俭。但是在阶级社会里，并不是每一种经济关系都是对参与者的节俭，比如资本家节省的是工资，但并不会去节省劳动力的时间。经济原则在涉及阶级利益的关系中，便失去了意义，因此经济原则不是在经济领域而是在技术领域。最后，考茨基批判了格罗塞关于经济的定义。格罗塞认为"一个社会集团中实行或盛行的经济形式，即它的成员获得食物的方法，是一个客观存在的事实，能够直接观察，它的主要特征在任何地方都能被十分确切地规定出来"②。考茨基认为格罗塞对经济形式的划分，对社会发展是没有任何价值的，反而会妨碍对实际的经济形式的理解，因为格罗塞对各种经济形式的划分只是根据对任何经济形式都重要的获得食物的方法进行的，食物是以资本主义方式经营的还是以封建的或完全原始的方式经营的，在格罗塞这里从来都是被忽视的。考茨基指出，格罗塞以食物来源划分经济形式的方法，实际就是按照生产部门来划分经济形式，这种方法是不对的，不能按照农业或工业等生产部门是否占统治地位，来区别经济的高级或低级阶段。

在结束了对以上经济学家的批判后，考茨基提出了自己对生产过程与经济形式的理解。考茨基认为，劳动的物质方面和社会方面是相互作用和制约的，但是在生产过程中，劳动的社会方面居于首位。各个物质性的劳动过程通过劳动的社会性彼此联系起来，并且为了维持社会目的而从内部结合起来。劳动的物质性与社会性的内部结合使各个不同的劳

---

① [德]韦伯：《韦伯：人类社会经济史》，唐伟强译，北京：中国画报出版社2012年版，第8页。
② [德]恩斯特·格罗塞：《艺术的起源》，蔡慕晖译，北京：商务印书馆2009年版，第28页。

动过程超越了自己纯粹的技术性质,具有了经济性质,经济性质是从劳动的社会性里获得的。由此考茨基阐发了生产方式的定义:"这样从内部结合起来的劳动过程,总和起来形成一定的社会生产过程,这个生产过程的独特形式表现为一定的生产方式(Produktionsweise)。"① 要理解生产方式的形成和性质,需要考察三个方面的因素——技术、自然特点和财产制度,其中自然特点包括气候、土地资源、地势和交通状况。在三个因素中,财产制度是最重要的因素,财产制度既受到社会目的性和传统力量因素的制约,同时伴随社会的发展和不同社会集团的力量变化,财产制度越来越多地受到了诸如性别、职业和阶级利益等因素的影响。所以,即使技术和地理条件相同,在传统和社会内部各集团力量对比的影响下,也会出现不同的生产方式。

此外,考茨基指出了研究社会历史的方法。在考茨基看来,唯物主义历史观要研究一定的历史时期,不仅要弄清该历史时代的各种事件,把这些事件同当时的生产方式联系起来,还要研究一个民族在这个时代所处的精神状态。在研究历史的时候,必须区别两种因素,一是精神实质,即人在进入一个时代之初所具有的需要、思想意识等复合体;二是关于这个时代本身的生产方式的知识。一方面,要想理解该民族的精神实质,不仅要研究这个时代的生产方式,还要研究以前的生产方式,因为不是一切精神因素都源于人们正生活于其中的时代的社会存在,此外还要了解这个民族是怎样养成这种精神素质的,所以考茨基认为唯物主义历史学家必须具有历史知识和素养。另一方面,在考察该时代生产方式的时候,必须清醒地意识到同一个生产方式不是对任何民族都发生同样的影响。因为各民族都处于特殊的地理环境,不同地理环境会对各民族的历史、性格、才能、爱好和能力产生不同影响,所以同一生产方式在不同民族中不都是以完全相同的方式产生影响。考茨基总结道,要了解一个民族或区域的社会和历史"不仅应当知道其目前的占居统治地位的生产方式,而且必须知道它的特殊地理条件以及那里的人们在历史上形成的

---

① [德] 考茨基:《唯物主义历史观》第三分册,上海:上海人民出版社 1984 年版,第 293 页。

特性"①。因此,考茨基的社会历史研究方法已经全面呈现,在考茨基这里,研究社会历史不仅要看到经济因素,看到生产方式的特点,还要参照种族理论、人类地理学等因素,分析不同社会历史时期民族性的特点以及地理条件等。考茨基能把种族、自然地理等纳入社会历史的考察因素中,是值得肯定的,一定程度上,考茨基进一步发展了马克思主义唯物史观中的社会批判维度。

第二节 考茨基的唯物主义历史观的本质

考茨基对唯物主义历史观本质的说明主要体现在对唯物史观的精髓和世界观基础的理解中。其一,就唯物史观的精髓来说,考茨基认为,马克思《政治经济学批判》序言中关于经济基础与上层建筑、生产方式与生产关系的经典表述集中体现了唯物史观的精髓。针对唯物史观否认意志的误解,考茨基详细阐释了经济与意志之间的辩证关系及其对人类社会的影响,指出经济只是在"归根结底"的意义上起主导作用,从而既批判了经济决定论和经济唯物主义,也批判了伦理社会主义。唯物史观对社会经济等关系的分析,在考茨基看来,恰恰说明了唯物史观的科学性质。其二,就唯物史观的世界观基础来说,考茨基坚定地指出唯物主义是唯物史观的世界观基础。值得一提的是,虽然考茨基极力抹除唯物主义历史观的哲学性质,但是他对唯物主义作为世界观的说明却恰恰证明了唯物史观的哲学性质。当然考茨基非常不愿意承认唯物主义的哲学性质,并且只把唯物主义看作一种方法,即"辩证方法或发生学方法"②。

一、唯物主义历史观的精髓

在考茨基看来,马克思和恩格斯的唯物主义历史观是一种历史科学,

---

① [德]考茨基:《唯物主义历史观》第三分册,上海:上海人民出版社1984年版,第357—358页。

② [德]考茨基:《唯物主义历史观》第一分册,上海:上海人民出版社1964年版,第27页。

它的科学性在于"那些作为新时代的标志的新观念是从这个时代所特有的新关系中产生出来的,并且在这种关系里得到它们的实现条件"①,即唯物主义历史观的科学性植根于对现代资本主义社会本身的揭示和分析中。考茨基指出唯物主义历史观的精髓体现在马克思《政治经济学批判》序言中关于经济基础与上层建筑之间辩证关系的经典表述中:

> 人们在自己生活的社会生产中发生一定的、必然的、不以他们的意志为转移的关系,即同他们的物质生产力的一定发展阶段相适合的生产关系。这些生产关系的总和构成社会的经济结构,即有法律的和政治的上层建筑竖立其上并有一定的社会意识形式与之相适应的现实基础。物质生活的生产方式制约着整个社会生活、政治生活和精神生活的过程。……社会的物质生产力发展到一定阶段,便同它们一直在其中运动的现存生产关系或财产关系(这只是生产关系的法律用语)发生矛盾。于是这些关系便由生产力的发展形式变成生产力的桎梏。那时社会革命的时代就到来了。随着经济基础的变更,全部庞大的上层建筑也或慢或快地发生变革。②

考茨基指出既不能从粗糙的唯物主义出发,把物质基础看作只是由诸如机器、工具、原料、铁路等构成的物质的东西,也不能把上层建筑看作纯粹精神的东西。在考茨基看来,马克思关于建筑物的比喻往往引起误解,其中最明显的误解便是从静止的状态而非运动的状态理解社会关系,考茨基指出社会的存在形式与基本固定的建筑物完全不同,社会存在形式是世界中运动变化最激烈的现象,必须运用唯物的辩证法,从社会运动变化中去考察社会。

考茨基进一步详细谈论了经济基础与上层建筑的含义及其关系。首先,考茨基指出物质生产力既包括自然界提供的资源和力量,也包括在发

---

① [德]考茨基:《唯物主义历史观》第一分册,上海:上海人民出版社1964年版,第9页。
② 《马克思恩格斯文集》第2卷,北京:人民出版社2009年版,第591—592页。

现自然和改造自然时所付出的脑力劳动。考茨基认为，在某些特殊情况下，社会财富甚至主要取决于社会知识和社会精神水平，很少取决于社会现有的物的数量。依赖于生产力而建立起来的生产关系的总和——经济基础，也"决不只是'物质'范围的东西，即不只是由外部世界的物质的事物所形成，而是在很大程度上由精神因素，即人类的需要和认识所决定的"①。因此，人与人之间经济关系的建立不仅取决于生产物质条件，也取决于人们的知识和能力，同样当人们需要生产关系满足自身利益时，这种利益不只是取决于利己因素，同样取决于社会、审美、求知等利益。其次，意识形态不仅仅是由空洞的思想构成。作为一种社会意识形态，上层建筑要想获得其社会意义，需要各种观点及思想相互传达和理解，而不能只局限于个人头脑中。考茨基指出艺术、哲学、宗教等意识形态都需要物质做媒介，进而获得社会意义，比如语言类的精神生产需要纸、笔、印刷机等，而音乐需要乐器，戏剧需要剧场、服装、照明，绘画需要画布、画具，雕塑需要石膏、大理石等。所以，不能简单地说经济基础中只有物质的东西，上层建筑中只有思想和情感，而是经济基础中有精神因素，意识形态也需要物质。

考茨基指出，经济基础与上层建筑在社会历史发展中都发挥重要作用，不能把经济看作社会发展的唯一决定因素，他特别强调了意识形态的作用。在他看来，要想站在唯物史观的立场上研究一个历史时代，无论是经济条件还是意识形态都必须区分旧事物和新事物。考茨基认为，只有属于这个时代的新事物建立在这个时代的经济条件上，那些旧事物（即继承来的精神形式）不属于上层建筑，而是构成了历史条件。换句话说，这些继承来的精神形式是新的经济关系以及与此相适应的新的意识形态的基础。所以，作为意识形态的旧事物，在特定的时代或现象中反而成为基础性的东西。因此，企图仅仅根据一个时代的经济条件说明该时代的全部精神内容，是不能成功的。考茨基认为唯物史观并不像一些批评家指责的那样，只从经济来说明历史的多样性，相反，唯物史观实际上比其他历史编

---

① [德]考茨基：《唯物主义历史观》第三分册，上海：上海人民出版社1984年版，第373页。

纂学在进行历史研究时更复杂，因为它没有像其他历史观一样只停留在表面的、个别的现象，而是追求一切历史现象的统一性。

考茨基批判了将唯物主义历史观误解为"经济决定论"或"经济唯物主义"的观点以及伦理学社会主义。首先，考茨基批判了经济决定论，针对把唯物主义历史观理解为仅仅主张物质利益或牟利是历史原动力的表述，他指出经济决定论的错误在于把经济与"全部人类生活"等同起来。在考茨基看来，要想理解唯物主义历史观必须把经济动机和经济条件严格区别开来：

> 凡是不懂得把经济动机和经济条件严格地分别开来的人，就决不能理解唯物主义历史观。……他们（马克思和恩格斯——笔者注）确实是把经济看成历史的"原动力"，但是他们这样看时并不是研究心理学，而是研究历史。他们要想说明的并不是普遍的人类的东西，而是历史的特殊的东西。……他们发现，观念变化的根本原因是必须在人类生活的经济条件中去寻找的。①

换句话说，在考茨基看来，一方面，马克思主义是承认经济动机的，但是绝对没有把经济动机当作人类一切行为的原动力。唯物史观在观察世界或分析历史上每一个冲突时，总会寻找冲突背后的物质利益，但是这绝不意味着物质利益是人类行为的唯一动机。因此，盲目地把经济动力扩展为一切行为的动力，是对唯物主义历史观的误解。另一方面，更重要的是，以谋取利益为准则的动机在人类生活中发挥作用的大小是依赖于经济条件的。这种经济条件更为关注历史进程中特殊性的存在，而非普遍性的存在。因而，从历史发展变化的进程看，唯物主义历史观不是把经济利益，而是把生成历史特殊性的经济发展看成历史原动力。其次，考茨基强调了唯物主义历史观与伦理社会主义者历史观的区别。考茨基指出，伦理社会主义者仅仅是用伦理的观点去观察社会现实问题，

---

① ［德］考茨基：《唯物主义历史观》第一分册，上海：上海人民出版社1964年版，第5页。

并论证社会主义，把社会主义看作一种正义的诉求。而马克思的唯物史观则是从资本主义生产关系中的资本与劳动的对立中寻找阶级斗争的根源以及社会主义存在的合理性及其实现的可能性，从而与伦理社会主义者划清了界限。

通过对经济决定论的批判和对伦理社会主义局限性的批判，考茨基分析了唯物主义历史观的科学性特征。在他看来，唯物主义历史观因为"探究特殊，即探究每一经济阶段的历史特点"[①]，从而成为历史的；又因为它"探究一般，即一方面探究每一阶段和其他阶段的共同之处，另一方面在每一阶段以内则探究支配该阶段的独特现象的特殊规律"[②]，从而成为科学的，而且只有借助于唯物主义历史观才有可能从历史中获得某些可靠的且能够指导我们当前社会行动的知识。因此，考茨基指出唯物主义历史观是历史和科学的结果，是一种历史科学，是马克思历史研究和经济研究的总的结果，是用来指导工作的方针。考茨基把唯物主义历史观同政治经济学批判密切联系起来，从政治经济学的维度去观察和探讨社会历史问题，是基本符合马克思的唯物主义历史观研究方法的。政治经济学研究必须深入到市民社会，特别是深入到市民社会得以建立的那种生产关系中去，因而社会存在的土壤便生成了，也便有了社会存在决定社会意识的历史观，唯物主义历史观进行社会历史研究的基本原则便由此生成。但是考茨基在这里把唯物主义历史观归结为一种历史科学，便忽视了唯物主义历史观的哲学世界观基础，这与他对唯物主义历史观得以产生的前提和基础——唯物主义——的理解有关。

二、唯物主义历史观的世界观基础

考茨基一般不讲哲学，但是为了忠于唯物主义历史观的名称，忠于唯物主义历史观产生的哲学前提和基础，在厘清哲学与唯物史观之间关

---

① [德]考茨基：《唯物主义历史观》第六分册，上海：上海人民出版社1965年版，第53页。
② [德]考茨基：《唯物主义历史观》第六分册，上海：上海人民出版社1965年版，第53页。

系方面，还是谈论了哲学问题，即唯物主义的世界观。针对很多马克思主义者或非马克思主义者对唯物主义历史观名称的篡改，诸如捷列夫斯基（J. Delersky）的"经济唯物主义"、拉法格的"经济决定论"、普列汉诺夫的"一元论历史观"以及其他"经济的历史观"等，考茨基立场鲜明地指出自己更愿意采用"唯物主义历史观"这个名称，因为它不仅忠于历史事实，而且具有充沛的生命力。所谓忠于历史事实就是，在考茨基看来，马克思的唯物主义历史观是从他们的唯物主义思想里产生出来的。考茨基在批判康德派修正主义者时对唯物史观的世界观进行了解释。康德派修正主义者认为，马克思的唯物主义实际上是费尔巴哈人本学唯物主义的延续，即把人本学归为经济学，所以康德派修正主义得出马克思的唯物史观是经济学唯物主义的结论。针对这个指责，考茨基反驳说，如果马克思仅仅是把人本学归结到经济学，那么马克思是不足以建立一种全新的唯物主义的，因为马克思的唯物主义历史观认为"不是人们的意识决定人们的存在，相反，是人们的社会存在决定人们的意识"①。因而，唯物主义历史观并不仅仅是像有些人指责的那样仅仅是通过对经济或历史经验的观察所得出的孤立假设，而是以唯物主义哲学作为前提的。马克思和恩格斯正是从这种确定的唯物主义哲学出发，通过对历史和经济的研究，特别是对法国革命和英国工人状况的研究得出他们的唯物主义历史观，这便是考茨基强调的历史事实。基于此，考茨基指出"唯物主义是一种关于世界的观点，而不只是关于人的观点。……历史唯物主义是应用到历史上的唯物主义"②，因此必须坚持唯物主义历史观的名称，而非"经济的历史观"等其他称呼，并且考茨基强调在起源方面唯物史观丝毫没有什么令它的拥护者感到羞耻的地方。

考茨基把唯物主义理解为一种世界的观点，他批评费尔巴哈唯物主义的依据仅仅是基于世界与人的差别，因而考茨基无法指出费尔巴哈唯物主义之所以"旧"的根本原因，即费尔巴哈没有理解"感性的活动"，没有

---

① 《马克思恩格斯文集》第 2 卷，北京：人民出版社 2009 年版，第 591 页。
② ［德］考茨基：《唯物主义历史观》第一分册，上海：上海人民出版社 1964 年版，第 20 页。

理解实践。这反映出考茨基所理解的唯物主义没有真正理解马克思的实践唯物主义,他误解了马克思的哲学根源。这种对唯物史观世界观实践根源的忽视和误解,其结果便是抛弃马克思主义的人文关怀和价值尺度,在面对现实问题时就会导致马克思主义哲学丧失始终保持的历史批判性和实践功能的品质。①

考茨基在明确了唯物主义历史观唯物主义的世界观基础之后,指出了唯物主义包含的两种方法,并将其称为辩证方法或发生学方法。考茨基认为这两种考察方式是认识世界过程中的前后两个阶段,第一个辩证方法要求原理必须遵从事实。考茨基援引恩格斯在《反杜林论》中对此种辩证唯物主义方法的说明进行解释:

> 原则不是研究的出发点,而是它的最终结果;这些原则不是被应用于自然界和人类历史,而是从它们中抽象出来的;不是自然界和人类去适应原则,而是原则只有在符合自然界和历史的情况下才是正确的。②

在考茨基看来,恩格斯的说明仍然有效,他进一步指出:"我们永远只有通过对于事实的新的研究,或者通过对于新的事实的观察,才能得到新的知识,有时候也能从而得到新的原理。"③ 第二个辩证方法要求是"不要把我们以外的事物一个一个孤立地起来当作不动的、不变的东西来考察,而要从它们的运动变化、生成消灭中,从它们的总联系中来研究它们"④,考茨基指出,这两种唯物主义的方法在马克思和恩格斯那里,就是以辩证唯物主义为基础的方法,他们就是借助于这种方法论证唯物主义历

---

① 姚顺良:《资本主义理解史(第二卷):第二国际时期资本主义批判理论的演变》,南京:江苏人民出版社2009年版,第205页。
② 《马克思恩格斯文集》第9卷,北京:人民出版社2009年版,第38页。
③ [德]考茨基:《唯物主义历史观》第一分册,上海:上海人民出版社1964年版,第25页。
④ [德]考茨基:《唯物主义历史观》第一分册,上海:上海人民出版社1964年版,第25页。

史观的。

通过考茨基关于唯物主义历史观本质的论述，可以看出考茨基集中阐述了唯物主义历史观的历史科学性质，这种历史科学性是与政治经济批判联系起来的；同时考茨基也集中阐述了唯物主义历史观的世界观基础——唯物主义，说明了唯物主义历史观的方法论意义。就唯物史观的历史科学性来说，一方面考茨基批判了针对唯物主义历史观所做的各种经济决定论歪曲，指出唯物史观主张的经济因素在归根到底的意义上才占主导地位。另一方面，考茨基指出唯物史观研究历史时不是从伦理出发，而是从社会现实的各种关系出发，从而论证了唯物史观的历史科学性。就唯物史观的世界观基础来说，考茨基强调了唯物主义的方法论意义，从而确定了唯物史观的方法论意义。这对于当时马克思主义被歪曲为经济决定论或经济唯物主义，以及关于唯物主义历史观教条化理解的理论现状来说，都是一种批判性的回应，是有合理之处的。考茨基强调唯物主义历史观的建立依赖于唯物主义的方法，这在一定程度上是符合马克思恩格斯本意的。对于马克思主义哲学来说，其真理性不在于经典作家的个别结论，而在于这种结论的科学方法，唯物主义不是随处可贴的标签和教条，其方法论才是马克思主义的灵魂。马克思恩格斯都曾在不同场合指出过自己的理论不是教条，而是方法。恩格斯针对把唯物主义当作标签和教条的现象进行了清晰有力的批判：

> 对德国的许多青年著作家来说，"唯物主义"这个词大体上只是一个套语，他们把这个套语当作标签贴到各种事物上去，再不作进一步的研究，就是说，他们一把这个标签贴上去，就以为问题已经解决了。但是我们的历史观首先是进行研究工作的指南，并不是按照黑格尔学派的方式构造体系的杠杆。①

恩格斯明确反对把唯物主义当作一个抽象体系，用唯物主义的套语去分析问题，而是强调运用唯物主义的方法研究具体社会形态存在的条件。

---

① 《马克思恩格斯文集》第10卷，北京：人民出版社2009年版，第587页。

考茨基的问题在于，由于他无视并且否定了马克思主义与哲学的关系，把马克思主义看作历史科学，因而在理解马克思的唯物主义方法时陷入了实证主义的旋涡，他仅仅把辩证的方法看作一种发生学的实证方法。因此，虽然考茨基认真贯彻了恩格斯关于唯物主义历史观是研究工作的指南的教导，但是却"忘记了马克思的方法并不是实证主义和分析哲学的单纯认识方法和逻辑分析方法，而是作为工具理性和价值理性内在统一之实践格局的升华，即反映社会存在方式的实践哲学范式"①。

综上所述，考茨基在阐释唯物主义历史观之前，便明确指出了自己与马克思和恩格斯在理解唯物主义历史观路径上不同，马克思恩格斯是从黑格尔出发，考茨基则是从达尔文出发，因此对于考茨基来说，经济因素对于历史发展具有重大意义的同时，自然科学也与唯物史观密切相关，在考茨基看来，历史观首先是与自然科学相联系的。因此，考茨基的唯物主义历史观的阐释视域便显现，即总是从自然科学和社会科学的维度对人类社会的发展进行诠释。一方面，考茨基分析了唯物主义历史观的研究对象——人性和人类社会。在考茨基看来，人性分析是人类学的任务，但是唯物主义历史观并没有忽视人性，而是把人性作为历史由之发端的前提，在一定程度上回应了人本学对唯物主义历史观的攻击。但是考茨基确定的唯物主义历史观的人性前提，更多的是与生物性相联系的，而不是从马克思所确立的"一切社会关系的总和"②的角度理解人的本质，也不是从包括他们现实的活动和现实的物质生产条件的"现实的人"③的角度理解人。在分析人类社会时，考茨基批判性地吸收了19世纪和20世纪初流行的种族理论、人类地理学等社会人类学的研究方法，既承认种族和地理环境在人类社会历史上的作用，又反对将其中任何因素当作解释全部历史的钥匙。考茨基总结到要了解一个民族或区域的社会和历史，不仅要知道其目前占统治地位的生产方式，而且要知道它的特殊地理条件以及那里的人们

---

① 姚顺良：《资本主义理解史（第二卷）：第二国际时期资本主义批判理论的演变》，南京：江苏人民出版社2009年版，第223页。
② 《马克思恩格斯文集》第1卷，北京：人民出版社2009年版，第501页。
③ 《马克思恩格斯文集》第1卷，北京：人民出版社2009年版，第355页。

在历史上形成的民族特性，由此确立了人类社会历史发展的多样性和特殊性道路。另一方面，唯物主义历史观的本质是一种科学的、有原则的历史观，即历史科学，它的科学性主要表现在从社会关系中研究社会的各种观念和现象。考茨基认为唯物主义历史观的精髓集中反映在马克思《政治经济学批判》的序言中关于经济基础与上层建筑的关系论述中。考茨基既在批判伦理社会主义中确立了经济关系在历史发展中归根结底的作用，同时又批判经济决定论，指出唯物主义历史观从来没有忽视意志在历史中的作用。值得肯定的是，在面对20世纪物理学发展给唯物主义带来危机的历史环境下，考茨基强调唯物主义是唯物主义历史观的世界观基础，这有着重要的理论和时代意义。但是考茨基的唯物主义远非马克思以实践为根基的超越近代哲学的新唯物主义，而是与自然科学密切联系的一种"辩证的发生学的"方法，这再次印证了考茨基在理解唯物史观时所蕴含的实证维度。

第二章　关于阶级与阶级斗争问题

在完成对唯物主义历史观本质和研究对象的界定后，考茨基开始具体分析作为研究对象的人类社会。首先是对人类社会阶级性的考察，在考茨基看来，人类社会的发展经历了无阶级社会和阶级社会，并非一切社会的历史都是阶级斗争的历史。考茨基主要从阶级的概念和阶级的形成、阶级结构以及阶级斗争等方面阐释唯物主义历史观的阶级观点。考茨基的阶级观点与马克思恩格斯的不同点在于两个方面——阶级的形成和知识分子在无产阶级运动中的作用。一方面，考茨基认为阶级的形成并不是起源于氏族社会内部，而是从外部的部落之间的征服战争中产生；另一方面，在分析资产阶级和无产阶级两极分化的阶级结构时，他特别重视知识分子的作用，据此他详细考察了知识分子的历史形成过程以及社会地位变化，并特别注意到在资本主义生产方式下和现代民主国家中，知识分子作为"新中间等级"所获得的新形式、职能及其在无产阶级斗争中的作用。

第一节　阶级概念和阶级形成

考茨基关于阶级观点的思考开始于对马克思恩格斯关于阶级观点的思考。一方面，在考茨基看来，马克思恩格斯最初认为一切人类社会的历史都是阶级的历史，这可以在《共产党宣言》和《政治经济学批判》中找到线索。《共产党宣言》阐释了"至今一切社会的历史都是阶级斗争的历史"[①] 的

[①] 《马克思恩格斯文集》第2卷，北京：人民出版社2009年版，第31页。恩格斯在1888年英文版中加了一个注——"这是指有文字记载的全部历史"，下文中引用考茨基的段落中也有涉及。

观点,《政治经济学批判》序言也阐明了资本主义社会以前的时期,即人类史前史都是以阶级对立和阶级分化为基础的观点:

> 大体说来,亚细亚的、古希腊罗马的、封建的和现代资产阶级的生产方式可以看作是经济的社会形态演进的几个时代。资产阶级的生产关系是社会生产过程的最后一个对抗形式,这里所说的对抗,不是指个人的对抗,而是指从个人的社会生活条件中生长出来的对抗;但是,在资产阶级社会的胎胞里发展的生产力,同时又创造着解决这种对抗的物质条件。因此,人类社会的史前时期就以这种社会形态而告终。①

考茨基认为这些论点的提出是由马克思和恩格斯所处时代的知识水平所决定的,在他看来人类社会整个时期并非都是阶级社会,人类学和民族学的发展已经证明了在阶级社会产生以前还存在一段很长时期的无阶级社会。

另一方面,考茨基又多次举证指出马克思恩格斯在随后的观点中其实承认了无阶级社会的存在。比如马克思曾经说道:"近来流传着一种可笑的偏见,认为原始的公有制的形式是斯拉夫人特有的形式,甚至只是俄罗斯的形式。这种原始形式我们在罗马人、日耳曼人、凯尔特人那里都可以见到,直到现在我们还能在印度人那里遇到这种形式的一整套图样,虽然其中一部分只留下残迹了。"② 考茨基认为恩格斯也是了解无阶级社会的意义的,恩格斯在《共产党宣言》1883 年版序言中说到了宣言所始终贯彻的思想就是"每一历史时代的经济生产以及必然由此产生的社会结构,是该时代政治的和精神的历史的基础;因此(从原始土地公有制解体以来)全部历史都是阶级斗争的历史……"③ 在考茨基看来,恩格斯在《共产党宣

---

① 《马克思恩格斯文集》第 2 卷,北京:人民出版社 2009 年版,第 592 页。
② 《马克思恩格斯文集》第 5 卷,北京:人民出版社 2009 年版,第 95 页,注(30)。
③ 《马克思恩格斯文集》第 2 卷,北京:人民出版社 2009 年版,第 9 页。

言》1883年英文版把阶级斗争的历史限制在有文字可考的历史，之后又将其限制在"从原始土地公有制解体以来"的历史，这都说明恩格斯对无阶级社会的承认，恩格斯的《家庭、私有制和国家的起源》更是十分清楚地展现了无阶级社会的意义。基于此，考茨基认为必须对人类社会采用二分法，把社会分为无阶级时期和阶级时期。

一、阶级的概念

关于阶级理论，考茨基首先提出阶级蕴含的四方面内涵，并围绕阶级对立根源以及生产资料所有权问题对布哈林[①]进行批判，进一步丰富了关于阶级内涵的理解，同时他通过区别阶级与职业、阶级与等级进一步丰富了阶级概念。

（一）阶级的内涵

在考茨基看来，阶级概念应该从四个方面来理解，第一，阶级应该具备如下三个共同性：所得源泉的共同性、由此而来的利益共同性以及与其他阶级对立的共同性[②]。第二，阶级的问题是生产资料占有并从而占有其所生产的产品的问题。阶级分化的基础是一方生产资料过剩，另一方生产资料缺乏，即特定的所有权关系，而不是布哈林所说的领导问题。第三，阶级强调的是一种剥削与被剥削的关系，处于对立关系中的阶级不是力图抗拒这种关系就是力图进入这种关系，"阶级的概念因此是一个两极性的概念。独在自为的阶级是不可想象的，它总是需要着相对的一极：剥削者和被剥削者，主人和奴隶"[③]。基于以上各点，理解阶级概念要注意的第四点是，不要把社会中任何集团之间的任何一种对立都看作是阶级对立。事实上，考茨基在这里的潜在含义是指，即便工人阶级消除了阶级对立所依

[①] 布哈林（Bukharin，1888—1938），马克思主义发展史上重要的理论家，经典的帝国主义理论家，代表作有《世界经济和帝国主义》《帝国主义与资本积累》等。

[②] [德]考茨基：《唯物主义历史观》第四分册，上海：上海人民出版社1964年版，第11页。

[③] [德]考茨基：《唯物主义历史观》第四分册，上海：上海人民出版社1964年版，第17页。

据的所有权关系后,阶级和阶级对立的消除也不等于消除了社会中的一切对立,比如仍然会存在生产者和消费者、购买者和出售者之间的对立等等。考茨基关于阶级内涵的分析,生动体现了马克思主义对立统一的矛盾观点,在这里考茨基既指出了阶级关系中包含的对立统一,又指出了矛盾的绝对性——阶级关系的消灭无法消除社会矛盾。因此,在关于阶级内涵的分析上,考茨基表现出了难得的辩证法思维。

考茨基围绕阶级对立根源和生产资料所有权两个方面批判了布哈林的阶级理论。首先,关于阶级对立产生的原因。考茨基指出,在布哈林看来阶级以及阶级对立产生的原因是由于社会协作需要有领导,有发号施令者,由此,担当领导职能的人就变成了统治者,被领导的人就是被统治者,统治者和被统治者之间必然存在着敌意和斗争。对此考茨基反驳道,如果把分工协作中的领导与被领导看作是阶级产生的原因,那么动物界中同样存在阶级斗争;社会主义社会中也存在阶级斗争。其次,关于生产资料所有权的问题。在布哈林看来,生产资料方面的所有权关系,是生产过程中各阶级所起不同作用的结果,即布哈林认为生产过程中的领导与被领导的协作关系产生了生产资料的不同所有权,比如资本家之所以拥有资本所有权是因其在生产中起领导作用。考茨基指责布哈林对历史唯物主义进行了片面理解,布哈林把全部权利关系包括所有权,都直接看作产生于生产关系的"意识形态上层建筑",而最终忘记了"归根结底"的限制。也就是说,布哈林认为资本主义所有制是资本主义生产方式的结果,而不是前提。① 考茨基指出,在人类社会发展史中,生产资料私有制比资本主义生产方式古老得多。

(二) 阶级与职业、等级

考茨基认为职业与阶级有三个方面的不同。第一,职业的产生。职业是技术进步和劳动分工的产物,劳动分工的产生并非如亚当·斯密所认为的那般产生于一种天赋的交换倾向,相反,它是社会生产技术发展的结

---

① [德]考茨基:《唯物主义历史观》第四分册,上海:上海人民出版社1964年版,第16页。

果。在考茨基看来，人不同于动物，人类创造出很多技术和工具，一部分人善于使用或专门使用这些技术和工具，而另一部分人却很少使用这些技术和工具。最初的劳动分工是家庭中的男女分工，之后是公社之间为了交换而出现的分工，接下来是在公社内部和同一性别内部出现不同的劳动分工，最后由劳动分工产生出不同职业，考茨基认为第一种专门的职业是知识分子①。第二，职业间的对立性质。考茨基指出职业之间也有对立和斗争，因为每个人都努力尽可能少地付出劳动，而尽可能多地交换和得到，这种对立和斗争是有条件的，即在商品生产的条件下，对立是不可避免的。值得注意的是，职业间的对立不同于阶级对立，各种职业作为自由而平等的人们的不同集团，他们的对立与斗争不存在剥削关系，因而能够很好地和平共处，从来不会像阶级斗争那般激烈残酷。考茨基认为在人类发展史中职业间的对立对于社会发展的意义远不如阶级对立和阶级斗争②。第三，阶级和职业的不同还表现在阶级是可以消灭的，而职业是不能被消灭的。在考茨基看来，如果阶级消灭的条件已经具备，阶级是可以消灭的，并且对社会没有损害还大有益处；但是对于职业来说却不同。由于职业是技术进步和劳动分工的产物，因此社会发展程度越高越复杂，职业的种类也就越繁多，消灭职业意味着取消社会已经达到的一切知识和技能，所以消灭职业是反动的亦是徒劳的。相反，随着社会发展，职业不但不能被消灭而且种类会继续扩大。

考茨基关于职业与阶级的区分无疑是正确的，特别是职业不能被消灭的观点是很有见地并且符合马克思恩格斯的意思。虽然马克思曾经表达了对分工的不满："原来，当分工一出现之后，任何人都有自己一定的特殊的活动范围，这个范围是强加于他的，他不能超出这个范围。他是一个猎人、渔夫或牧人，或者是一个批判的批判者，只要他不想失去生活资料，他就始终应该是这样的人。而在共产主义社会里，任何人都没有特殊的活

---

① [德]考茨基：《唯物主义历史观》第四分册，上海：上海人民出版社1964年版，第23页。
② [德]考茨基：《唯物主义历史观》第四分册，上海：上海人民出版社1964年版，第34页。

动范围，而是都可以在任何部门内发展，社会调节着整个生产，因而使我有可能随自己的兴趣今天干这事，明天干那事，上午打猎，下午捕鱼，傍晚从事畜牧，晚饭后从事批判，这样就不会使我老是一个猎人、渔夫、牧人或批判者。"① 恩格斯也提出过消灭分工的观点："不言而喻，要不是每一个人都得到解放，社会也不能得到解放。因此，旧的生产方式必须彻底变革，特别是旧的分工必须消灭。"② 但是在考茨基看来，马克思和恩格斯并没有取消职业的意思，只是希望消灭个人被束缚在单一职业上的片面性，换句话说，马克思消灭分工只是消灭旧的不合理的分工，而不是主张消灭职业分工。对此，考茨基补充道："只有当我们的经济活动的安排，不是使职业劳动的全部时间都用于一种唯一的职业或甚至用于一个唯一的操作时，我们才有可能克服旧式的劳动分工，而创造一种新式的劳动分工。"③

考茨基从等级的概念、等级的形成与发展等方面阐述阶级与等级的不同。其一，关于等级概念。考茨基详细规定了等级的概念：

> 我们把等级理解为共同体的一群成员，他们由于共同体的种种明确规定，而跟其余的成员区别开来。这种区别的发生，是由于一些特权授予了这一群成员，或者一些特殊的义务加到了他们身上，而成员的资格又和一些特殊的条件连结在一起，如具有世袭继承的关系，或能提供特殊的知识，诸如此类。④

也就是说，在考茨基看来可以从两个方面来理解等级，一是共同体的明确规定，二是等级成员有特权或特殊义务。因此，考茨基指出等级与阶级的显著区别就是等级的明确规定性和显而易见性，当然这同样也适合于

---

① 《马克思恩格斯文集》第1卷，北京：人民出版社2009年版，第537页。
② 《马克思恩格斯文集》第9卷，北京：人民出版社2009年版，第310页。
③ ［德］考茨基：《唯物主义历史观》第四分册，上海：上海人民出版社1964年版，第39—40页。
④ ［德］考茨基：《唯物主义历史观》第四分册，上海：上海人民出版社1964年版，第41页。

职业，但是阶级则是不显著的。其二，关于等级与阶级、职业的关系。一方面，等级的产生与阶级和职业有着千丝万缕的联系。考茨基指出最初等级与阶级、职业具有一致性，要么是一种阶级或职业，要么是几种职业或阶级的综合，每个等级具有鲜明特点。随着技术和生产的发展，阶级和职业的条件及利益会发生变化，而等级特权和条件却不易变化，因此，等级与职业或阶级的一致性便逐渐消失。① 另一方面，考茨基认为虽然等级与最初的职业或阶级已经不一致，但是等级的社会作用与职业、阶级的社会作用毕竟存在着共同特点，最初的阶级斗争常常采用等级斗争的形式。考茨基引用马克思在《共产党宣言》中的话作为论证依据，即"自由民和奴隶、贵族和平民、领主和农奴、行会师傅和帮工，一句话，压迫者和被压迫者，始终处于相互对立的地位，进行不断的、有时隐蔽有时公开的斗争，而每一次斗争的结局都是整个社会受到革命改造或者斗争的各阶级同归于尽"②，在考茨基看来，贵族和平民、师傅与帮工之间的对立就是两个等级的对立。其三，不能把无产阶级看作第四等级。在考茨基看来，虽然马克思恩格斯有时不区别等级和阶级，但是马克思恩格斯却反对拉萨尔把工人阶级看作一个等级，并称之为第四等级。考茨基同马克思恩格斯一样，反对拉萨尔把工人阶级看作第四等级。考茨基指出等级不过是某些阶级的一种特殊形式，但是并非每一个阶级都是等级，资本主义社会是不容许任何等级存在的，它解除了一切等级联系，只容许不带等级装饰的阶级的存在。③

总的来说，考茨基认为社会中凡是有等级或职业存在的地方，等级或职业总是显而易见的，然而与之相反的是，阶级情况并非如此，阶级不是通过共同体的规定而固定划分的，即便当资产阶级取消等级制度之时，自由、平等的王国也没有实现，资本主义社会仍然存在建立在经济基础之上的阶级对立。考茨基认为发现和揭露阶级、阶级矛盾及其经济基础是马克

---

① ［德］考茨基：《唯物主义历史观》第四分册，上海：上海人民出版社1964年版，第43页。
② 《马克思恩格斯文集》第2卷，北京：人民出版社2009年版，第31页。
③ ［德］考茨基：《唯物主义历史观》第四分册，上海：上海人民出版社1964年版，第45页。

思和恩格斯最伟大的功绩之一。考茨基通过区别阶级、职业以及等级，把阶级问题看作是建立在剥削与被剥削关系上的所有权问题，是符合马克思和恩格斯关于阶级观点的看法，同时关于阶级是否存在于一切社会，考茨基采取了无阶级社会和阶级社会的二分观点，这是基于考茨基关于人类历史的认识基础，是符合人类社会历史的。

二、阶级的起源

考茨基不赞同恩格斯关于阶级起源的观点，并且在批判恩格斯关于阶级起源假说的基础之上，形成自己的阶级起源理论。考茨基认为恩格斯关于阶级起源于氏族社会内部社会职能的继承制、奴隶制和私有制的假说是不成立的，阶级不是起源于氏族社会内部，而是由于外部因素的刺激形成的。在考茨基看来，"在国家出现以前，确实不少部落已经有了阶级的萌芽。但是这些萌芽不是从公社内部生长出来的，而是从它同别个公社的接触中，从战争中生长出来的"①，即阶级起源于部落之间的战争。当然，考茨基承认恩格斯对他的影响，因此在阶级起源的思考中，考茨基坚持战争起源说的同时，也承认阶级产生于氏族社会内部的经济因素，但是只有阶级起源于征服战争的观点才真正符合唯物主义历史观。

考茨基通过对恩格斯假说的批判来论证恩格斯关于阶级起源看法的不合理性。恩格斯认为阶级是先于国家产生的，阶级形成的因素都是从公社内部产生的，包括社会职能的继承制、奴隶制和私有制以及贫富差距，这三个因素破坏了氏族社会的平等制度，造成阶级对立进而产生国家。考茨基指出恩格斯所提出的这三个假设是不能说明阶级的产生的，于是逐一展开了批判。

第一，关于社会职能的继承制。恩格斯认为社会关系的调节及其贯彻，迫切要求公社中要有公职人员，但是随着时间推移，世袭制的出现瓦解着民主平等的制度，使得公社的公职人员独立于公社之上，由公仆变为主人。同时在恩格斯看来"这种世袭在一切事情都是自发地进行的世界里

---

① ［德］考茨基：《唯物主义历史观》第四分册，上海人民出版社1964年版，第92页。

差不多是自然而然地形成的"①。考茨基指出世袭制不是自然而然形成的，他以群居动物为例，指出群居动物中有首领，但不是世袭。考茨基进一步指出，恩格斯没有回答氏族压迫者对于氏族成员的强制权力从何而来的问题，而且在恩格斯看来没有必要深究，他只是说"雅典人在创立他们的国家的同时，也创立了警察"②，似乎这种强制权力是从警察而来。考茨基指出恩格斯错了，因为雅典国家和警察不是同时建立的，雅典国家在警察建立之前便已存在很久。在恩格斯那里，社会职能（警察）脱离社会而独立，是国家形成的前提，考茨基反驳道，即便公社内部的社会职能确实能够独立，也不能解释阶级的形成，因为社会职能的独立只能以阶级存在为前提。考茨基进一步指出社会职能的独立只能在君主政权十分强大并能出资维持军事官僚机构的地方才是可能的，一般来说社会职能独立是十分偶然特殊的情况。国家的社会职能与国家出现之前的公职人员的职能之间的区别并不在于是否独立，而在于是否为特定阶级服务，氏族公社的公职人员则是为一个无阶级的、未分化的社会服务③。因此，考茨基认为基于社会职位世袭制而引发的社会职能的独立，不足以让公职人员获得剥削其他氏族成员的力量。

第二，关于贫富差距。考茨基认为恩格斯高估了财富差距在氏族社会所达到的程度。在恩格斯看来：

> 古代的氏族组织还是很有活力的，不过我们也已经看到，它的瓦解已经开始：由子女继承财产的父权制，促进了财产积累于家庭中，并且使家庭变成一种与氏族对立的力量；财产的差别，通过世袭贵族和王权的最初萌芽的形成，对社会制度发生反作用；奴隶制起初虽然仅限于俘虏，但已经开辟了奴役同部落人甚至同氏族人的前景；古代部落对部落的战争，已经逐渐蜕变为在陆上和海上为攫夺牲畜、奴隶

---

① 《马克思恩格斯文集》第9卷，北京：人民出版社2009年版，第187页。
② 《马克思恩格斯文集》第4卷，北京：人民出版社2009年版，第135页。
③ [德]考茨基：《唯物主义历史观》第四分册，上海：上海人民出版社1964年版，第80页。

和财宝而不断进行的抢劫，变为一种正常的营生，一句话，财富被当作最高的价值而受到赞美和崇敬，古代氏族制度被滥用来替暴力掠夺财富的行为辩护。①

考茨基指出，恩格斯之所以高度肯定财富在氏族社会中的集中，把财富看作氏族之间掠夺的动力，是因为恩格斯错把《荷马史诗》中的时代看作国家出现以前的时代了，事实上荷马时代已经具备了国家的显著特征。考茨基指出氏族社会中家庭之间的财产差距确实存在，但不可过分想象这种差距。因为最重要的生产资料——土地，仍处在公社的支配之下，所以即便是出现了私有财产，在原始民主制的道德生活下财产仍然意味着义务"原始的民主，不容许个人利用财产去剥削属于同一个共同体的其他比较贫穷的公民"②。由此，考茨基得出结论：在原始的民主社会中，贫富差距或是私有财产的出现不能导致阶级对立的产生。

第三，关于奴隶制。恩格斯非常注重奴隶在阶级产生中的作用，在恩格斯看来，随着社会分工的进行，"在前一阶段上刚刚产生并且是零散现象的奴隶制，现在成为社会制度的一个根本的组成部分；奴隶们不再是简单的助手了；他们被成批地赶到田野和工场去劳动"③。同时，在恩格斯看来，奴隶最开始虽然只限于战争俘虏，但是已经开辟了奴役同部落的人以及同氏族的人的广阔前景，特别是出于对财富掠夺的需要，已经把古代部落对部落的战争变成一种正常的手段。考茨基承认奴隶制是一种剥削和奴役的关系，但是奴隶制中奴隶与奴隶主之间的差别也不能说明为何公职人员由公仆变为主人。因为奴隶最初分散在家庭中而且数量很少，国家出现以后，才出现了奴隶的大量聚集和反抗斗争。在氏族民主制下，即使为了防范奴隶，也无须建立一个专门的国家权力对奴隶进行镇压，因为自由民会结成与奴隶相对的坚固阵线。所以，考茨基认为社会职能的世袭制、财

---

① 《马克思恩格斯文集》第4卷，北京：人民出版社2009年版，第125页。
② [德]考茨基：《唯物主义历史观》第四分册，上海：上海人民出版社1964年版，第82页。
③ 《马克思恩格斯文集》第4卷，北京：人民出版社2009年版，第182页。

富差异以及奴隶制这三个因素都不能说明公社内部阶级的形成。

通过对恩格斯关于阶级起源假说的批判，考茨基指出阶级和国家的产生不能从公社内部产生出来的那些因素——包括朴素的暴力论和公社内部的经济发展——来说明。考茨基反对从氏族公社内部寻找阶级起源的原因在于他始终承认原始社会中的道德性的作用：

> 原始的民主制，许多重要生产资料的公有制，对每个成员普遍地乐于帮助，这些构成了一道不可逾越的堤坝，阻挡着任何社会发展走向形成剥削阶级和被剥削阶级，以及形成统治公社的、独立于人民大众的国家权力。①

因此，对于原始社会道德性的社会作用的肯定，成为考茨基反对恩格斯阶级和国家起源理论的重要依据，也构成其阶级起源理论的依据。

在考茨基看来，阶级起源于公社之间进行的出于征服目的的战争。征服的战争不再是单纯地掠夺奴隶和财物，而是将整个战败的公社据为己有。这样，两个公社合而为一，其中一个成为被统治、被剥削阶级，另一个成为统治和剥削阶级。考茨基指出"最初的阶级和国家是由一些部落形成的，征服的行动将这些部落结合在一起并使它们之间有了上层下层之分……所以，阶级在历史上首先是以互相隔离而容易区别的等级的形式出现的"②。关于阶级产生于部落之间战争的观点，考茨基早已有之，在其早年的《人类发展史大纲》中考茨基便得出了阶级分化和阶级剥削等产生的根本原因在于异族征服者的暴力的结论。虽然考茨基受到了恩格斯《反杜林论》的影响，但是在晚年他还是基本坚持了早年关于阶级产生的基本观点。

考茨基关于阶级斗争产生于部落之间出于征服目的的战争的观点，既

---

① ［德］考茨基：《唯物主义历史观》第四分册，上海人民出版社1964年版，第92页。
② ［德］考茨基：《唯物主义历史观》第四分册，上海人民出版社1964年版，第93页。

受到了自己生活环境的影响，也受到了如弗兰茨·奥本海姆①等理论家的影响。首先，就考茨基年轻时所处的环境来说，在奥地利阶级和等级区分是非常明显的，比如"在波希米亚，德意志贵族和德意志资产阶级就是居于捷克的农民、小市民和无产者之上的。在匈牙利，马扎儿人贵族和操德语的资产阶级，是与斯拉夫族的和罗马尼亚族的农民相对立的"②。出于这种不同民族之间的对立和战争，考茨基自然非常重视不同部落之间的战争所带来的变化。此外，考茨基也受到了一些非马克思主义者如弗兰茨·奥本海姆的《论国家》、拉采儿的《民族学》，以及马克斯·韦伯的启发。考茨基承认自己关于阶级起源的理论是有经济依据的，即劳动分工，但他对劳动分工作了限制，即生活在不同生存条件之下且不同部落之间的劳动分工，所以考茨基所说的劳动分工不是以职业分工为基础的劳动分工，也不是各种社会活动的领导者和实行者之间的分工。在考茨基看来，这种劳动分工使许多毗邻的部落根据其不同居住地区的特点有了不同的能力和习惯，在这种情况下，贫穷的部落和富裕的部落为邻，好战的部落和爱和平的部落为邻，如此便容易出现贫穷、好战的部落侵袭富裕、爱和平的部落。考茨基指出这些战争的目的是出于掠夺奴隶和财富，还是出于作为统治等级去占领土地和建立国家，这是由经济条件以及从经济条件里产生出来的心灵才智条件决定的。

考茨基关于阶级起源的观点表现出强烈的折中主义和实证主义缺陷。一方面，考茨基承认受到了恩格斯的影响，他认为阶级和国家的发展在某些情况下就如同恩格斯所设想的那样，阶级起源于氏族内部基于经济因素的对抗等，而在另外的条件下，阶级的起源又会是考茨基本人所想象的那样。换句话说，在考茨基这里阶级和国家的起源有些是通过征服，有些是从氏族社会内部发展起来的阶级对抗中形成的，这充分暴露了考茨基唯物史观的折中主义缺陷。另一方面，考茨基关于阶级产生于部落之间战争的

---

① 奥本海姆（Franz Oppenheimer, 1864—1943），德国犹太社会学家、政治经济学家，拒绝社会契约论，为国家起源论中的"征服理论"以及经济手段与政治手段的划分理论做出了贡献。

② [德]考茨基：《唯物主义历史观》第四分册，上海：上海人民出版社1964年版，第97页。

观点，也意味着考茨基没有摆脱实证主义特别是人类地理学的影响，在分析人类社会阶级起源时，仍然立足于自然地理因素解释不同部落的差异，进而来解释部落之间战争及其引起的阶级起源，因此，考茨基不能在归根结底的意义上正确说明阶级起源。

第二节　阶级与知识分子

19世纪末20世纪初，资本主义社会无论在经济上还是在政治上都发生了巨大变化，其中阶级结构的演变是重要表现。第二国际很多理论家就资本主义社会的阶级状况纷纷发表不同看法，充满了形形色色的见解。考茨基同样就资本主义社会的阶级结构发表了观点，在关于阶级结构的分析中，最具有特点的理论非"新中间等级"理论莫属，这一思想与考茨基关于知识分子的理论密切相关。在唯物主义历史观和社会主义运动的研究中，考茨基详细考察了知识分子的产生及其历史形成过程，并系统考察了从国家和阶级形成初期到中世纪再到资本主义社会，知识分子社会地位的变化。考茨基特别强调在资本主义生产方式和现代民主国家中，知识分子获得了新的形式和职能，他们作为新中间等级影响着国家和社会的阶级结构，同时势必成为现代阶级斗争的重要影响因素。

一、知识分子的历史发展

在考茨基看来，知识分子是一种职业而不是一个阶级，并且是作为第一个专门的职业出现的。知识分子的产生是因为技术的进步导致劳动的多样性，劳动的多样性进而导致知识多样性。此时丰富的知识是个别平常人不能够掌握的，需要特别建立组织来保存和发展整个部族或民族的传统知识，由此便出现了知识分子群体并获得某些社会势力，但绝对没有达到可以统治和剥削的地位。考茨基立足国家和阶级形成初期、中世纪和资本主义社会等不同时期考察知识分子的社会活动和社会地位的变化，让知识分子这一职业或阶层鲜活地在历史中呈现出来。

在国家和阶级形成初期，知识分子一般是作为祭司出现的。在考茨基看来，祭司阶层的知识分子有两种不同形成方式，一种方式是贵族的祭司阶层的知识分子。不同征服者部落相继掌握国家政权，一个部落的贵族阶层高于另一个部落的贵族阶层，此时便会出现分工，作为征服者的贵族掌握战争事务，充当被征服者的贵族则被限制只能从事智力活动，成为一种特殊的祭司阶层。另一种则是被征服部落已经形成的知识分子，对于这种知识分子，国家和阶级一旦形成，新的国家政权为了赢得知识分子的支持，总是想方设法去保证知识分子以及酋长在被征服部落中的地位，这样酋长和知识分子被国家抬高到本部落同胞之上并与本部落同胞对立的位置。由此，祭司阶层的知识分子或贵族便成为国家的特权人物。

中世纪出现了新型知识分子。由于读书写字对于广大城市居民来说变成了非常重要的事情，因此知识分子成为"高级的奴仆"①，赢得了很大尊荣，甚至也有贵族从事知识分子行业。这些新型知识分子既不隶属于教会也不是王室的仆从，他们在城市里找到了自己的市场，比如作为医生、律师、技术人员或艺术家等，并且随着城市读书人的增加，书籍印刷业、新闻报刊业也加入了知识分子的市场。考茨基指出，虽然这些知识分子收入极不稳定且十分微薄，但是他们却获得了个人自由，这是教会的和宫廷的知识分子所没有的。中世纪的知识分子依靠城市并同城市居民一起反对教会、贵族和专制主义，争取言论自由是知识分子采取的主要斗争形式。在考茨基看来，知识分子既然只能用精神武器作斗争，只能用这种武器战胜对手，所以不论在什么地方，只要他们感到自己在精神方面比敌人优越，就总是要求言论自由。

考茨基指出，虽然知识分子不是一个阶级，没有特殊的阶级利益，但是它同样是社会结构和社会运动中巨大的精神力量：

> 他们却能把别的阶级的事业变成自己的事业，参与别的阶级的斗争，并使这些阶级斗争在精神方面高度丰富起来；特别是自从民主制

---

① [德]考茨基：《唯物主义历史观》第五分册，上海：上海人民出版社 1964 年版，第 183 页。

兴起，精神方面的优越性变得比粗野的拳头更为重要以来，这种情形就尤其显著。①

知识分子之所以能够把某个阶级的事业转变为自己的事业，这主要得益于他们所受的教育以及他们的业务性质不涉及利害关系，从而使他们"超脱地区的、行业的和时代的局限，能够不为狭隘的特殊利益所囿，从而认识到那个有关阶级的长远而普遍的利益，并且为之进行斗争"②。至于这些知识分子会采取什么样的阶级立场，这是因人而异的，比如有的人出于个人利益和私人关系，有的人则出于道德感或学术信念等采取不同的阶级立场。考茨基认为只有出于道德和学术信念的知识分子，才能让他们所倾向的那个阶级的阶级斗争在精神方面有提升，并且多获胜利少受牺牲，从而整体提高一步。在考茨基看来，能够代表中世纪知识分子及其在阶级斗争中作用的事件莫过于17世纪的英国资产阶级革命③，在这次革命中，各个阶级知识分子的先锋战士大多是神学家，他们利用教会作为自己的武器反对教会，使得阶级斗争带上了他们的印记。

真正意义上的知识分子产生于18世纪的启蒙时代，典型代表则是法国大革命中发挥重要作用的知识分子。在考茨基看来，独立于宫廷和教会的法国思想家们，在18世纪已不再是纯粹的哲学家，而是越发变成了不仅反对僧侣和贵族，而且也反对"富有者"的经济学家和政治家了。④ 考茨基指出，知识分子虽然不是一个阶级，但是在某种意义上可以把18世纪的知识分子视作一个特殊阶级。这是因为18世纪的所有自由知识分子都有着共同的敌人，即贵族、教会、官僚和宫廷，而知识分子的另一边则是既包含

---

① [德] 考茨基：《唯物主义历史观》第五分册，上海：上海人民出版社1964年版，第184—185页。
② [德] 考茨基：《唯物主义历史观》第五分册，上海：上海人民出版社1964年版，第185页。
③ 17世纪英国资产阶级革命被认为是披着宗教外衣，这次英国的资产阶级革命首先是从清教反对国教开始的，宗教之争成为革命的直接导火线，宗教对革命进程产生了深刻影响。
④ [德] 考茨基：《唯物主义历史观》第五分册，上海：上海人民出版社1964年版，第186页。

工业资本又包含雇佣工人在内的第三等级的人民。在这种情况下，知识分子内部在目的和道路上自然会发展出一种内在的一致性，尤其是同情心上的一致。考茨基在 1889 年的《法国大革命时代的阶级对立》中得出了这样的结论："宫廷贵族以及和宫廷贵族相勾结的大金融家被推翻以后，在法国只有一个可能有能力治理国家的阶级，那就是资产阶级知识分子。"① 可见在考茨基看来，知识分子的作用已经上升为对政治和社会斗争的影响。考茨基认为 18 世纪的知识分子虽然存在种种个人差异，但是具有共同的同情心和倾向，由于长年从事思想工作而获得了对社会情况的深刻见解，从而使他们不以个人利益和暂时利益为动机采取自己的行动，他们是作为单纯原则的代表人，是相对于资本主义实行家的理论家，考茨基由此阐释了 18 世纪资产阶级知识分子的特点。

进入资本主义社会后，阶级对立简单化了，虽然整个社会日益分裂为两大敌对的阵营，分裂为两大直接对立的阶级：资产阶级和无产阶级，但是知识分子仍旧是一个不能忽视的社会阶层。除了无产阶级知识分子和资产阶级知识分子两个阶层以外，还有一个介于两者之间的广大的知识分子阶层，并且这个阶层成为居民中增长最快的阶层。考茨基把这个阶层称之为"新中间等级"，他认为新中间等级不同于小资产阶级形成的旧中间等级，新中间等级内部又划分为三个分层，即"有着资本主义思想的反无产阶级知识分子阶层"、"具有坚决的无产阶级情感的知识分子阶层"以及"既没有无产阶级情感又没有资本家情感的广大阶层"②。显然这些知识分子远不能形成一个统一的阶级，也没有能力和意愿为自己的利益而战斗，由于这些知识分子不能形成自己的阶级和组织，因而我们可以否定这些知识分子的阶级性，但是考茨基强调不能由此否定这些知识分子的社会作用。

考茨基认为在资本主义社会和民主制下，每个阶级和政党都需要知识

---

① [德] 考茨基：《唯物主义历史观》第五分册，上海：上海人民出版社 1964 年版，第 187 页。
② [德] 考茨基：《唯物主义历史观》第五分册，上海：上海人民出版社 1964 年版，第 190 页。

分子。因为每个阶级和政党都需要一种普遍的政治知识来选择自己的民主组织并为民主组织指明适当的政治方向，同时每个阶级也需要关于法律、经济学和关于本国及他国的经济状况、政治社会历史等知识。由于工人阶级只能在非常特殊的情况下，凭借异乎寻常的天分才具备这种知识，所以能给广大工人阶级带来这些知识的只能是受过高等教育的知识分子。考茨基补充道，只有受过某种特殊的政治和社会知识的知识分子才能在政治上教育劳动阶级，才能让劳动阶级的斗争提高到一个更高阶段，正如某些语言学家或天文学家不能因为在本行业中是权威，就认为在政治上也是权威。基于知识分子的社会作用，考茨基指出了在资本主义制度下知识分子的任务："获得有关国家和社会的必要理论知识，并且通过这种理论知识，能够尽早地将从事阶级斗争的战士们带上更高的瞭望台（原文"了望台"，作者有改动），指给他们看更远的目标，使他们的行动更统一些和更少矛盾些。"① 通过考茨基关于知识分子从国家建立之初到中世纪再到 18 世纪启蒙时期，最后到资本主义社会不同历史阶段的社会角色和社会地位的考察，可以看出考茨基非常注重知识分子的作用，总的来说在考茨基看来，虽然知识分子分散在各个阶级中，但是因所受的高等教育及自身动摇性，知识分子能够根据个人利益或学术信念参与社会各阶级活动和斗争，进而影响人类社会的历史进程。

二、知识分子作为新中间等级

考茨基关于新中间等级的理论是在与伯恩施坦的论战中系统提出的。伯恩施坦反对马克思关于社会阶级两极化的观点，认为除了资产阶级和无产阶级以外，还存在中间阶级，并且数量逐渐扩大。一般来说，伯恩施坦的中间阶级主要指财产所有者或者从自己的财产获得收入而不仅仅只从工资劳动中获得收入的那些人，也指不同工业领域中的小企业主。伯恩施坦更多强调的是财产所有者的作用。在考茨基看来，讨论知识分子作为资本主义社会新中间等级的作用要比讨论财产所有者的作用更加有效，这与考

---

① ［德］考茨基：《唯物主义历史观》第五分册，上海：上海人民出版社 1964 年版，第 192 页。

茨基一贯重视知识分子的社会作用是一致的。① 总的来说，考茨基没有否认伯恩施坦关于中间等级逐渐扩大的理论，即没有否认资本主义社会并非只存在资产阶级与无产阶级间的两极对立，而是中间等级仍然存在并且不断增加的论断。但是考茨基认为随着资本主义发展和资本的集中，中间等级的存在并没有使得资本主义社会中的阶级结构变得分散，以致消除原有的两极对立，相反中间等级依然从属于资产阶级与无产阶级之间的对立。

考茨基关于新中间等级的理论与他的知识分子学说密切相关，可以说二者是融合在一起的。在考茨基这里新中间等级即知识分子，不过组成新中间等级的知识分子的概念却是非常广泛的。对于考茨基来说，知识分子可以是在社会中代表了某种组织职能的任何符合条件的工人。符合条件的工人显然不能作狭义的理解，它与资本主义生产方式以及科学技术相联系。在考茨基看来，作为新中间等级的知识分子出现的原因是：

> 资本主义生产方式使统治阶级既没有兴趣，也没有闲暇能像雅典的贵族或天主教全盛时期的僧侣那样，去关心国家的行政事务或从事文化艺术和科学。他们把那种从前是统治阶级特权的整个高级精神活动，都交给雇佣的劳动者去做，因而专职的学者、艺术家、工程师、官吏的人数就迅速增加了。②

换句话说，作为新中间等级的知识分子增加的原因是剥削阶级的某些职能日益转变为某些特定的被雇佣的职能，从而一部分剥削阶级变为雇佣劳动者。③ 资本主义像雇佣无产阶级一样，雇佣本阶级的知识分子，并且这个等级的人数也迅速增加起来，把这些知识分子作为一个整体组织起来，便构成了新中间等级。在考茨基这里，知识分子的广泛性表现为，在资本主义民主制下不管一个人出身于何种职业，如果把他安放在一个民主

---

① Jukka Gronow. *On The Formation of Maxism*: *Karl Kautsky's Theory of Capitalism*, Helsinki: Societas Scientiarum Fennica, 1986, p. 39.

② 《考茨基文选》，王学东编，北京：人民出版社 2008 年版，第 119 页。

③ Jukka Gronow. *On The Formation of Maxism*: *Karl Kautsky's Theory of Capitalism*, Helsinki: Societas Scientiarum Fennica, 1986, p. 39.

组织的位置上，而且他必须在这个民主组织的位置上进行职业活动，那这个人就会成为一个知识分子，不管他曾经是如同倍倍尔一样的旋工还是狄慈根那样的制革工人，他终将会成为像作家、政党工作人员或国会议员一样的知识分子。① 考茨基指出新中间等级最显著的也是最主要的特点在于建立在教育特权基础上的优越地位，与封建时代相比，虽然资本主义社会的教育已经成为相对普遍的事情，但它仍然只是小部分人的特权。

  考茨基关于新中间等级最有趣的分析是他对新中间等级中不同成员具有的不同阶级地位的分析，从这个分析中，考茨基认为知识分子作为新中间等级必然不能形成一个统一的阶级。在这些知识分子中间，那些更有特权的成员接近于资产阶级，许多知识分子由于职业需要必须为统治阶级服务，导致这一部分人维护着统治阶级的利益；而那些几乎没有特权的成员则接近于无产阶级，把无产阶级的事业作为自己的事业。其中最有趣的阶层则是新中间等级中的中间阶层，他们介于持有资产阶级立场的反无产阶级的知识分子与真正的无产阶级知识分子之间，绝大多数知识分子属于这个阶层，这个阶层一直囿于小资产阶级的思想视野中，"这不仅是因为他们大都出身于小资产阶级，而且也因为他们作为'中间等级'的社会地位是同小资产阶级那种介乎无产阶级与统治阶级之间的地位十分相似的缘故"②。考茨基由此指出新中间等级的不可靠性：

    新中间阶层中的这个中间阶层，其社会地位模棱两可，和旧日的小市民相同。因此，他们和那种小市民一样，对于无产阶级说来是不可靠的，他们是摇摆不定的。他们今天对于资本家的贪得无厌大为愤怒，明天又会对无产者的不良作风深表不满。他们今天号召无产阶级维护人类尊严，明天又会在背后攻击无产阶级，要维护社会安宁。③

---

① ［德］考茨基：《唯物主义历史观》第五分册，上海：上海人民出版社1964年版，第193页。
② 《考茨基文选》，王学东编，北京：人民出版社2008年版，第119页。
③ ［德］考茨基：《唯物主义历史观》第五分册，上海：上海人民出版社1964年版，第190—191页。

总的看来，考茨基认为，新中间等级成员之间的利益各不相同，他们分别从属于各个阶级和政党，为各个阶级和政党提供大批精神战士，以至于新中间等级根本无法形成一种特殊的阶级利益和统一的组织，同时他们也没有能力和意愿为自己的特殊利益而战斗。

考茨基指出，正是这些没有自己特殊利益的新中间等级容易产生对无产阶级的同情。由于新中间等级没有统一的阶级利益，同时因其职业素养让他们具有科学的洞察力，因此他们经过科学观察和研究易于认清资产阶级经济学在理论上的破产，看到社会主义生产的优越性和必然性①，会被社会主义运动不可阻挡的运动趋势所感动，从而被社会民主党争取过来。这个知识阶层往往会采取对工人友好的态度，考茨基指出，如果这个知识阶层能起到与资产阶级相抗衡的作用，那么工人运动就能稳操胜券，社会革命也就成为多余的，但这是不现实的。因为这些知识分子虽然代表资产阶级观点，但并不能决定资产阶级的行动；虽然他们对无产阶级的同情心在增长，但是他们终究是资产阶级中最没有战斗力同时又是最缺乏斗志的部分。②

从这个意义上讲，新中间等级犹如旧中间等级，即小资产阶级。小资产阶级是资产阶级民主革命的核心力量，他们曾经是革命的中坚力量，他们善于斗争反对一切剥削和奴役，反对官僚主义和军国主义，反对封建特权和教会特权。旧中间等级与新中间等级具有一些相同点，即小资产阶级有时也会对无产阶级表示同情，会同无产阶级通力合作，会向无产阶级提供精神和物质上的力量，同时也会从无产阶级那里获取精神和物质的支持与力量。但考茨基最终指出无论是作为新中间等级的知识分子还是作为旧中间等级的小资产阶级，他们都不是无产阶级的可靠盟友，这是由他们处于剥削阶级和被剥削阶级之间的特殊中间地位决定的。③

综上所述，在考茨基看来，正在增长的新中间等级本身包含了对战斗的无产阶级重要且有趣的问题——既不能把新中间等级完全当作无产阶

---

① 《考茨基文选》，王学东编，北京：人民出版社2008年版，第119页。
② 《考茨基文选》，王学东编，北京：人民出版社2008年版，第120页。
③ 《考茨基文选》，王学东编，北京：人民出版社2008年版，第121页。

级，又不能像伯恩施坦那样把新中间等级简单地划分为有产者。考茨基认为，在新中间等级这个充满多个阶层的整体中，可以看到资本主义社会中的一切对立因素，更重要的是在这个利益、成分复杂的阶层中蕴含着不断发展着的无产阶级成分。伴随着资本主义的发展，中间等级的地位和作用已经变化了，新中间等级即使在地位和意识上不完全是无产阶级的，但他们的重要特征却与无产阶级有共同之处，他们正在逐渐地无产阶级化。[1]考茨基认为阶级结构中出现的新中间等级似乎冲淡了资本主义初期时资产阶级与无产阶级的两极对立，但是根本上或者在未来发展趋势上，随着资本的不断集中，新中间等级逐渐会被无产阶级化。考茨基还利用数据来论证无产阶级的增加，指出在他的时代已经有 2/3 或 3/4 的人口在特征上已经是无产阶级了[2]，因此，作为新中间等级的知识分子成为潜在的革命社会民主的支持者，并且指出所有无产阶级的因素都最终会团结在社会民主党下，赢得无产阶级统治。

三、知识分子与工人阶级

知识分子在资本主义民主制下拥有着非常重要的社会作用，它影响着现代阶级斗争的形式，也影响着现代阶级斗争以何种方式决定历史进程，因此弄清楚知识分子与工人阶级之间的关系是非常必要的。虽然考茨基立足资本主义和社会主义运动的长远发展，指出知识分子终将会无产阶级化，但是由于知识分子的小资产阶级性质，它既可以参与无产阶级斗争，又可以支持资产阶级，这就意味着知识分子与工人阶级之间必然存在着对立。在考茨基看来无视并掩盖知识分子与工人阶级之间的对立关系是不明智的也是不恰当的，只有明确了二者存在的对立和矛盾，才能正确处理知识分子与政党的关系，才能发挥知识分子在政党以及阶级斗争中的理论优势，提高政党以及工人运动的精神力量，并且向着更合目的的

---

[1] Jukka Gronow. *On The Formation of Maxism: Karl Kautsky's Theory of Capitalism*, Helsinki: Societas Scientiarum Fennica, 1986, p. 41.

[2] Jukka Gronow. *On The Formation of Maxism: Karl Kautsky's Theory of Capitalism*, Helsinki: Societas Scientiarum Fennica, 1986, p. 41.

方向前进。

考茨基指出知识分子与工人阶级之间的对立是一种社会的对立,与阶级有关而与个人无关。① 一个知识分子可以像一个资本家一样,加入同无产阶级的斗争中。但在考茨基这里,他讨论的知识分子并不是作为知识分子群体中的特例,而是讨论作为一个整体存在的知识分子。这些知识分子接受的是资本主义社会的观点,拥有知识分子群体的一般特点,与无产阶级是对立的。考茨基指出这些对立当然不同于资本家与无产阶级的对立,毕竟知识分子不是资本家,而只是与资本家的观点立场接近。一方面知识分子的生活方式是资产阶级的,如果他不想变穷,必须努力维持这种生活水平;另一方面,这些知识分子也不得不出卖自己的劳动,他同样遭受到了大资本家的剥削和侮辱,正像马克思所说的:"资产阶级抹去了一切向来受人类尊崇和令人敬畏的职业的神圣光环。它把医生、律师、教士、诗人和学者变成了它出钱招雇的雇佣劳动者。"② 因此,在经济方面知识分子与工人不存在任何对立;但是知识分子的生活方式与劳动条件的确不是无产阶级式的,而正是这一点造成了知识分子与工人在道德情操和思想上的对立。③

考茨基指出工人阶级与知识分子由于道德情操和思想上的不同,而表现出两种对立形式:

第一,工人阶级与知识分子的对立表现在两者的斗争方式不同。考茨基指出工人阶级作为一个独立的个体,是无足轻重的。工人阶级的力量、进步、希望和期待完全来自组织,来自与同伴通力合作的系统行动。组织对于工人阶级来说是主要的东西,而相较之下个体则是没有意义的。无产阶级的战斗依靠的是默默无闻的大众的齐心协力,不需要任何个人的优势

---

① Karl Kautsky. "The Intellectuals and the Workers", *Die Neue Zeit*, Volume XXII, No. 4, 1903, first published in English: *Fourth International*, Vol. 7 No. 4, April 1946, pp. 125 – 126.

② 《马克思恩格斯文集》第3卷,北京:人民出版社2009年版,第363页。

③ Karl Kautsky. "The Intellectuals and the Workers", *Die Neue Zeit*, Volume XXII, No. 4, 1903, first published in English: *Fourth International*, Vol. 7 No. 4, April 1946, pp. 125 – 126.

和个人荣誉，个人需要自觉遵守纪律并且在指定给他的任何职位上履行职责。因此，由于无产阶级的组织性、纪律性等情操使得无产阶级的斗争方式依靠"其人数上的优势及其阶级组织的团结一致来对抗财富和武力"①。与此同时，知识分子的斗争方式却是完全不同的形式，知识分子依靠的不是组织力量，而是言论和观点。知识分子的武器是他的个人知识、个人能力和个人信念，他只能通过个人能力达到一定的地位。考茨基指出让知识分子作为一个部分去服务于整体或屈从于整体，这是非常困难的事情。知识分子承认只有大众才需要纪律，而少数精英则无需纪律，显然知识分子把自己归为少数精英。② 因此，在考茨基看来，知识分子在人数上的微不足道以及个人信念，决定了他们的唯一武器就是"用言词和文字来进行劝说，即用'精神武器'和'道义上的优越性'来进行斗争"③。

第二，知识分子与工人阶级的对立表现在知识分子教育上的优越性，因而知识分子不是把工人当作战友而是当作学生。考茨基指出，知识分子由于其思想和劳动武装了所在时代的教育与知识，他们便认为自己优于无产阶级，他们很容易忽视自己与作为共同战斗者的无产阶级是平等的，忽视在战斗中他们必须站在无产阶级一方。相反，他们一般认为无产阶级的知识水平是低下的，提高无产阶级的知识水平正是知识分子的任务。因此，知识分子不是把工人当作战友而是当作学生。④ 考茨基认为知识分子牢牢掌握了拉萨尔关于科学与无产阶级之间联合的格言，这个联合将把社会提高到一个更高的水平上，而作为科学的倡导者，知识分子不需要把工人当作战友一起合作，而是作为社会的一种特殊友好的外部力量，给工人提供帮助。在考茨基看来，拉萨尔的格言实际上使科学凌驾于阶级斗争

---

① 《考茨基文选》，王学东编，北京：人民出版社2008年版，第120页。

② Karl Kautsky. "The Intellectuals and the Workers", *Die Neue Zeit*, Volume XXII, No. 4, 1903, first published in English: *Fourth International*, Vol. 7 No. 4, April 1946, pp. 125 – 126.

③ 《考茨基文选》，王学东编，北京：人民出版社2008年版，第120页。

④ Karl Kautsky. "The Intellectuals and the Workers", *Die Neue Zeit*, Volume XXII, No. 4, 1903, first published in English: *Fourth International*, Vol. 7 No. 4, April 1946, pp. 125 – 126.

之上。

考茨基指出科学不是像拉萨尔认为的那样凌驾于阶级斗争之上。科学如果凌驾于阶级斗争之上,仅仅是因为它没有处理阶级问题,是自然科学而非社会科学,社会科学研究如果从不同阶级立场出发会得出全然不同的结论。如果从资产阶级的立场把科学灌输给工人阶级的话,那么这个科学总归是要符合资产阶级利益的;而无产阶级需要的科学,是关于无产阶级自身社会地位的理解。因此,工人不能依靠官方的和社会认可的方式获得这种科学,无产阶级自己必须发展自己的理论,出于这个原因,无产阶级必须完全自学。无产阶级的研究客体是无产阶级自身的活动——无产阶级的产生过程和无产阶级进行的阶级斗争。只有致力于无产阶级自身活动的研究,无产阶级的阶级意识即无产阶级理论才能产生。换句话说,考茨基认为无产阶级的阶级意识产生于自己的实践活动,而不是从基于资产阶级立场并为资产阶级利益服务的理论中获得。

基于无产阶级与知识分子在斗争方式和知识背景上的对立,考茨基指出当知识分子加入工人政党时,知识分子与工人政党的矛盾也很容易产生,即便知识分子的加入没有给政党造成经济困难,即便知识分子关于工人运动的理解或许非常充分。因此,在知识分子加入工人政党之前,不仅知识分子要自觉地进行自我检查,而且工人政党也要检查知识分子是否能够完全融入无产阶级的斗争中,是否能够完全专心致志于成为一名普通的战士,而不会感受到任何压迫和强制。凡是能够做到这一点的知识分子,就能够通过它的才能为无产阶级贡献有价值的服务,并且从政党活动中获得巨大的成就感;相反,不能做到这一点的知识分子,就会感受到失望和矛盾,这些状况的发生既不利于知识分子自己也不利于工人阶级政党。①在总结了工人阶级与知识分子的对立以及如何处理知识分子与政党的关系之后,考茨基指出了知识分子与社会主义运动成功结合的两个典型模范:马克思和威廉·李扑克内西。考茨基认为他们都是非常出色的作家和理论

---

① Karl Kautsky. "The Intellectuals and the Workers", *Die Neue Zeit*, Volume XXII, No. 4, 1903, first published in English: *Fourth International*, Vol. 7 No. 4, April 1946, pp. 125 – 126.

家，但是他们没有知识分子那种特殊的行为方式，他们都能够非常高兴地与一般大众共同前进，能够欣然接受组织委派给他们的任何职位，全心全意地投入到社会主义运动的伟大事业中，并遵守共产主义国际组织的纪律，丝毫没有表现出有任何的压迫感。因此，考茨基认为，知识分子与工人运动的结合是能够成功的，只有成为像马克思和威廉·李扑克内西那样的知识分子，才能真正使知识分子在工人运动中发挥作用，使工人运动多获胜利少受牺牲。

最后，考茨基就工人阶级与知识分子的关系总结道，知识分子形成了一种特殊的职业，但并不形成一个特殊的阶级，人们即使有无产阶级意识，也还可以是一个知识分子，同样，担负着知识分子职能的工人，只是改变了职业，并未改变阶级。知识分子虽然不是一个具有自己阶级利益和阶级意识的新阶级，但是他们仍然作为最高意义的因素对现代阶级斗争起着决定作用。考茨基强调，知识分子的这种影响历史进程的作用"只是由于和工业无产阶级相结合，才获得他们的充分历史意义的"[①]。

第三节　阶级斗争

在马克思和恩格斯看来原始社会瓦解后的人类历史是阶级斗争的历史，并且把阶级斗争看作社会经济发展的动力之一。阶级斗争必然成为考茨基的重点研究对象。考茨基对于阶级斗争的考察，可以分为前资本主义社会中的阶级斗争和资本主义社会中的阶级斗争，而前资本主义社会中的阶级斗争在考茨基这里又可以分为古代东方的阶级斗争和城市国家的阶级斗争。在对不同时代不同地区的阶级斗争进行分析时，考茨基综合考虑了社会经济因素和地理因素，指出在资本主义社会与前资本主义社会、古代东方社会与西方社会中，阶级斗争呈现出不同特点。

[①] ［德］考茨基：《唯物主义历史观》第五分册，上海：上海人民出版社1964年版，第194页。

一、前资本主义社会的阶级斗争

考茨基关于前资本主义社会阶级斗争的讨论主要集中于古代东方国家和古代西方城市国家的阶级斗争。

（一）古代东方国家的阶级斗争

考茨基总结了古代东方国家的阶级对立和冲突的一般特点："只在最狭隘的范围内表现出来，它们不是必然的，而是偶然的，不是一般经济关系的结果，而是特殊的个人性格的结果。表现得很鲜明的东西，不是阶级的斗争，而是反对个人邪恶的道义上的斗争。"① 这些对立的特点决定了古代东方国家不会出现鲜明的为了政治目标或社会目标而进行的阶级斗争。考茨基认为现代意义上的阶级斗争在古代东方国家的不可能性主要取决于古代东方国家被压迫阶级自身的软弱和分裂，这种软弱和分裂不仅仅存在于农民阶级中，而且同样存在于东方城市中。

在考茨基看来，在农村，农民阶级受到领主的剥削和压迫，忍无可忍之时也不过是"疯狂的绝望的爆发"②，但却没有任何胜利的指望。由于各个村庄是孤立的，因此奋起反抗领主的农民绝对不会是全国的农民，仅仅是个别村庄中的农民；同时农民也没有武器、没有领导者。相反，领主虽然人数少，但是拥有武器，而且有组织有领导，他们时常准备投入到战斗中。所以，农民暴动经常是被血腥镇压下去的。考茨基指出农民暴动确实证明了激烈的阶级矛盾，但同时也证明了进行有力的阶级斗争的困难性，力图通过阶级斗争来提高被压迫者的地位，这是不可能的。同样，城市中劳动群众的境况也不比农民好多少，考茨基这样说道：

> 在东方大城市中，大规模群众运动的条件是存在的，但是东方的专制制度同时又把这种群众的有目的的行动的一切可能性都束缚住

---

① ［德］考茨基：《唯物主义历史观》第四分册，上海：上海人民出版社1964年版，第338页。
② ［德］考茨基：《唯物主义历史观》第四分册，上海：上海人民出版社1964年版，第338页。

了。正如一些农村中的偶尔的绝望暴动一样，城市中有时发生的骚乱，除了被血腥镇压下去而外，也几乎没有别的结局。即使人民群众由于官方一时手足无措而得到胜利，他们除了利用胜利进行抢劫和破坏而外，再也不知道应该怎么办……为新的政治目标或社会目标而进行任何持久的斗争是谈不上的。①

由于城市的劳动群体在诸如经济、政治和军事上都依赖于国家的中央权力，而且常常面临君主集权的军事武装威胁，所以东方城市根本不能取得自治，因此它也不能像西方城市那样有自己的法庭、自己的法律和自己的警察，甚至它更不知道城市的社团性质以及与乡下人相反的城市公民的概念。也就是说东方的专制制度把东方城市群众有目的有行动的一切可能性都束缚并扼杀了。城市中发生的骚动，一般也只是进行抢劫或破坏，那种为新的政治目标而进行的阶级斗争是谈不上的。一般情况下，城市中的骚动除了被镇压也没有其他结局。所以，在考茨基看来，在古代东方被压迫阶级的孤立、分裂和东方专制制度，都使得古代东方国家的阶级斗争成为非常困难的事情。

除了分析农民和城市劳动者等被剥削阶级反对剥削阶级的斗争以外，考茨基还分析了剥削阶级之间的阶级斗争，更确切地说应该是政治斗争。剥削阶级之间进行斗争的前提，一方面在于国家中央政权不再像国家建立之初那样依赖于贵族统治，而是居于各个剥削阶级之上，同时随着国家发展，阶级数目不断增加；另一方面在于阶级力量对比的每一个变化都会影响到国家权力，与此同时国内的每一个变化也影响到阶级力量的对比。考茨基指出在这样的前提下便会出现以下情形：相比其他阶级，一个阶级占上风，不是由于自己获得了新力量，而是因为获得国家元首的恩宠。因此，"向统治者争宠"②便成为一切阶级的政治内容，也成为阶级斗争的一

---

① ［德］考茨基：《唯物主义历史观》第四分册，上海：上海人民出版社1964年版，第342—343页。
② ［德］考茨基：《唯物主义历史观》第四分册，上海：上海人民出版社1964年版，第345页。

种形式。考茨基继续指出这种斗争还具有另外一个特点,争宠所体现的阶级对立不是经济上的对立,完全是主观的个别人物的对立。由于不同阶级有着不同的特点,所以向君主争宠所采取的政治手段也不一样。商人或者有钱人影响国家政权的手段是贿赂,而贵族最喜爱的政治武器则是阴谋、政变等。在考茨基看来,军事贵族的叛乱或者宫廷贵族的宫廷革命若准备充足往往容易成功,但是他们与下层阶级的起义一样,并不能改变国家性质,它改变的只是统治者个人及其周围的亲信,而专制政体及其政府机构依旧没有改变。

考茨基把东方古代国家中被剥削阶级和剥削阶级的各种斗争归为以下特点:

> 一方面是示威和绝望的爆发,另一方面是贿赂、阴谋、暗杀、政变、内战,这就是专制国家中政治活动的方法。这种活动很少是显著的阶级斗争。它也不是最后总能归结为阶级对立。力争影响或占据国家权力的那些敌对活动,常常只有地方的、行业的,甚至仅仅个人的性质。①

在专制国家中政治活动无非有两种表现:一是下层阶级的起义,从本质上讲至多是示威和绝望的爆发;二是上层阶级的贿赂、阴谋、暗杀、政变、内战。在君主专制国家中,不论是下层阶级还是上层阶级,他们的政治活动都可以看成向统治者争宠的政治表现,很少表现出鲜明的阶级斗争。考茨基指出,在古代东方政治斗争即使到了剑拔弩张的地步,甚至发展为武装起义,推翻了现有政权,它的目标也不是建立一个较高的进步的社会制度,因此这种政治斗争不是社会革命。在考茨基看来,古代东方国家中被剥削阶级的目标是摆脱奴役和桎梏,即便侥幸成功他们的变革也不会触动生产关系,不会变革现有的阶级关系;上层豪门贵族的叛乱更加不是为了结束剥削关系,仅仅是让自己代替其他享受剥削利益的人。根据古

---

① [德] 考茨基:《唯物主义历史观》第四分册,上海:上海人民出版社 1964 年版,第 348 页。

代东方国家一切阶级的政治斗争特点,考茨基总结了政治斗争与阶级斗争的关系,在他看来,一切阶级斗争就其本质来看都具有政治斗争的性质,因为它们都是为了政治目的或者或多或少具有政治影响,但如果说一切政治斗争都是阶级斗争,那这是错误的。考茨基认为这可以归结为古代东方骚乱不断,却停滞不前的原因。

(二) 古代西方城市国家的阶级斗争

考茨基详细考察了从希腊各国形成以来的城市国家的阶级斗争,在考茨基看来,城市国家既不同于东方的城市又不同于东方的国家,东方君主专制是古代东方典型的国家形式,而共和制则是典型的西方城市国家形式。这个基本的不同点造成西方城市国家与古代东方国家中一切阶级的政治活动具有显著差异,西方城市国家的政治活动经常呈现出以下特点:

> 我们不仅看到了阶级对立和偶发性的暴动,而且还有经常性的,进行得很顽强的阶级斗争。这些斗争,尽管偶尔(原文为"偶而",作者有改动)也遭到失败,但是一般的说,导致了下层阶级、民主制度的不可阻挡的逐步上升。
>
> 阶级斗争在这里成了国家的一个生活要素。参加阶级斗争非但决不会受到指斥,而且被规定为公民的义务。①

由此可以看出阶级斗争是西方城市国家政治生活的重要因素,阶级斗争也往往促进西方城市国家民主制度的不断进步。

考茨基把东西方阶级斗争形式或政治生活的不同归因于东西方城市的差异。受人类地理学影响,考茨基在分析东西方城市差异时主要立足于自然地理条件视角,指出东方广阔的地理条件使许多农产丰富的小型共同体结成一个大的国家,由于这个国家的统治阶级在财富和权力上,都大大超过了劳动阶级、农民和手工业者,因此城市的发展完全依赖于统治阶级,

---

① [德]考茨基:《唯物主义历史观》第五分册,上海:上海人民出版社1964年版,第18—19页。

其结果便是在古代东方不论是农民还是城市劳动者他们都不能与统治阶级相抗衡。虽然被剥削阶级与统治阶级存在着尖锐的阶级对立，但只有在偶然和例外的情况下阶级对立才会变成具有阶级斗争性质的起义，其他大多数斗争仅仅是没有意义的绝望发泄，并且这些斗争往往都被统治阶级血腥镇压。考茨基指出就算斗争取得胜利，也只是更换统治者或取消某些下层阶级特别抵触的政策而已，而古代东方国家没有本质变动，所以在古代东方国家中劳动阶级改变命运的斗争一般是不成功的。

与古代东方国家相比，考茨基指出西方城市国家具有三个典型特点，这些特点导致西方城市国家阶级斗争或政治生活具有现代性质。第一，地理条件。希腊国家小、土地少，贵族收入微薄，同时城市居民居住密集，比较容易组织共同行动来反抗当局，于是就限制了贵族的优势，以致早在骑士单独作战的时代，下层阶级的人们便拥有了自由言论。第二，城市政治生活集中。在西方城市国家，城市居民日益增加的同时，贵族家庭的人数反而不断减少。究其原因，平民的队伍可以从以前没有服兵役的阶层或是外来移民中得到补充；而贵族一方面节制生育，另一方面由于战争人员消耗，导致贵族人口明显减少。① 第三，特殊的军事制度和兵役任务等。一方面城市自由民中甲胄兵、步兵的兴起，使得农民和市民越来越具有战斗力，另一方面兵役任务在给农民带来损失的同时也使农民转入攻势，他们要求废除贵族特权，既要求贵族担负处理国家事务的责任，还要做有利于下层阶级的工作。考茨基认为西方城市国家的这些特点导致城市国家中的阶级斗争剧烈而尖锐，让古代城市国家的政治生活看起来同现代国家的政治生活非常相似。

在对古代东方国家和西方城市国家的阶级斗争进行分析后，考茨基对人类社会中阶级斗争的出现时期作了历史地理的限定。考茨基指出现代国家中所进行的正规意义上的阶级斗争只存在于地中海沿岸与东方古国毗邻的那些沿海城市国家。因而我们可以看出，考茨基修改了马克思恩格斯关于阶级斗争的观点，在马克思恩格斯看来，原始社会解体后的一切社会历

---

① [德] 考茨基：《唯物主义历史观》第五分册，上海：上海人民出版社 1964 年版，第 15 页。

史都是阶级斗争的历史，但考茨基却认为阶级斗争不仅仅是在国家出现之前不存在，即便在国家出现之后，阶级斗争也不是在任何国家里都存在的，只有在城市国家里真正现代意义上的阶级斗争才真正出现。

二、资本主义社会的阶级斗争

在考茨基看来，真正意义上的阶级斗争出现在拥有自治权利、实行共和制的城市国家中。作为社会民主党的重要领导人，对考茨基来说资本主义社会中的工人阶级反对资产阶级的阶级斗争则是他重点的关注和研究对象。

考茨基首先讨论了资本主义社会阶级斗争产生的原因。考茨基指出，工业资本有两个倾向，一是促进生产力不断发展，二是"不通过扩大现有生产力、而通过摧残天然固有生产力来提高剩余价值的生产"①，工业资本主义的剥削首先针对的是劳动者。资本主义生产方式在带来巨大财富的同时，却造成了无产阶级衰落下降的趋势，这种财富增加和贫困增加同时产生的社会矛盾，导致资本主义生产内部产生了对资本的反抗，无产阶级要在精神上得到新生，只有通过与资本主义生产方式以及资本家进行斗争才能实现，正如马克思所说"资产阶级不仅锻造了置自身于死地的武器；它还产生了将要运用这种武器的人——现代的工人，即无产者"②。

考茨基指出无产阶级反对资产阶级的斗争有两种形式，即政治斗争和经济斗争。当涉及捐税、劳动保护等问题时它常常是直接的经济斗争；而政治斗争就是争取结社自由、集会自由和出版自由等政治权利。首先关于经济斗争，主要是提高工资和缩短工时的斗争。工人阶级不仅希望在劳动时间以外能进行娱乐和休息，而且还希望有时间从事他能自由选择的令他满意的活动。③ 考茨基指出无产阶级争取缩短工时的斗争同争取民主的政

---

① [德] 考茨基：《唯物主义历史观》第五分册，上海：上海人民出版社1964年版，第195页。
② 《马克思恩格斯文集》第2卷，北京：人民出版社2009年版，第38页。
③ [德] 考茨基：《唯物主义历史观》第五分册，上海：上海人民出版社1964年版，第214页。

治斗争一样，都是有助于提高无产阶级的组织斗争能力的。工人要求缩短劳动时间，延长自由支配的时间，延长了的时间很少被用于或者越来越少被用于从事单纯的闲游浪荡，而是更多地被用于从事个人自己选择的而且有利于个人或有利于自己阶级的社会活动。考茨基认为，一般的社会改革或社会政策，像争取民主的斗争一样，同样能提高无产阶级的政治和文化素养。由于无产阶级最能够而且最愿意推行有利于社会的新制度，所以在自由时间里进行社会活动能够使工人阶级逐渐发展为担负起领导社会责任的阶级。考茨基指出进行经济斗争同样重要，但是经济斗争实际上最终只有在政治权利提高的基础上才能获得。

考茨基认为，政治对立导致了无产阶级的阶级意识和阶级政策的产生。经济对立固然与工业资本有着同样长远的历史，但是经济对立最初只是一种个人对立或者是地方性或行业性的事件，政治对立远远胜过经济对立的作用。① 因此，考茨基非常重视无产阶级的政治斗争，在他看来无产阶级与资产阶级的政治对立具有优先性："工人阶级反对资本主义剥削的斗争，必然是一种政治斗争。工人阶级没有政治权利，就不可能进行它的经济斗争和发展它的经济组织。它不掌握政权，就不可能把生产资料转化为公有。"② 考茨基认为工人阶级的斗争不能只采取抵制和罢工这样最初的斗争形式，而必须进一步要求政治权利，进行政治活动。工人阶级的政治斗争不仅需要要求结社、集会、出版自由等政治权利，而且平等直接的无记名投票的普遍选举权也是无产阶级顺利发展的最重要的条件。因此，在诸多的政治斗争中，考茨基尤为重视争取普选权的民主斗争。考茨基指出普选权不是一件赠品，也不是资产阶级的一个工具，他反对巴枯宁分子以及很多共产主义者所断言的普选权是资产阶级用以愚弄劳动群众并使之听从于资产阶级的观点。普遍选举权尤其是发展完善了的民主制，是无产阶级阶级斗争所取得的成就和收获。考茨基指出马克思的时代还没有发展出完善的民主制，因而也就没有对在完善的民主制下应该采取何种形式的阶

---

① [德]考茨基：《唯物主义历史观》第五分册，上海：上海人民出版社1964年版，第205页。
② 《考茨基文选》，王学东编，北京：人民出版社2008年版，第1页。

级斗争进行讨论，所以考茨基认为关于在一个发展完善了的民主制的条件下阶级斗争应该采取什么形式的问题，马克思不能给予启示。

考茨基认为，在现代民主国家中无产阶级只有依靠议会才能对国家政权产生影响。基于此，考茨基把无产阶级的阶级斗争形式和方法归结为议会斗争，即进一步争取民主的斗争。在考茨基看来，比起农民、小资产阶级，无产阶级在议会中要处于比较有利的地位，议会斗争对无产阶级的精神能力、组织能力、阶级内部的团结一致以及阶级力量都起到重要作用，而且当无产阶级作为一个自觉的阶级参加议会斗争的时候，议会制度会慢慢改变其最初的特性，议会不再是单纯的资产积极的统治工具。① 具体说来，无产阶级争取民主的斗争，消除了曾经使无产阶级面临分崩离析的那些地方性和行业性隔阂，无产阶级开始关心涉及整个阶级的那些普遍问题，并试图把整个阶级力量整合起来。这样无产阶级便获得了自己的力量和对自己的理解，形成无产阶级的意识，成为一个政治独立的阶级，从而可以团结无产阶级内部各个不同阶层，无产阶级这种统一性将成为进行议会斗争最有力的手段。在这种情况下，议会斗争能够唤醒无产阶级中对斗争抱着消极态度的阶层，使无产阶级产生自信并对美好未来抱有希望。因此，考茨基认为无产阶级进行阶级斗争没有必要逃避议会制度，相反地无产阶级有一切理由以最坚定的精神，一方面努力增强议会对于政府的控制和影响力，另一方面增加无产阶级代表在议会中的作用，争取以独立的社会主义工人政党的代表身份在议会中发挥政治影响力。

在政治斗争和经济斗争关系上，考茨基反对那些把政治斗争同经济斗争对立起来的观点，这种对立观点认为无产阶级的政治斗争和经济斗争需要分开，要么单独进行政治斗争，要么单独进行经济斗争。考茨基指出经济斗争与政治斗争是不能分开的：

> 经济斗争要求上述几项政治权利，然而这些权利不是自天而降的，为了得到这些权利，并保住它们，需要最激烈的政治活动。但政治斗争本身归根到底也是经济斗争。比如，当斗争涉及捐税和劳动保

---

① 《考茨基文选》，王学东编，北京：人民出版社2008年版，第34—35页。

护等诸如此类的问题的时候，它常常是直接的经济斗争。政治斗争不过是经济斗争的一种特殊的、最广泛的，而且多半是最有决定性作用的形式。①

因此，劳动者要想获得结社、集会、出版等政治权利和获得缩短劳动时间，享有健全劳动保护法等权利，这些都需要政治斗争的支持，政治斗争在根本上是经济对立引起的广泛斗争。考茨基指出工人阶级应该同其他被压迫阶级一样，努力提高本阶级的政治影响力，努力取得政权让国家政权为本阶级服务。在考茨基看来，在资本主义社会中工人阶级的斗争已经从争取提高工资和缩短劳动时间的原始性斗争，扩大为争取变革国家和社会的斗争。这样的斗争会使无产阶级最终取得胜利，即无产阶级通过民主革命取得全部国家机器，从而取得在国家中的胜利，最终也会促成无产阶级在社会中的胜利。

综上所述，考茨基关于人类社会的阶级以及阶级斗争的考察是围绕阶级的概念和形成、阶级与知识分子以及阶级斗争三个方面展开的。首先，在考茨基看来，阶级分化不是从来就有的，人类社会分为无阶级社会和阶级社会。通过强调阶级分化的基础是所有权关系和剥削与被剥削的关系，通过比较职业、等级和阶级指出不是社会中任何一种对立都是阶级的对立，考茨基由此进一步明确了阶级概念。关于阶级概念的观点考茨基基本上继承并充分发展了马克思和恩格斯的观点，而至于阶级形成观点，却明显区别于马克思和恩格斯。考茨基虽然也承认恩格斯的阶级起源于阶级内部对抗的说法，但是在他看来只有阶级起源于不同氏族部落之间的征服战争的假说，才越来越同唯物史观结合起来，并且是最纯粹的形式。其次，考茨基在分析阶级结构时关于知识分子的一番理论，是他最具有特色的理论之一，也可以看作是考茨基对马克思主义关于知识分子理论的进一步发展。考茨基不仅考察知识分子在国家建立初期、中世纪和资本主义社会等不同时期的社会活动及社会地位的变化，而且重点分析了在资本主义社会中，知识分子作为"新中间等级"形成的原因和特殊阶级地位。考茨基鞭

---

① 《考茨基文选》，王学东编，北京：人民出版社2008年版，第31页。

辟入里地指出资本主义社会里，剥削阶级某些职能日益转变为某些特定的被雇佣的职能，这些雇佣劳动者成为知识分子。知识分子阶层包含"有着资本主义思想的反无产阶级知识分子阶层"、"具有坚决的无产阶级情感的知识分子阶层"和"既没有无产阶级情感也没有资本家情感的广大阶层"①三个阶层，这决定了知识分子在资本主义社会及工人运动中的特殊地位——既不是无产阶级的可靠同盟，又包含了变为革命力量的潜力。最后，考茨基关于人类社会阶级斗争的考察方式也成为其阶级及阶级斗争考察的一大亮点，他限制了阶级斗争的历史范围，在他看来并不是有文字记载的一切历史都是阶级斗争的历史，现代国家中所进行的正规意义上的阶级斗争只出现于与东方文化古国接壤的沿海城市国家。古代东方国家的阶级斗争，实质上是政治斗争，其结果只是更换统治者或实行休养生息政策而已。考茨基对于资本主义社会阶级斗争的考察，主要区别了经济斗争和政治斗争，他反对将两者对立，在他看来，政治斗争是经济斗争的一种特殊广泛的形式，无产阶级必须通过阶级斗争努力扩大政治影响和取得政权，从而提出无产阶级的任务。

---

① [德]考茨基：《唯物主义历史观》第五分册，上海：上海人民出版社1964年版，第190页。

第三章　关于国家和国家的消亡问题

考茨基在《唯物主义历史观》中对国家理论进行了比较广泛且系统的论述，本章主要从国家的起源、国家类型以及国家消亡三个方面阐释考茨基的国家观。

考茨基的国家理论基本遵循马克思恩格斯的国家理论，特别是以恩格斯的《家庭、私有制和国家的起源》《反杜林论》等著作为依据。考茨基在现代国家的起源、现代资本主义国家的职能以及国家的消亡等方面，提出了不少自己的看法。

第一节　国家的概念和起源

一、国家的概念

考茨基关于马克思国家观的理解建立在他对两种国家观的批判基础上，这两种国家观分别是，其一是混淆国家和社会共同体，对二者不加区别；其二是通过思辨或知识批判的途径来理解国家概念，使国家成为一种与实际不符的理念。在考茨基看来，前者以麦克斯·阿德勒[①]为代表，后者以黑格尔和拉萨尔为代表。

[①] 麦克斯·阿德勒（Max Adler，1873—1937），奥地利马克思主义者，致力于通过康德主义将马克思主义重构为一种"社会科学"理论，代表作有《科学争论中的因果论和目的论》《马克思主义问题》《唯物史观读本》和《社会之谜》等。

（一）考茨基对两种国家观的批判

首先，考茨基批判了麦克斯·阿德勒的国家观。考茨基指出阿德勒提供了一个奇特的国家谱系，在阿德勒看来国家和社会是同一个东西，并且任何一种形式的共同体都应被看作国家，国家是共同体发展的一个产物，是共同体的最高形式。① 基于此，考茨基从两个方面批判阿德勒：第一，考茨基反对把国家和社会看作同一个东西，他指出假如像阿德勒所认为的那样，国家和社会是同一个东西，那么只要有人类的地方，就应该有国家，如此一来，所谓国家的消亡也就不可能了。第二，考茨基反对把每一个自主的共同体看作国家。阿德勒认为："每一个群体都产生出某一种组织，来保持和维护在群体里面结合起来的人们的这种生活方式。这个组织连同它的成员就形成这种社会形式的'政府'，'国家'。"② 考茨基指出如果人们把每一种以保持和维护某类群体为目的的组织都叫作国家，其结果不是给各个不同组织提供方便，反而是让其更为复杂化。

其次，考茨基反对从思辨角度理解国家概念，考茨基认为，从思辨角度理解国家概念的代表人物是黑格尔和拉萨尔。众所周知，黑格尔对国家概念作了很多观念论的论述，比如在《法哲学》中，黑格尔指出国家是伦理理念的现实表现，自在自为的国家是伦理性的整体，"由于国家是客观精神，所以个人本身只有成为国家成员才具有客观性、真理性和伦理性"③，个人人权只能由国家赋予，国家被当作一种人世间的神性事物来崇拜。在考茨基看来，拉萨尔的国家观也同黑格尔一样，是唯心主义的，是头脚倒置的。考茨基对拉萨尔国家观的黑格尔主义性质的判断是正确的，拉萨尔在解释当前的现实和世界时，突出地展示了他从唯心主义哲学借来的国家思想，其中黑格尔的国家思想是他始终坚定的伦理思想之一，不曾

---

① ［德］考茨基：《唯物主义历史观》第四分册，上海：人民出版社1964年版，第49页。

② 转引自［德］考茨基：《唯物主义历史观》第四分册，上海：人民出版社1964年版，第48页。

③ ［德］黑格尔：《法哲学原理》，范扬、张企泰译，北京：商务印书馆1961年版（2023年重印），第289页。

因他人的思想复合体的竞争而受到损害。在拉萨尔看来，国家是一个矛盾体，一方面一个时代和民族的本质是建立在国家和法基础之上的，另一方面，国家又是为统治阶级服务的镇压工具。正如德国当代学者蒂洛·拉姆所说，在拉萨尔这儿国家是"关于道德性和理性的概念与非道德的和非理性的现实之间的矛盾"①，最终消除这一矛盾的是工人阶级。拉萨尔按照工人阶级的道德原则阐述了国家的职能和宗旨，他指出国家能够使个人统一在一个道德整体中，与自然进行斗争以及同人类历史上的贫困、愚昧、软弱以及不自由进行斗争是国家的职能，而且国家由于实行联合从而能够让个人的力量不断地增长，实现个人所不能达到的目的。因此，拉萨尔认为国家的宗旨就是"使人的本质能够积极地发展和不断地完善，换句话说，就是真正实现人的使命，即实现人类能够达到的文化。国家的宗旨就是教育和推动人类走向自由"②。考茨基特别反对拉萨尔从道德本性或本来的国家的角度解释国家本质，考茨基认为拉萨尔的问题在于：

> 拉萨尔把国家和孤立的个人对立起来，以此而论证他的国家神灵论。他认为人只有两种生存状态：一种是人作为个人的生存状态，另一种是人在国家里的生存状态。在他看来，任何一种社会组织，甚至任何一种社会关联，都和国家是同义的。③

考茨基指出人类的全部发展只有通过他们的社会结合才有可能，但是国家不是像拉萨尔认为的那样是唯一的结合形式，也不是最初的结合形式。在人类还没有脱离动物阶段之时，他们便已经通过群居的形式来使自己生存，虽然国家对于人类的发展是非常重要的，但其重要理由却非拉萨尔所认为的那样。

---

① 殷叙彝：《社会民主主义国家理论溯源——从拉萨尔到伯恩施坦》，载《马克思主义与现实》，2010 年第 3 期。
② 《拉萨尔言论》，《机会主义、修正主义资料选编》编译组，北京：生活·读书·新知三联书店出版社 1976 年版，第 71 页。
③ [德] 考茨基：《唯物主义历史观》第四分册，上海：上海人民出版社 1964 年版，第 52 页。

考茨基认为黑格尔和拉萨尔犯了同样的先验论的方法论错误。这种错误的方法论就是恩格斯同杜林论战时所反对的方法：

> 这不过是过去有人爱用的意识形态的或者也称为先验主义的方法的另一种说法，这一方法是：不是从对象本身去认识某一对象的特性，而是从对象的概念中逻辑地推导出这些特性。首先，从对象构成对象的概念；然后颠倒过来，用对象的映象即概念去衡量对象。这时，不是概念应当和对象相适应，而是对象应当和概念相适应了。①

考茨基指出黑格尔和拉萨尔的国家理念是现实国家的反面，它"容许人们把现实国家的许多他们不愿看到的特征排除掉，而把许多他们在现实国家里愿意看到的特征偷偷引入国家概念，以致理念的最后结果就变成了现实的对立物"②。拉萨尔观点中最经不起时间考验的是从老黑格尔派的国家理念中衍生出的那些政治要求和言论。考茨基认为，拉萨尔虽然具有革命思想，但是却毫无批判地接受了老黑格尔派的国家观，从而使他最终相信普鲁士军国主义君主政体。拉萨尔单纯地认为这种政体只要接受普选权，通过俾斯麦领导的军国主义国家所资助的生产合作社，就能成为解放无产阶级的工具。如此一来，拉萨尔用观念论的方法对国家进行考察，只能导致玄奥和矛盾。

（二）考茨基关于国家的理解

考茨基指出马克思恩格斯的国家观不是从国家观念中引申出来的，而是通过研究历史上出现过的国家获得的。所以，马克思的国家观不是一种永恒不变的观点，而是随着国家具体形态变化的。考茨基关于马克思和恩格斯国家观的理解可以概括为两个方面，一是揭示了马克思恩格斯国家观变化的脉络，二是否认马克思恩格斯主张消灭国家。

在考茨基看来，马克思恩格斯的国家观经历了一个从黑格尔主义到实

---

① 《马克思恩格斯文集》第9卷，北京：人民出版社2009年版，第101页。
② ［德］考茨基：《唯物主义历史观》第四分册，上海：上海人民出版社1964年版，第55页。

践唯物主义的变化过程。考茨基指出，19世纪40年代马克思和恩格斯的国家观完全是黑格尔派的，考茨基以马克思在《莱茵报》上发表的以《〈科隆日报〉第179号的社论》为题的三篇文章为例，认为马克思在文章结尾的观点——"现代哲学持有更加理想和更加深刻的观点，它是根据整体观念来构想国家的。它认为国家是一个庞大的机构，在这里，必须实现法律的、伦理的、政治的自由，同时，个别公民服从国家的法律也就是服从他自己的理性即人类理性的自然规律。对聪明人来说，指出这一点已经足够了"①。这表明马克思最初的国家观是一种理性的观念。考茨基认为，受到费尔巴哈的影响，马克思、恩格斯开始了哲学上的革命，国家观也随之发生改变，在《神圣家族》中马克思指出"**现代国家**的**自然基础**是市民社会以及市民社会中的人"②，考茨基认为这意味着马克思由此已经开始走向他和恩格斯特有的国家观。

考茨基极力否认马克思、恩格斯主张消灭国家的观点，他援引了马克思的很多经典表述来论证马克思并不主张消灭国家。考茨基列举了马克思给库格曼的信中的观点，在信中马克思说道"我认为法国革命的下一次尝试不应该再像以前那样把官僚军事机器从一些人的手里转到另一些人的手里，而应该把它**打碎**，这正是大陆上任何一次真正的人民革命的先决条件"③；在《路易·波拿马的雾月十八日》中，马克思虽然把法兰西国家比作"寄生机体"，它"有庞大的官僚机构和军事机构，有复杂而巧妙的国家机器"④，但同时马克思也指出"一切变革都是使这个机器更加完备，而不是把它摧毁"⑤。据此，考茨基认为马克思将要粉碎的不是国家，而是官僚军事机器，是一种特殊的国家形式，反对这种特殊的国家形式，不等于反对一般的国家。所以在考茨基看来，马克思的这些话绝不意味着无产阶级的革命任务是废除国家，相反马克思实际上主张工人阶级的任务是占领民主国家后，在共和国取得国家政权，并把它作为无产阶级经济解放的

---

① 《马克思恩格斯全集》第1卷，北京：人民出版社1995年版，第228页。
② 《马克思恩格斯文集》第1卷，北京：人民出版社2009年版，第312页。
③ 《马克思恩格斯文集》第10卷，北京：人民出版社2009年版，第352页。
④ 《马克思恩格斯文集》第2卷，北京：人民出版社2009年版，第564页。
⑤ 《马克思恩格斯文集》第2卷，北京：人民出版社2009年版，第565页。

手段。此外，考茨基指出恩格斯也没有提出要废除国家。考茨基集中引用了恩格斯在为马克思的《法兰西内战》所写的1891年版导言中的观点："人们以为，如果他们不再迷信世袭君主制而坚信民主共和制，那就已经是非常大胆地向前迈进了一步。实际上，国家无非是一个阶级镇压另一个阶级的机器，而且在这一点上民主共和国并不亚于君主国。国家再好也不过是在争取阶级统治的斗争中获胜的无产阶级所继承下来的一个祸害；胜利了的无产阶级也将同公社一样，不得不立即尽量除去这个祸害的最坏方面，直到在新的自由的社会条件下成长起来的一代有能力把这国家废物全部抛掉。"① 考茨基指出，恩格斯也没有说无产阶级必须立即取消国家，而只是说"尽量"除去"这个祸害的最坏方面"，也就是除去国家器官。

通过考茨基对阿德勒和拉萨尔国家观的批判以及对马克思、恩格斯国家观的理解，我们可以看出考茨基关于国家的基本理解包含四个方面，一是国家不等于社会或共同体；二是不立足理念谈国家，而是通过对资本主义以前的现实国家的研究理解国家；三是不主张废除国家，只是用民主共和国代替国家；四是国家是统治阶级和剥削阶级进行统治及剥削的工具。此外，考茨基关于国家的理解还包括他关于国家起源、形成和国家的变化发展的理解。

二、国家的起源

考茨基指出阶级和国家从它们开始存在时就是密切联系的，国家的起源和阶级一样，同样起源于征服战争，国家的产生不能用公社内部衍生出的诸如朴素暴力论等因素和公社内部的经济发展来解释。在考茨基看来，在原始氏族社会中，原始的民主制、公有制，连同氏族成员之间的相互帮助，这些都构成了一种坚强力量，阻挡着剥削阶级和被剥削阶级以及凌驾并独立于人民之上的国家权力的形成。因此，在考茨基看来，恩格斯所说的阶级和国家的形成因素，比如社会职能的继承制、私有制

---

① 《马克思恩格斯文集》第3卷，北京：人民出版社2009年版，第111页。

以及奴隶制,都不能真正说明国家的产生,恩格斯强调的暴力及其后果只有通过分析它们产生和发生作用的经济条件才能被理解。因此,考茨基建构的国家起源于部落征服战争的假说,一定程度上消除了恩格斯关于国家起源的纯粹暴力的性质,同时强调了国家和阶级得以建立的暴力作用所依赖的经济制约,从而把征服假说与唯物主义历史观统一起来。①

考茨基承认在国家出现以前,有不少部落确实已经有了阶级的萌芽,但是他认为这个萌芽不是像恩格斯所认为的那样是从公社内部生长出来的,而是从公社之间的战争中产生出来的。在考茨基看来,战争有两个作用,一方面产生了奴隶,即产生了不是为了自己或自己的公社劳动,而是为了外族主人劳动的劳动者;另一方面,战争产生了掠夺的财物,这些财物是公社一些个人和家庭靠他们的双手所无法生产出来的,因此要想了解阶级和国家的起源,必须要从部落之间的战争来考察。考茨基认为战争也是不断向前发展的过程,由一开始单纯的掠夺奴隶和财物,变成征服整个部落的战争。战争导致战胜的部落压制战败的部落,将战败部落的全部土地据为己有,并且强迫战败部落的成员在这片土地上为战胜者劳动、纳贡或缴税。在这样的情况下,两个公社合而为一,其中一个成为被统治、被剥削的阶级,另一个成为统治和剥削阶级,战争胜利者强加在被征服者之上的强制的机器,就变成为国家。

在考茨基看来,最初的国家是由一些部落形成的,这些部落在最初都是一些独立的组织,各有各的社会生活,只不过由于征服行动让这些部落在国家中产生了上层下层之分。由于被征服者仍然生活在自己的家族和公社中,他们的公社不需要取消自治,而被征服者在新的共同体中不是像奴隶那样的外人,被征服者并非完全变成了外来征服部落的单纯的隶属者。同时,由于这种新的共同体从一开始就建立在被征服者的劳动上面,没有被征服者,这个新的国家就不存在,所以被征服者是新的共同体的一个主要组成部分。② 因此,被征服者在国家中则变成了这个新共同体内部的阶

---

① 尹树广:《国家批判理论》,哈尔滨:黑龙江人民出版社2002年版,第47页。
② [德]考茨基:《唯物主义历史观》第四分册,上海:上海人民出版社1964年版,第93页。

级之一，也正是从这里可以看到国家和阶级的产生实际上是同时的，都是产生于部落之间的征服战争。

关于国家起源的假说，考茨基早在《人类发展史大纲》中便形成了，那时他通过研究爱尔兰、东印度以及埃及历史，已经发现阶级分化和剥削产生的根本原因不是马尔萨斯所说的人口过剩，而是在于异族征服的暴力政策。① 考茨基指出，当自己的阶级和国家起源说在19世纪80年代遇到恩格斯的假说后，确实产生了矛盾，但是他到底还是受到了恩格斯的启发，试图在自己的假说和恩格斯的假说之中寻找一致，考茨基认为国家的形成有各种不同的形式，有些是通过征服，有些是从氏族社会内部的阶级对抗中形成的。不过在恩格斯看来，最纯粹的形式是国家产生于氏族社会内部的矛盾，在《家庭、私有制和国家的起源》中，恩格斯明确指出"雅典是最纯粹、最典型的形式：在这里，国家是直接地和主要地从氏族社会本身内部发展起来的阶级对立中产生的"②。但是考茨基仍然坚持国家是因征服而形成的假说，并且认为它是能够毫无矛盾地与唯物主义历史观结合起来的。

考茨基指出，国家起源于征服的战争，不意味着国家起源学说的纯暴力论性质。在他看来，阶级和国家所依赖的这种暴力事实上是受到经济制约的。毫无疑问，正如马克思在《资本论》中所说的，暴力是孕育着新社会的旧社会助产婆，其本身是一种经济力③，但是暴力及其后果，只有通过研究它们产生以及发挥作用的经济条件，才可能被理解，因此考茨基指出必须寻找暴力产生及其后果的经济条件。故而，考茨基的国家起源假说也竭力寻找经济依据，这种经济依据便是劳动分工。这种分工不是以职业分工为基础的劳动分工，也不是各种社会活动的领导者和实行者之间的分工，而是生活在不同条件的不同部落间的劳动分工。考茨基指出这种劳动分工使许多相邻部落依据各自居住地区的不同特点而形成了不同的能力或

---

① [德]考茨基：《唯物主义历史观》第四分册，上海：上海人民出版社1964年版，第97页。
② 《马克思恩格斯文集》第4卷，北京：人民出版社2009年版，第188页。
③ 《马克思恩格斯文集》第5卷，北京：人民出版社2009年版，第861页。

习惯，于是贫困部落和富足部落为邻，好战部落和爱和平部落为邻，游牧部落和农业部落为邻等，如此便容易引发贫困、好战的部落侵袭富足、爱和平的部落。考茨基指出，这种情况下战争是以掠夺奴隶和财富为目的，还是统治阶级为占领土地而建立国家，这依赖于经济条件以及从经济条件产生的心灵才智条件。①

考茨基的国家起源学说，受到了很多非马克思主义者的影响。其中路德维希·龚普洛维奇②的《种族斗争》以及弗兰茨·奥本海姆的《论国家》便给予考茨基很多启发。如果说考茨基关于国家起源于征服战争的假说，是考茨基通过观察研究爱尔兰、东印度以及埃及历史所得出的结论的话，那么龚普洛维奇和奥本海姆的影响无疑坚定了考茨基的观点，虽然考茨基对两人关于国家产生的经济依据的观点不满意。③ 在龚普洛维奇看来，不论是财产管理还是国家法制，二者都是建立在武力征服基础上的，这同时是国家建立所需要的对土地和人类的武力征服。④ 而奥本海姆的主要观点是认为国家起源于征服者的战争，"不论是在马来群岛，还是在'非洲这个巨大的社会学实验室'里，在部落已发展到一个比较高级的形式的这颗行星上，由于一个人群征服另一个人群而产生了'国家'，无论是过去，还是现在，国家存在的理由，其充分的基础，都是对被征服者的经济掠夺"⑤。正像奥本海姆所说的，这些基本观点应该归功于作为先驱

---

① [德] 考茨基：《唯物主义历史观》第四分册，上海：上海人民出版社1964年版，第103页。

② 路德维希·龚普洛维奇（Ludwig Gumplowicz, 1838—1909），又译作"龚普洛维茨奥地利经济学家、社会学家，他把社会看作是不同群体为争夺统治地位而进行无情斗争的群体的总和，他的思想对社会群体理论产生很大影响，同时也奠定了当代冲突理论的基础，著有《种族斗争》《种族和国家》《社会学原理》等。

③ 考茨基说到，他感谢奥本海姆给予他的启示，"这一点我所乐于公开承认的，尤其因为奥本海姆的经济学说我还不能完全信从"，而"龚普洛维茨的阶级和国家学说的经济依据同它的'自然'根据一样，很难使我满意。"见《唯物主义历史观》第四分册，上海：上海人民出版社，第100、101页。

④ [德] 亨利希·库诺：《马克思的历史、社会和国家学说》，袁志英译，上海：上海世纪出版集团2006年版，第295页。

⑤ [德] 弗兰茨·奥本海：《论国家》，沈蕴芳、王燕生译，北京：商务印书馆1994年版，第9页。

者的龚普洛维奇。无论如何，可以看出在关于国家的认识上，考茨基没有以哲学家和法学家的观点看待国家，而是从历史学和社会学视角考察了国家形式、内容及其历史变化，这突出体现了考茨基国家观的实证色彩。

此外，考茨基的国家学说也受到了马克斯·韦伯的影响，这主要表现在对不同国家类型的分析中，特别是关于东方暴君主义国家和古代地中海沿岸城邦国家之间的区别，以及这两类国家和欧洲大陆中古时代特种封建国家之间的区别。韦伯在清教主义对工业资本主义出现的意义这个问题上的见解也给考茨基提供了很多启发，借用考茨基的话说，虽然韦伯对国家的产生有着和他不同的想法，但是在国家形成所依赖的经济学依据上，韦伯比其他学者对他的影响更大。[①] 韦伯对考茨基的启发在关于国家结构类型的理解中将得到进一步体现。

第二节 国家的类型

考茨基在讨论国家概念时，认为关于国家的理解不应该简单化，而应该通过对国家形成的不同形式及其历史变化来理解国家的定义。考茨基在他的唯物主义历史观中，考察了从最初古老的国家到东方专制国家、地中海城市国家，再到中世纪国家和现代的资本主义国家等从古至今存在的诸多国家形式。通过对这些国家形式形成的原因、国家政治生活内容以及国家功能的阐述，考茨基在其唯物史观中呈现了一部内容丰富的国家发展史。

一、最初古老的国家

考茨基指出阶级和国家的出现可以有多种形式，但是最初古老的国家和阶级的起源都可以归因于征服。在考茨基这里，最初古老的国家指的是由游牧民族征服定居的农民而建立的国家。这些古老的国家有特殊的地域特点，都位于北非和亚洲的某些大河流域，这些大河流域或横贯广袤的干

---

① [德] 考茨基：《唯物主义历史观》第四分册，上海：上海人民出版社 1964 年版，第 102 页。

旱地带或与之临近，这样的地带从撒哈拉大沙漠的大西洋沿岸开始，一直延伸到靠近太平洋的中国。

首先，考茨基分析了最初古老的国家建立的四个前提条件：一是存在比邻的农业部落和游牧部落；二是被征服部落要有一定的生产技术水平，征服者要有一定高度的管理技术；三是农业部落和游牧部落要具备一定的心理条件；四是两个部落必须融合为一个共同体。其一，最基本的前提条件是必须存在有差别的相邻的农业部落和游牧部落，因为最初的国家的建立是游牧人征服农业村社，并将被征服的许多农业村社结合成一个受剥削和统治的共同体。考茨基指出游牧人和农民这两种因素对于国家是同时必要的，甚至农民比游牧人更重要①，因为只有农民富裕、温和顺从的特点，才容易被奴役和被强迫为别人劳动。其二，考茨基指出任何政治革命本身，都要以缓慢的、逐步的社会变革为前提，而这些社会变革归根结底都要归因于经济关系，最初建立的国家也都遵循这一规律。而要想使征服者停留在被征服者的土地上接手管理，必须满足两个条件，一是征服者必须了解被征服者的生产方式；二是被征服者也要在经济上达到一定的程度，不仅可以维持自己的生活，还可以供养他们的统治者。这点上，考茨基的观点明显受到了亨利希·库诺②的影响。库诺认为国家建立既需要被征服者具有一定水平的生产技术，又需要征服者具有一定高度的管理技术。在库诺看来，国家建立的必要条件是经济发展到一定阶段，一方面被战胜者的生活资料生产一定要达到"课以贡税"的程度；另一方面，战争的胜利者已经形成了一系列行政管理的机器，能够将被战胜者纳入一种统治和管理的体系中去。其三，考茨基指出除了经济条件以外，也需要一定的心理条件，国家的产生也受到某些性格特征、某些情感和思想的影响。考茨基指出考察农民和游牧人的生产生活条件，就能够理解两类人的心理特点，基于此，在考茨基看来导致国家建立的那些暴力和战争的原因，在归根结

---

① ［德］考茨基：《唯物主义历史观》第四分册，上海：上海人民出版社1964年版，第123页。

② 亨利希·库诺（Heinrich Cunow，1862—1936），社会学家、经济史学家，德国社会民主党和第二国际的重要理论家之一，是马克思主义发展史上较早提出系统化"重建"历史唯物主义的理论家。

底的意义上还是受到了经济影响。最后，考茨基指出只靠农业部落和游牧部落，是远远不能建立国家的。因为游牧部落对农业部落作战的结果可能有两种剥削形式，一是奴隶制，单个人被强制为别人劳动；二是整个部落被强制为别人劳动。考茨基指出，在这两种剥削形式中，剥削者和被剥削者隶属于不同部落，属于两个共同体，然而"只有当两个部落融合成为一个共同体，有了共同的最高领导和由剥削的部落制定的共同的法律，从而使剥削的部落成为统治的阶级，使被剥削的部落降为被统治的阶级，——只有在这时候，两种人才形成两个阶级"①，国家形成的条件才完全具备。

其次，考茨基考察了最初古老国家的两个基本标志。第一个标志是国家的形成即是阶级和阶级矛盾的形成，因而国家一开始就是剥削阶级镇压另一个阶级的工具。被剥削阶级通过生产活动不仅养活自己，也养活了它的剥削者，剥削阶级完全以剥削的收入为生。国家的第二个标志是国家一开始就是许多同类部落的平等联合。国家以多个部落的联合为基础，是与国家的剥削性质有密切关系的。国家统治者唯一的生活来源就是剥削，考茨基认为要喂饱一个剥削者需要很多被剥削者，所以只有征服一系列部落，将其联合为一个单一共同体，战胜者才能完全从事暴力统治工作，才能完全依靠他们的剥削收入来过活，从而放弃他们以前的生产劳动，只有在这个时候才创造出一个真正的国家。当然考茨基补充说国家出现以前部落也是有联合的，但是这种联合绝对不会形成一个新的共同体，因为它们的联盟不紧密，而且每个部落在联盟中都还保有自己的独立性。总之，在考茨基看来，在国家出现以前，从一个部落联盟中不能产生出一个新的更大的共同体，并使各个部落克服其自主性和分散性。只有征服者的部落才能把那些被征服的部落联合为一个共同体，把它们的自主性和分散性消灭。

最后，考茨基揭示了国家扩张的三个动机。考茨基指出国家一经建立，便获得了持续急剧的扩张能力，同时不断要求扩张的欲望也随之产生，由此阐释了国家扩张的动机。第一个扩张动机是出于纯粹的贪欲。在

---

① [德]考茨基：《唯物主义历史观》第四分册，上海：上海人民出版社1964年版，第128页。

考茨基看来，可以征到赋税的耕地以及不能产出任何东西的土地，都可能引起国家统治者征服的欲望。第二个动机是保证国家统治者的剥削不受掠夺者的侵袭，即为了防御而发生的战争。考茨基指出，为了防御而进行的对游牧民族的战争，仅仅入侵这些地区是不够的，还必须把定居的农民迁移过来进行耕种，来保证对这个地区的长期占领。第三个动机就是为保卫祖国而进行的道义上的先发制人的战争和保持威信的战争，进行这种战争的理由则是一个国家最终会和一个或更多的其他国家相邻。因此，考茨基从最初古老国家产生的条件、古老国家的两个标志以及古老国家的扩张动机，揭示了建立在游牧部落征服农民部落基础上的古老国家的特点。考茨基关于最初古老国家特点的阐释，比如阶级统治的工具、多个部落的联合体以及国家的扩张欲望等实际上已经涉及国家的一般性特点。

二、东方专制国家和地中海城市国家

关于东方专制国家的形成。考茨基从国家给部落成员带来的政治影响考察东方专制国家的形成。考茨基认为，国家的形成给被压迫者的民主权利，即给广大人民群众的民主权利敲响了丧钟；而战胜者的民主即统治者的民主，从国家建立初期开始不仅可以处理本部落的事务，也可以处理国家事务，即合并于国家中的所有部落的公共事务。在统治者部落中，又会产生出首领、统帅和国王，此外，在统治者部落中也存在贵族，即使是世袭的王权，也要依靠军事贵族，然而国王对贵族往往采取一种敌对的状态。通常情况下，出于个人安全因素，国王往往选择提拔对他个人惟命是从的人而不是出身显贵的人，因此在国家中出现了中央政权普遍使用雇佣兵的现象。但是，在考茨基看来，君主或国王的权力达到顶峰是因为一种特定官僚体制的出现。随着简单商品生产和货币的发展，一种新型国家管理方式出现了——中央政权给执掌国家官职的人发放俸禄，而不是这些官员可以世世代代传承，由此一种特殊的官僚机构也随之形成。从中央政权领取俸禄的官吏越多，中央政权就越不受贵族阶级左右，所以君主一般从下等阶级，尤其是知识分子中选用治理工具，来提防贵族专权。考茨基指出，东方古国——中国——很早便发展了如此强有力的官僚机构。考茨基总结道，统治者支付官僚机构的费用，官僚机构完全依附于统治者，这类官僚机构的形成使统治者的专制权力达到顶点①，这种君主制度就出现在东方国家形成初期。在考茨基看来，君主专制制度似乎是东方唯一可能的统治形式，是东方"天然"②的统治形式，他认为这种"天然"性可以从东方民族的民族性以及地理特点来加以说明，当然，如果考察东方国家为何在欧洲资本主义产生之后，仍然没有超出君主专制的形式，那么应该从东方国家所依存的经济条件来考察。

关于地中海城市国家的形成。考茨基认为希腊各城邦国家和东方专制国家有着同样的起源，都是建立在游牧民族对于农耕民族的征服之上。但是由于地理条件不同，在希腊各国中，那些居住在土地贫瘠地区并时常闹饥荒地区的人们被迫冒险航海，从最初的捕鱼发展为从事其他有利可图的活动。最先占有这些财富资源的是国家的统治者们，也就是军事贵族和他们的首领。久而久之，在从事航海的地区，那些日益富裕起来的贵族和国王为了保证安全，防止海盗的侵袭，便把一直分散生活在各自田地上的富裕的豪门贵族聚集在一起，把他们迁到一个便于防卫又能储藏珍宝的地方并让他们定居下来，这样的集中居住能够让他们迅速集合，抵抗入侵者。同时由于他们共同居住的地域狭小，便于他们在四周建造起坚固围墙，由此便在航海者的国家中出现了城市。考茨基指出，对于希腊人来说，城市和国家是同一个意思，这样便出现了城市国家的国家类型，城市国家既不同于东方的城市，也不同于东方的国家。

关于东西方国家中城市的差异。在考察了东方专制国家和地中海城市国家的形成以后，在韦伯的影响下，考茨基同样探讨了东西方国家中城市的差异。考茨基指出东方城市是广阔的农业区，其规模和繁荣程度取决于受统治阶级剥削的农业区规模的大小。农业区越广阔，提供给剥削者的剩余农产品的数量会越多，城市中的商人和手工业者就会越兴旺，所以城市

---

① ［德］考茨基：《唯物主义历史观》第四分册，上海：上海人民出版社1964年版，第335页。

② ［德］考茨基：《唯物主义历史观》第四分册，上海：上海人民出版社1964年版，第336页。

完全依靠统治阶级。由于这个特点，城市人口在政治和经济方面都依赖于国家的中央权力，故而也面临着来自中央的武装力量威胁，考茨基认为东方城市的居民是不自由的，他们没有自治权，东方城市不像西方城市那样有自己的法庭、法律和警察，他们不知道城市的社团以及与乡下人不同的城市公民的概念。考茨基指出，在东方城市，看不到同属一个阶级的城市居民的联合，看不到他们为保护自己的利益和权利以及改善自己的社会地位而斗争的现象。如果城市发生骚动，考茨基认为要么被统治者镇压下去，要么是取得抢劫和破坏的偶然的胜利，在东方城市中，为了政治目标而进行的阶级斗争是根本谈不上的。

古代西方城市则不同于东方城市，希腊城市的财富和势力根本不取决于受城市贵族所剥削的农民数量，也不取决于贵族剥削的程度，因为地中海地区的国家小、土地少，限制了贵族的优势，况且城市的政治生活集中，城市居民在日益增加，贵族家庭的人数却在减少。因此，考茨基认为希腊城市的重要性，城市的商业、工业的重要性以及城市人口的增加，不依赖于统治阶级所拥有的土地多少，而是依赖于他们的船只航行范围的大小，同时也依赖于船舶航行所能获得的财富以及军事力量的大小。考茨基认为城市的这些特点决定了西方城市政治生活的特点，即由于王权脆弱，共和国成为城市国家典型的国家统治形式。对于城市居民来说，参加阶级斗争是公民的义务，是国家的生活要素，他们的斗争往往有利于下层阶级和民主生活，考茨基指出正是在城市国家中，真正意义上的阶级斗争才出现。

当然城市国家和东方专制国家也有相同之处，考茨基指出古代城邦中的民主制同君主专制一样，只是一种剥削工具，只是因为剥削阶层的不同而不同于其他的国家体制。古代城邦国家中的剥削阶层和被剥削阶级比较起来，也只是国内享有特权的少数派，并且古代城邦国家中的统治阶级同东方国家中的统治阶级一样，由于享乐腐化，造成政治意识薄弱，最后走向灭亡，即东方专制国家和城市国家最终都会消亡。

三、中世纪国家与城市

考茨基认为中世纪国家与城市既不同于东方专制国家及其城市，也不同于古代城市国家及其城市。

（一）中世纪国家的产生基础及其特点

在考茨基看来，中世纪各个国家是日耳曼民族在罗马帝国废墟的基础上建立起来的，他们从罗马帝国继承下来的两份遗产，使得中世纪国家不同于东方专制国家和古代城市国家。

第一份遗产是基督教会，考茨基指出虽然基督教会是一种历史遗产，但是基督教会赋予各个西方基督教新国家自己的特征。其中最重要的特征便是把天主教教士和东方祭司，古代希腊、罗马的祭司区别开来。一般来说，东方祭司在国家中常常有很大的影响力，古希腊、罗马的祭司从来没有如此的政治力量，但是古希腊、罗马的祭司和东方祭司都是国家范围内的祭司，他们的势力都不会超越国家的界限。天主教教士组织则不同于东方祭司和古希腊、罗马的祭司，天主教教士组织高于从罗马帝国继承下来的国家机构，这主要归结于天主教教士组织包括了一系列国家，同时纪律严格且行动集中。所以，在考茨基看来，天主教教士组织是一个前所未有的强有力的、由中央集中领导的团体。在这样的背景下，教会中的知识分子获得了一种影响国家生活的力量，而这种政治力量是在贵族独裁时期从来不曾出现过的。考茨基认为，通过这些教会中的知识分子，中世纪各个基督教国家在商业和精神方面的联系也更加密切了，这可以看作是中世纪国家的特征之一。

第二份遗产是奴隶制的废除。考茨基在这里的意思是指虽然奴隶制从来没有废除过，但是从罗马帝国衰落之时，奴隶制在经济上已经不起作用了。考茨基指出虽然基督教国家之间的许多战争产生了大量战俘，而且基督教从来不谴责奴隶制，不指责基督徒占有奴隶，但是在中世纪还是存在不利于奴隶制发展的因素。首先，教会出于经济利害关系，不喜欢看到基督徒做奴隶。因为教会可以要求自由人向教士交纳租税，而奴隶则根本无法交纳租税。所以，教会必然会在两个基督教国家发生战争时反对把战俘当成奴隶。其次，新兴国家人口稀少，而且这些国家的田野间往往有茂密的森林，若奴隶与当地居民属同一个种族，那么奴隶便会轻易逃跑，不利于蓄养奴隶。因此，中世纪国家只能通过隶农制来实现强制劳动，奴隶制的废除便成为中世纪国家的另一个特点。

（二）中世纪城市的形成及其特点

考茨基特别考察了中世纪城市的形成，这个形成过程成为中世纪城市与东方城市、古代城邦城市差异的最主要原因。考茨基指出中世纪城市的形成是与统治阶级独特的定居方式密切联系的，由于内地道路崎岖、交通工具缺乏、农业劳动生产力薄弱，领主们不能联合起来统治国家，因而不得不同向他纳税和服徭役的农民杂居。随着农业劳动收益的增长，领主有能力给自己建造一座城堡，一般情况下，城堡建在丘陵上，村落位于丘陵脚下。由于不少村落处于有利的通商要道上，因此便招来了大量不靠农业为生，而靠商品贸易、运输业以及生产商品为生的居民。所以在这样的村落，当地居民便越来越少地从事农业，而以商品贸易、商品生产、运输等为主要谋生手段。随着财富的集聚，这些村落人口不断增加的同时也聚集起自己的力量，他们可以不依靠领主便能建筑围墙进行自卫。最终的结果便是，这些村落的居民可以把连同城堡在内的所有其他村落圈围起来，于是这个地方便形成了城市。① 在这样的城市或者国家中，城市居民人口和财富的增长远远大于城堡领主的势力，故而，城市居民面对城堡领主的徭役，既可以出钱赎买也可以干脆拒绝，总之领主在城市中的势力下降了。因此，在中世纪的城市或国家中出现了新的现象，即不自由的劳动被废除了，全部经济活动建立在自由劳动之上。

在考察完中世纪城市的形成以后，考茨基进一步分析了中世纪城市与东方城市、古代城邦城市的不同。中世纪城市与古代城邦城市具有一个共同点，即城市里有了自己的法庭、警察和自治机关，而这些是东方城市所没有的。但是中世纪城市与古代城市也存在显著的差异，第一，奴隶制的废除造成了中世纪城市与古代城市的巨大差别。古代城市建立在强制劳动的奴隶制基础上，奴隶制起着非常重要的作用，而中世纪城市完全是自由市民的城市，不存在不自由的劳动者，同时也没有战争贵族。第二，在贵

---

① ［德］考茨基：《唯物主义历史观》第五分册，上海：上海人民出版社 1964 年版，第 78 页。

族与城市的关系上，在古代城市，贵族虽然不能单独进行统治，但始终是统治阶级；在中世纪城市中，贵族自始至终不属于城市，贵族与城市是分离的，中世纪城市的管理是没有贵族参与的，贵族对城市事务的理解没有市民好，而且贵族自身也根本不希望懂得这种管理。第三，在城市的力量方面，在古代城市中，贵族与市民一起参加政治生活，二者可以通力协作完成共同的目标，比如对其他城市居民进行剥削等。在中世纪城市，贵族与城市的分离意味着市民巨大的独立性，这种独立性削弱了城市的力量。中世纪的每个城市必须抵御来自君主、贵族和教会的掠夺，他们不想征服其他城市，而是同其他城市联合起来，共同防御掠夺者，保卫城市的自由。因此，中世纪的城市必须反对各种敌对势力的复杂关系，保持自己的自由发展。考茨基的这些思想同样是受到了韦伯的影响，考茨基明确说道，韦伯关于"东方暴君主义国家和古代地中海沿岸城邦国家之间的区别，以及关于这两类国家和欧洲大陆中古时代特种封建国家之间的区别"①是非常清楚的。考茨基指出，商业和工业的发展以及贵族和僧侣的强大势力，使得中世纪国家也出现了阶级斗争，最后，阶级的自由还是屈服在以官吏和佣兵为支柱的专制暴政下。统治阶级的政治颓废和经济的衰退也在中世纪上演，考茨基由此认为西方基督教国家也陷入了古代国家必然灭亡的"降魔圈"②中。

四、资本主义工业国家

中世纪基督教国家难逃必然灭亡的魔咒，在考茨基看来，工业资本的产生却打破了这个魔咒，从而改变了人类历史进程。现代资本主义国家与古代国家、中世纪国家完全不同，工业资本给人类历史带来了根本变化。考茨基认为工业资本主义内部不会出现阻碍生产力发展的界限，无产阶级的胜利会在资本主义生产力消耗殆尽之前就能取得，在这个意义上资本主

---

① [德]考茨基：《唯物主义历史观》第四分册，上海：上海人民出版社1964年版，第102页。
② [德]考茨基：《唯物主义历史观》第五分册，上海：上海人民出版社1964年版，第61页。

义国家从压迫被剥削者的工具变为解放被剥削者的工具。考茨基从工业资本的形成、工业资本主义国家的特点以及工业资本主义国家的发展趋势等方面展开对资本主义工业国家的讨论。

（一）工业资本主义国家的产生

考茨基指出，工业资本主义的产生需要具备两个要素，一是物质要素，二是精神要素。物质要素包含两个方面，即大量积累的资本、较高的技术、生产工具等和大批寻找工作的无产者。精神要素，就是指资本主义精神，即勤劳、聚集财产的精神，考茨基更愿意将其称为小资产阶级精神。在考茨基看来，资本的大量积累以及大批出卖劳动力的无产者是工业资本主义产生的最重要的原因。考茨基没有否认资本主义精神对工业资本主义产生的影响，但他反对韦伯把资本主义精神看作清教主义的道德精神产物，从而夸大清教主义的道德精神对工业资本主义形成所起的作用。考茨基通过对韦伯的"资本主义精神"理论的批判，通过分析清教主义的道德精神与资本主义的关系，详细阐述了工业资本主义的兴起。

考茨基承认清教主义的道德精神对工业资本产生所起到的作用。在考茨基看来，清教主义的宗教道德精神有利于工业资本主义要素的产生和发展，但是资本主义精神或者说清教主义的道德精神"决不是可以用宗教和道德的固有运动来说明的，而是应该用某种向上挣扎的手工业的生活条件来解释，这种手工业具有力量和意愿，来摆脱封建贵族的统治及其在经济、政治、道德等等方面的桎梏"①。换句话说，考茨基认为不能从宗教本身来说明宗教精神，而是必须掀开宗教的外衣，深入到手工业者的生活条件中去，从他们的经济基础来研究宗教精神。小市民特别是手工业者的经济地位，使他们与封建贵族处于对立的地位，从而他们必须顽强地与封建贵族进行阶级斗争，正是这样的阶级斗争促进了清教徒道德精神的形成。

考茨基从中世纪的社会条件出发，具体分析了资本主义精神产生的两个因素。第一个因素是自由劳动。一方面，自由劳动成为全部经济生活的

---

① ［德］考茨基：《唯物主义历史观》第五分册，上海：上海人民出版社1964年版，第103页。

基础，劳动越来越受到重视，并发展出"以劳动自豪的、轻视不劳动者的精神"①；另一方面，自由劳动促进了新科学、新技术的产生，从而形成了与教会知识分子和宫廷知识分子相区别的新阶层——资产阶级知识分子。第二个因素是禁欲主义。考茨基指出由于手工业阶层中已经出现了工业资本家和无产阶级的萌芽，因而手工业者反对统治阶级通常采取两种形式，一种形式是共产主义的，我们可以称之为无产阶级精神的基础，另一种形式是个人主义的，这成为资本主义精神的基础。考茨基指出这两种思潮在反对天主教新教派中表现为再浸礼派②的共产主义思潮和以加尔文派③为代表的个人主义思潮。在考茨基看来，韦伯称之为"资本主义精神"的思想方式，不仅在清教徒那里看得到，而且在根本不渴望资本主义的再浸礼派共产主义及其先驱那儿也看得到，这种反抗封建主、教会、诸侯以及高利贷者剥削和浪费的手工业精神实际就是聚集钱财的精神，它不是为了挥霍而是为了提高生产力，增强力量，这种精神曾经使再浸礼派共产主义的工业蒸蒸日上，也使得一个世纪后的英国个人主义清教徒的工业繁荣发达。

考茨基指出不能高估清教主义的道德精神对工业资本主义形成所产生的影响，并且不能把清教主义思想看作是工业资本主义形成的唯一原因，认为工业资本主义形成的最重要根源在于大规模雇佣工业劳动者的出现以及利润的谋取。在考茨基看来，虽然正如韦伯所说，工业资本主义建立其上的那种资产阶级私有制的劳动组织产生于手工业，但是商人高利贷者在工业资本主义的形成过程中所起的作用要远远大于小手工业者。一方面，比起小手工业者的积累，商人和高利贷者的积累是工业资本主义获得资

---

① ［德］考茨基：《唯物主义历史观》第五分册，上海：上海人民出版社1964年版，第85页。

② 基督教再浸礼派是宗教改革运动中的一个激进派别，他们否认对婴儿施洗的宗教效力，主张只有那些自愿追随基督，在个人灵性上经历了重生的成人才有资格接受洗礼，他们不仅要求宗教改革，而且要求社会改革，要求建立没有阶级差别、私有财产的社会。

③ 加尔文派是基督教新教派别，16世纪宗教改革运动时由加尔文倡导，他们带来了宗教上的个人主义，每个人都可以单独跟上帝沟通，用自己的事业荣耀上帝，这是个人主义思想解放的源头。

金更主要的源泉;另一方面,一旦资产阶级私有制的劳动组织形成并带有了剥削的性质而且产生利润,那么大量资本就流向了大金融家,即经销商、高利贷或其他企业主。因此,考茨基认为不管宗教信仰如何,不论在任何地方,只要一方面有了积累起来的资本,另一方面有了大批不能行乞因而不得不依靠出卖劳动力为生的无产者,就会有工业资本主义的发展。

(二) 工业资本主义国家的新特点及发展趋势

考茨基指出工业资本和现代民主制创造出了一个过去完全不可能有的国家类型——工业资本主义国家,工业资本主义国家的特点之一是政治上的现代民主制,它是在反对中世纪君主专制权力以及贵族和教会的政治统治的斗争中产生出来的。现代民主制既不同于古代民主制,也不同于国家出现以前那个时代的原始民主制。现代民主制产生于城市的自由劳动,这必然要求在广大农村也有劳动自由,因为现代民主制是国家的民主制。考茨基指出现代民主国家在根本上区别于以前所有国家类型的地方在于,现代民主制在国家形成以来,它第一次给所有成年的共同体成员带来了平等权利,而古代民主制只是城市的民主制,是共同体自由民的民主制。

工业资本使得资本主义国家的剥削与前资本主义国家的剥削方法不同。在考茨基看来,资本主义国家的剥削是建立在完全不同于前资本主义时期那些剥削方法的基础上的:

> 不是建立在剥削阶级的军事优势上面,而是建立在一种所有制的经济必要性上面,这种所有制所起的作用,能够通过一些优越的经济制度使其成为多余,但却不能够通过单纯地使用军事暴力来消除它而不使全国遭受严重的经济损害。只要还不存在那种较资本优越的经济制度,那末资本主义所有制即使能够暂时为暴力所摧毁,它也还是必然要恢复的。①

---

① [德] 考茨基:《唯物主义历史观》第五分册,上海:上海人民出版社1964年版,第125页。

很明显"这种所有制"就是资本主义生产资料私有制。考茨基指出,资本主义所有制对于资本家和无产阶级来说,在经济方面,暂时都是必要的。因而资本就不需要用军事暴力去防范全体劳动阶级,如果出于防范财产侵犯的风险,给资本提供一些防备的话,警察就足够了。因此,考茨基指出资本能够与民主制带来的新的军事制度配合起来,民主制的军事制度要么将军队裁减到最小限度,要么将全体人民武装起来,这种军队有强大的战斗力,但是绝不会像前资本主义国家里那样只为少数人服务。所以,在考茨基看来,工业资本和现代民主制创造出了一种新型的国家,它与过去的所有国家类型都不同。

在国家职能上,现代资本主义国家也具有新的特点。现代资本主义国家尽管也凭借暴力的方法维持统治,但是用武装斗争来解决冲突,已不再行得通。现代资本主义国家的国家机器,相对于其他一些经济和文化方面的任务来说,作为军事组织的意义越来越小了,国家的镇压职能削弱了,而经济文化职能增强了。这些经济和文化职能一部分是从过去继承下来的,一部分是从新的经济技术和政治关系中产生的。总之,考茨基指出现代资本主义国家获得了越来越多的职能,这些职能对于被剥削阶级来说很重要,而且这些职能只有国家机器才能充分执行。当然,考茨基仍然认为国家机器同以往一样都是维持剥削的,所不同的是现在剥削越来越少依靠军事力量,它所依赖的是资本家对于生产资料的所有权。

在资本主义民主国家中,国家机器不是变得微不足道,而是迅速成长起来,变得日益广泛。考茨基指出,虽然国家机器的成长与民主制的倾向是对立的,但却与民主制的发展有着同样的原因,即大工业发展的结果。国家机器的扩展表现为军事性质的国家机器的增强、经济和文化职能的增加,比如兴修水利,建筑公路、铁路,发展邮政等,这些是中世纪国家所没有的。在资本主义国家中,工业资本代替了行会进行市场调节,因此便产生了诸如征收关税等职能。此外,教育事业、卫生事业以及司法事业也成为资本主义国家机器的重要任务和职能。同时,随着国家机器不断地增加,国家机器的开支也增多,赋税也增多,因此又出现了征税的国家机器。国家机器的扩大以及复杂性的增强,使得资本主义国家需要具有专门知识的人来操纵国家机器,这些人便是官僚,国家民主制度不是要完全废除官僚制，它同样也需要官僚机构，只是需要加以限制而已。① 因而，在现代民主制下，产生了一种新的职业，即政治家这样的职业。这种职业不再是业余活动，而需要占用全部时间，并且要求从事这些职业的人具备特殊的才能、知识和经验，诸如议员、政党工作人员、新闻记者都是如此。议会、政党和报纸，就是人民借以统治国家、监督国家机器的三个器官。

总之，在考茨基看来，具有强制性的国家机器越来越少，担负社会经济文化调节的职能越来越多。国家机器仍然是剥削阶级进行剥削的工具，但是剥削越来越少依靠武力了。

> 从经济上说，剥削现在是来自一种所有权，而这种所有权也是手工业者和农民之类的自由劳动者本身为保障其生产资料和产品所需要的；从政治上说，剥削是依靠一种国家机器，而这种国家机器则是自由劳动者本身为了自己也必然日益需要的。②

因此，在民主国家里，劳动群众对国家就有了一种新的依附关系，被剥削阶级越来越不想破坏和解散国家，他们更多地想依靠民主影响国家，从而为自己争取权利。

考茨基指出民主在带来劳动群众对国家的依附关系的同时，也带来一种新的可能性，即把这个庞大的国家机器，从剥削者的手中夺取过来，从而使统治的机器变成解放的机器。考茨基指出，由于时代不同，资本主义的灭亡将不会是马克思认为的那样，资本主义生产方式通过自己的经济发展限制来埋葬自己，而是通过不断上升的无产阶级反对资产阶级的斗争，通过民主而取得全部国家机器，从而使这些民主机器成为无产阶级的国家机器。因此，考茨基指出："无产阶级的胜利，将在我们的许多理论家们给资本主义内部的生产力的发展规定的种种界限中任何一个能够达到之前

---

① 尹树广：《国家批判理论》，哈尔滨：黑龙江人民出版社2002年版，第49页。
② [德] 考茨基：《唯物主义历史观》第五分册，上海：上海人民出版社1964年版，第150页。

先就到来。"① 在这里可以看出，在关于资本主义国家发展趋势上，考茨基实际上陷入了一种机械的宿命论，他高估了无产阶级的社会地位以及民主的力量，他把社会主义的胜利当成自然规律的必然结果。在他看来，资本主义的经济危机只能加强无产阶级追求社会主义的强烈愿望，而不是主动组织无产阶级进行暴力革命去打破国家机器。② 所以说，在现代资本主义国家中，考茨基认为经济越繁荣，民主越健全，无产阶级便无须诉诸暴力，而是更多地通过争取民主等政治形式与资产阶级政府联合，把资本主义国家机器改造成为社会主义国家机器。

第三节　国家的消亡

在考茨基看来，国家消亡理论是马克思、恩格斯把国家看作阶级统治工具这一逻辑的结论，是没有任何非议的，唯一需要做的只是对他们的国家消亡理论作出注解，以避免马克思主义者产生误解。国家消亡理论与考茨基关于国家的认识有着密切联系，尤其与考茨基关于国家两个基本标志的认识有关。考茨基指出，对于正在进行阶级斗争的人们来说，国家最显著的作用就是统治阶级进行剥削和压迫的工具，这也是马克思和恩格斯国家批判理论的基础。但是在考茨基看来，国家还有另外一个作用，即国家把不同的原始共同体联合起来组成一个更大的共同体，从而国家担负起重要的经济文化功能，虽然这种功能与国家的剥削性质不可分割。从一定意义上说，考茨基关于马克思恩格斯国家消亡理论的理解是基于他关于国家作用的看法之上的。考茨基关于国家消亡理论的理解可以从以下三个方面展开说明：一是马克思主义者与无政府主义者在关于国家消亡的途径与目标方面的差异；二是国家消亡不应该被理解为国家机器的废除，而应该理

---

① ［德］考茨基：《唯物主义历史观》第五分册，上海：上海人民出版社1964年版，第329页。

② 尹树广：《国家批判理论》，哈尔滨：黑龙江人民出版社2002年版，第50—51页。

解为国家职能的转变；三是未来新的共同体的特点。虽然考茨基明确指出自己是对马克思恩格斯国家消亡理论的注解，但是不可否认，在对国家消亡之后新的共同体的理解上，特别是考茨基否认未来新的共同体不等于社会的观点上，他已经离开马克思很远了。

一、对无政府主义的批判

考茨基对无政府主义者的批判主要集中在两个方面，一是关于国家消亡形式的批判，指出国家不是一次行动就能废除的，不是一下子就能完成的事情；二是关于小公社理想的批判，无政府主义者认为小公社和小乡社将是国家消亡后社会的基本形式，考茨基对此进行了批判。

（一）关于国家消亡形式的批判

在无政府主义代表巴枯宁看来革命者"日日夜夜只应该有一个思想，一个目的——无情地破坏"[①]。因此，巴枯宁主义者主张要通过流氓无产者的自发的密谋性活动，通过暴动和恐怖活动，进行社会清算，幻想在24小时内通过一次性的行动消灭国家，使整个旧制度毁灭。在考茨基看来，国家是"逐渐的眠逝和消亡""不是一种一次性的行动"[②]，是一个或多或少缓慢进行的过程，国家不是通过暴动废除的，而是像恩格斯所说那样：

> 国家真正作为整个社会的代表所采取的第一个行动，即以社会的名义占有生产资料，同时也是它作为国家所采取的最后一个独立行动。那时，国家政权对社会关系的干预在各个领域中将先后成为多余的事情而自行停止下来。那时，对人的统治将由对物的管理和对生产过程的领导所代替。国家不是"被废除"的，**它是自行消亡的**。[③]

---

① 《巴枯宁言论》，中央编译局资料室编，北京：生活·读书·新知三联书店1978年版，第164页。
② [德] 考茨基：《唯物主义历史观》第五分册，上海：上海人民出版社1964年版，第308页。
③ 《马克思恩格斯文集》第3卷，北京：人民出版社2009年版，第562页。

所以在考茨基看来，国家是以社会的名义占有生产资料的方式自行消亡，这既是国家真正作为整个社会的代表所采取的第一个行动，也是它作为国家所采取的最后一个独立行动。考茨基指出，恩格斯虽然在此把国家没收生产资料看作是一次行动，但绝不意味着恩格斯承认这次行动是一下子变为国有的。

考茨基具体解释了国家以社会名义占有生产资料的含义。在考茨基看来，恩格斯在此只是把国家看作生产资料的没收者，这是出于行文上的简练，这里所说的生产资料不是指一切生产资料，而只能是对社会劳动有决定作用的那些大企业的生产资料。这些大企业的经营权可以由国家经营，也可以由合作社和公众团体经营，当然前提是国家必须管理那些最有决定性的生产场所。据此，考茨基指出，整个社会生产过程必定是由国家政权来领导和调节的，而且这个国家政权是无产阶级的民主政权。在这里，考茨基实际突出了无产阶级国家政权对社会生产的重要性，从侧面批判了无政府主义者主张的国家是"对人类的最可恨、最无耻、最彻底的否定"①的观点，从而强调了国家对社会生产的必要性，以及无产阶级政权调节社会生产的历史必然性和必要性，这正如马克思所说的：

> 只要其他阶级特别是资本家阶级还存在，只要无产阶级还在同它们进行斗争（因为在无产阶级掌握政权后无产阶级的敌人和旧的社会组织还没有消失），无产阶级就必须采用**暴力**措施，也就是政府的措施；如果无产阶级本身还是一个阶级，如果作为阶级斗争和阶级存在的基础的经济条件还没有消失，那么就必须用暴力来消灭或改造这种经济条件，并且必须用暴力来加速这一改造的过程。②

考茨基对无政府主义者废除国家的主张所作的批判虽然简单且论述不多，但是从他的基本观点还是可以看出他的批判是符合马克思思想的。

---

① 《巴枯宁言论》，中央编译局资料室编，北京：生活·读书·新知三联书店1978年版，第111页。
② 《马克思恩格斯选集》第3卷，北京：人民出版社2009年版，第403页。

（二）关于小公社理想的批判

考茨基批判了无政府主义者所主张的由小乡社和小公社代替国家的主张。无政府主义者认为，在未来的社会中，人们以公社为基础结成自由联合体自由生活。考茨基从国家的组织手段和建立在民族自决原则上的民族国家的特点两个方面反驳无政府主义的自由公社。

首先，考茨基指出国家不仅是阶级统治的组织，也具有重要的经济和文化功能。在考茨基看来，国家之所以具有重要的经济文化功能，是因为国家能够把个别的小的原始共同体结合为一个大的共同体组织，因此"国家自始就大于、并且必然大于它所征服的、并据以把自己建立起来的那些原始共同体中的任何一个共同体"①，基于这样的事实，国家便会通过侵略和扩张建立起一些较为广大而且彼此之间有着密切贸易往来的经济区域，从而促使城市以及艺术和科学的产生。考茨基指出，资本主义社会以来的经济文化成就，甚至包括社会主义的根据，都得益于国家的组织联合作用。在考茨基看来，无政府主义者竭力追求的那种自由公社实际上是企图瓦解组成国家的那些部分，而如此一来造成的结果便是取消国家所造就的一切经济文化成就，这只能证明无政府主义者自己的宣言——"不仅在言论上而且在行动上与公民秩序与整个文明世界及其一切法律、礼节、惯例和道德断绝任何联系"②。考茨基指出无政府主义者的乌托邦是完全不可能实现的，它将直接引导我们返回野蛮时代。

其次，考茨基立足于现代民族国家本身的特点反驳无政府主义的小公社理想。考茨基指出，"现代的民族国家不再是仅仅由于外来的强制、由于某个征服者部落的军事强制而将许多共同体维系在一处的那种结合物了"③，在出于军事强制而被动结合的国家中，各共同体对国家不仅漠不关

---

① ［德］考茨基：《唯物主义历史观》第五分册，上海：上海人民出版社1964年版，第309页。
② 《巴枯宁言论》，中央编译局资料室编，北京：生活·读书·新知三联书店1978年版，第164页。
③ ［德］考茨基：《唯物主义历史观》第五分册，上海：上海人民出版社1964年版，第135页。

心而且怀有敌意，他们想尽一切办法脱离国家。与此相反，现代民族国家是各个组成部分根据民族自决原则形成的民族国家，他们以坚定的决心结合在一起，他们强烈地反对与国家的任何一种形式的分离，因此现代民族国家不需要使用哪怕一丁点儿军事暴力来维系。民族国家及其民主的趋势特点和无产阶级解放的趋势一样，都是根源于社会化大生产的经济条件。考茨基由此指出了无产阶级解放的趋势及其未来社会特点：

> 无产阶级解放的时代也将是一个一切被压迫民族争取解放的时代、一切被强制分离的民族结合为民主的民族国家的时代。这些民族国家无须任何压制机器，本身就会最亲切地团结一致，并将在社会主义社会里继续生存下去。
>
> 从这个意义上说，国家既不会因阶级消灭而眠逝，也不会因之而消亡。国家将会胜利地抗拒任何使国家消除（Auflösung）的无政府主义倾向……①

在考茨基看来，无产阶级解放意味着国家会因阶级消亡而消失，相反在社会主义国家里各个组成部分还会最亲密地结合、团结在一起，由此推动社会主义社会不断发展。

考茨基对无政府主义关于未来社会是自由公社的社会理想的批判，是具有考茨基个人特色的。考茨基的基本立足点在于国家的特征，"国家是由许多、往往为数极多、因而必然规模很小的共同体结合而成的一个为某一征服者部落所统辖的大整体"②。在考茨基看来，国家的这个特征其重要性不亚于国家是一个阶级统治的工具。无论是国家的经济文化功能还是现代民族国家的团结倾向，都是源于国家的这一特征。因此，从考茨基理论的自身逻辑来看，考茨基对无政府主义的批判是有道理的。考茨基关于国

---

① ［德］考茨基：《唯物主义历史观》第五分册，上海：上海人民出版社1964年版，第310页。
② ［德］考茨基：《唯物主义历史观》第五分册，上海：上海人民出版社1964年版，第126页。

家特征以及国家经济文化意义的观点，也成为考茨基的国家消亡理论不同于马克思、恩格斯的理论依据之一。

二、国家消亡的另类话语

考茨基认为马克思恩格斯主张的国家消亡论是国家作为阶级统治工具在阶级消灭后得出的必然结论，这是精确明晰的、不能怀疑的。马克思所主张的国家消亡一般理解为国家机器本身将不复存在，国家机器不再行使其职能。考茨基认为这一观点并不是完全正确的。考茨基从论证国家机器对社会生产和文化的必要性出发，通过说明国家机器或国家职能的不可或缺性，论证国家消亡不应该理解为国家机器的废除，而应理解为国家机器的职能转变。

考茨基之所以不赞同把国家消亡一般地理解为国家机器的废除，是因为在他看来，即便在阶级消灭后，国家机器在社会中的作用并不会完全消除。考茨基认为，国家用于阶级镇压的机器，诸如政治警察等将会废除。但是国家机器的其他部分职能不会消除，反而会扩大它们的职能，这些国家机器的职能主要表现为两类：第一类是由国家推动的教育事业、卫生事业、艺术和科学活动等，第二类则是社会生产，即国家必须担负起调节生产的巨大任务。因此，在考茨基看来，未来社会并不排除官僚机制，但是要做到使一切国家机器"尽可能民主、尽可能有弹性、不带官僚气息"①。考茨基指出，这种转变的前景断不是国家机器的消亡，而是国家机器职能的改变，这种改变将会是某些职能的增加，也会是某些职能的改变或者完全停止。考茨基在这里对国家机器的理解可以说是符合马克思、恩格斯的观点的，马克思说道："无产阶级不能像统治阶级及其互相倾轧的各党各派在历次胜利的时刻所做的那样，简单地掌握现存的国家机体并运用这个现成的工具来达到自己的目的。掌握政权的第一个条件是改造传统的国家工作机器，把它作为阶级统治的工具加以摧毁。"② 马克思的"摧毁"不是

---

① ［德］考茨基：《唯物主义历史观》第五分册，上海：上海人民出版社1964年版，第311页。

② 《马克思恩格斯文集》第3卷，北京：人民出版社2009年版，第218页。

物理意义上的彻底消除，而是指国家机器的改造，"旧政权的纯属压迫性质的机关予以铲除，而旧政权的合理职能则从僭越和凌驾于社会之上的当局那里夺取过来，归还给社会的承担责任的勤务员"①。可以看得出来，马克思在这里实际上是对国家的职能做了两种划分：阶级统治的职能和管理社会公务的职能，在马克思看来，需要废除的是国家作为阶级统治的职能，而国家对社会公共事务的管理和领导职能应该保留，当然这个公共权力不能凌驾于社会之上，从而凌驾于社会成员之上。考茨基这里所指出的警察的废除，实际就是指作为阶级统治的国家机器的废除，而国家对社会经济生产、教育、卫生、艺术等国家职能的扩展，则是国家管理社会公共事务职能的保留。因此，考茨基在此并没有偏离马克思对国家机器的理解。

为了更具体地了解国家职能在未来的社会主义国家的特点，考茨基特别对恩格斯在《反杜林论》中关于国家消亡的一段话作了解释。恩格斯说道："那时（国家自行消亡后——作者注），对人的统治将由对物的管理和对生产过程的领导所代替。"② 考茨基指出，这句话的重点不在于人员和事务的对立，而在于作为统治的一方和作为管理的另一方的对立。因为在考茨基看来自国家产生以来到资本主义国家，都存在着对事务的管理，诸如对堡垒、军械库、大炮以及教堂和王宫的管理；此外，对生产过程的领导，事实上也就是对从事生产的人员的领导。因此，考茨基指出应该把恩格斯这句话的重点放在统治、统辖与管理、领导的对立之上。一方面，统辖在不同的政治结构下有着不同的性质。考茨基认为如果在一个地方，统治阶级在居民中占少数，并且只是凭借暴力或财富或较高的知识来取得对大多数人的统治的话，那么，这里的统辖就意味着"老爷统治"（Herrentum）③；在一个无论武装还是财富所有居民都平等的地方，国家是不会拥有对付多数人的特殊权力的。此时"统辖"便被"领导或管理"所代替。

---

① 《马克思恩格斯文集》第3卷，北京：人民出版社2009年版，第156页。
② 《马克思恩格斯文集》第3卷，北京：人民出版社2009年版，第562页。
③ ［德］考茨基：《唯物主义历史观》第五分册，上海：上海人民出版社1964年版，第311页。

也就说，另一方面，考茨基指出任何一种组织都需要管理或领导，即使这个组织的成员人人平等，领导或者管理这个组织完全依靠组织内部的成员。因此，考茨基指出一个共同体的管辖由一种领导或管理所代替之时，人们完全有理由相信这是自国家产生以来，一切旧国家的消亡，因为此时国家已经不再需要暴力进行统治了。但是考茨基同时指出，国家这种性质的变化可以看作是"传统的国家机器通过一种彻底的机能变换而取得了新的生命和活力"①。

三、社会国家

在考茨基看来，阶级消灭之后的新的共同体就其实质来说是从旧国家中成长起来的，因而可以把旧国家和新的共同体的关系比作毛毛虫与蝴蝶的关系。考茨基指出，马克思、恩格斯并没有给阶级消灭之后的新的共同体一个明确的术语，在他看来，这个从旧国家成长起来的新的共同体不妨仍然称之为国家，以便表明问题的关键不在于国家机器的消亡，并用一个新的名称将未来的新国家与阶级国家区别开来，考茨基在此提出了"工人国家或社会国家"②的概念，用它来表明新的共同体的特点。

考茨基认为这种新的国家，在很多方面类似于国家出现以前的共同体，类似于无阶级时代的民主制。但是这个新的共同体不再像原始部落那样是极小的、互相孤立的部落，也不是技术简单、没有重大分工的共同体。作为新的共同体的工人国家或社会国家，它将全人类结合为一个组织，承载着由阶级国家产生的巨大文明成就。在此基础上，考茨基提出了工人国家的实质："在阶级统治下取得了巨大发展的文明，在一个向一切人开放着高等知识和技能的源泉的无阶级社会里，将会更加迅速地向上发展。"③ 换句话说，考茨基认为在阶级消灭后的新的共同体中，社会生产带

---

① [德] 考茨基：《唯物主义历史观》第五分册，上海：上海人民出版社1964年版，第311页。

② [德] 考茨基：《唯物主义历史观》第五分册，上海：上海人民出版社1964年版，第317页。

③ [德] 考茨基：《唯物主义历史观》第五分册，上海：上海人民出版社1964年，第317页。

来的精神文化以及科学技术的成果，不再由统治阶级垄断而是面向了社会的所有成员，并且不论是经济、技术还是科学、文化等都会在无阶级的新的共同体中以更加快速的方式向前发展，这不仅是工人国家的实质，也是社会主义生产的实质。考茨基认为，正如过去的一切国家不同于国家产生之前的原始共同体一样，这个未来的新的共同体也同样不同于过去的一切国家形式。考茨基指出这个未来的新的共同体是一个全新的时代，是社会的、同时也是国家的新时代的开始。通过考茨基对未来新的共同体术语的界定和理解，我们可以窥探考茨基关于这个新的共同体的理解与马克思关于新共同体理解的相同与区别。

一方面，考茨基关于新的共同体的理解与马克思有共同的指向。考茨基明确指出国家消亡之后将存在一个新的共同体，这个新的共同体是从旧国家中成长起来的。马克思也曾明确指出在国家消亡之后将存在一个消除了阶级和阶级对立的新的联合体，并且这个新的联合体代替的是旧的市民社会。在《哲学的贫困》中，马克思说道："劳动阶级在发展进程中将创造一个消除阶级和阶级对抗的联合体来代替旧的市民社会；从此再不会有原来意义的政权了。"[1] 因此，考茨基指出工人国家或社会国家作为一个新的共同体区别于阶级国家，事实上与马克思新的联合体代替旧的市民社会，是有着共同的指向的。马克思的《哲学的贫困》正是考茨基同伯恩施坦从法语版翻译成德语的[2]，从而也有理由相信考茨基对马克思思想是掌握透彻的，他确实是基于马克思对新的共同体的理解才提出了自己的新的共同体的理论。

另一方面，考茨基关于新的共同体实质的理解却完全不同于马克思。马克思用以代替旧的市民社会的新的联合体，是建立在他的国家和社会理论基础上的。在马克思那里，国家的建立是基于社会矛盾的冲突，国家政权是市民社会内部阶级对抗的表现，在这个意义上国家是凌驾于社会之上的力量；因而马克思关于国家消亡的社会理想理所当然是建立在向社会的

---

[1] 《马克思恩格斯文集》第1卷，北京：人民出版社2009年版，第655页。

[2] Gary P. Steenson. Karl Kautsky. 1854-1938: *Marxism in the Classical Years*, Pittsburgh: University of Pittsburgh Press, 1979, p.65.

复归上：

> 宗教、家庭、国家、法、道德、科学、艺术等等，都不过是生产的一些**特殊的**方式，并且受生产的普遍规律的支配。因此，对**私有财产**的积极的扬弃，作为对**人的**生命的占有，是对一切异化的积极的扬弃，从而是人从宗教、家庭、国家等等向自己的**合乎人性的**存在即**社会的**存在的复归。①

因此，在马克思看来新的无阶级的社会共同体是整个社会的实际代表，社会能够取代国家去执行那些合理的社会管理职能的。在考茨基这里，无阶级的新的共同体作为"国家"而存在，而不是作为"社会"存在。考茨基吸收了马克思对国家职能分为阶级统治和社会管理的划分，指出国家消亡不意味着国家机器的消亡，相反，国家机器在科学文化等方面的任务反而会增加，国家从统治变为了管理。在这个意义上，考茨基把新的社会共同体理解为旧国家的职能转换，因而新的共同体依旧可以看作是一个国家，不过是区别于具有统治性质的阶级国家。也就是说，马克思把社会对生产、文化等公共事务的管理职能交还给了社会，而考茨基却借机保留了"国家"的称号。考茨基也看到了自己与马克思的不同，他这样说道"不言而喻，这个以'国家'这样一个名称来指称的新的共同体，被标明为仅仅是至今的国家的延续，而这正是马克思和恩格斯所不愿意的"②。

在考茨基看来，社会的范围与国家的范围绝不吻合。他以惯常的历史观察的研究方式出发，认为随着商业贸易的产生，特别是资本主义的产生，资本主义生产方式扩展到了整个世界市场，使得社会日益成为人类的同义语。考茨基认为社会的最高组织是国际联盟，他认为资本主义社会的国际联盟，虽然最初是作为强权国家的工具出现的，但是由于强权国家会日益面对爱好和平的国家联合阵线，因而，有理由相信国际联盟将改变为

---

① 《马克思恩格斯文集》第1卷，北京：人民出版社2009年版，第186页。
② [德] 考茨基：《唯物主义历史观》第五分册，上海：上海人民出版社1964年版，第317页。

反对大国强权政治、以和平方式调整各民族国家的共同生活问题，以及调整受国际性因素制约的经济问题的工具。考茨基深信国际联盟不仅对于消除战争危险是不可缺少的，而且对于建设一个代替资本主义社会的新社会也是不可缺少的。在考茨基看来，国际联盟发挥作用的前提便是社会主义政府领导了世界各大国之时，在那时关税、战争会消失，阻碍国界问题依靠民族自决解决的因素也将消失，这时国家便需要将一系列的重要职能交给国际联盟，国际联盟将会成为社会的最高组织。

考茨基把阶级消灭之后的新的共同体看作是国家的一种转变，一种继续，而没有像马克思那样最终以人类社会的高度去代替国家，就其根本原因在于考茨基的国家观与马克思的国家观的出发点不同。众所周知，马克思的国家观是在批判黑格尔理性国家基础上产生的，马克思认为不是国家决定市民社会，而是市民社会决定国家，对作为市民社会基础的私有制的扬弃，就是人从家庭、宗教、国家的解放，也就是人向社会的复归。所以，马克思从社会决定国家出发，最终通过国家消亡返回社会，从而实现无冲突的社会和谐状态。这个辩证过程，是马克思关于社会与国家的一个逻辑论证过程。而考茨基的国家观正像他自己所说的那样，在早年的《人类发展史大纲》中便已经形成，它受到了达尔文主义等社会实证思想的影响，通过考察埃及、印度等国家的历史，才得出了国家起源于征服战争的结论，期间虽然受到了马克思、恩格斯的影响，但是终究坚持了自己的国家观。因此，考茨基国家观的出发点是实证主义的历史考证，而非植根于市民社会批判的辩证的国家观。马克思基于辩证的方法，自然会产生"社会—国家—社会"的逻辑过程，而考茨基自始至终就是基于对历史上存在的国家的考察，来研究国家的产生和发展。考茨基关于国家消亡的观点则是建立在社会主义运动的纯粹政治立场之上，是缺乏哲学基础的。因此，就考茨基一贯的历史立场来看，国家总是一种历史的产物，它的历史性不在于国家有其产生，也会有其消亡；而在于国家是一个变化多端和充满矛盾的事物，国家会因其不同的历史形态和经济发展程度而不同。因此，在这样的意义下，考茨基才不愿意把阶级消灭带给国家的影响，看作国家的消亡，而更愿意看作是国家职能的变化，是旧国家向新国家的蜕变，因为在他看来国家本来就是不断发展着的。

综上所述，考茨基在《唯物主义历史观》中对国家理论进行了比较广泛且系统的论述，本章主要从国家的起源、国家类型以及国家消亡三个方面论述了考茨基的国家观。在国家起源问题上，考茨基反对恩格斯的"朴素暴力论"的内部暴力说，并且批判了恩格斯的假说，在他看来，奴隶制和财富差别都不能说明国家从氏族内部产生。考茨基认为国家形成于部落之间的征服战争，因为在不同部落之间是存在经济和军事力量差别的，正是存在差别的不同部落之间的征服战争才能形成国家。由此，国家便具有了两个标志，一是阶级统治的工具，二是以多个共同体联合为一个共同体为基础。考茨基详细考察了国家在不同历史阶段上的不同类型，从古老国家到东方专制国家、城邦国家，再到中世纪国家，最后到工业资本主义国家，详细分析了不同类型国家的特点，这体现了考茨基深厚的历史学和社会学功底。此外，考茨基通过批判拉萨尔的国家观，指出马克思主义的国家观不是从理念中产生的，而是立足于历史现实的国家。在对马克思国家观的理解中，考茨基不仅剖析了马克思的国家观从理性主义到唯物主义的转变过程，而且重新理解了国家消亡理论，他拒绝承认马克思的国家消亡意味着消灭国家本身，在考茨基看来，国家消亡是指国家职能的转变，而非抛弃国家机器、取消国家管理社会的职能。考茨基认为阶级消灭之后的新的共同体其实质是从旧国家中成长起来的，因而可以把旧国家和新的共同体的关系比作毛毛虫与蝴蝶的关系，考茨基将这个新的共同体命名为"工人国家"或"社会国家"。

考茨基的国家消亡理论，毋宁说是国家扬弃的理论或是国家职能转变的理论，他尽可能地回避国家的消亡，而是大谈国家职能的转变，主张继续以"国家"名称指称阶级消亡之后的新的共同体，这确实是考茨基国家观中最有特色的理论。然而，考茨基虽然把新的共同体称之为"工人国家"或"社会国家"，但他拒绝承认未来新的共同体与社会的一致性，并把社会的管理移交给另一个组织——国际联盟，这使得考茨基的新共同体理论在此处远远偏离了马克思。由于考茨基特别注重历史考察而忽视哲学，也就使得考茨基的新共同体理论远没有马克思所诉诸的人类解放的哲学有深意。

第四章　关于社会革命与
无产阶级专政问题

考茨基关于社会革命与无产阶级专政的理论建立在其关于现代资本主义国家的认识之上。一方面，考茨基不否认现代民主制国家作为资产阶级镇压机器的本质；另一方面，他认为现代民主制国家的镇压职能不断减少，反而承担了越来越多对被剥削阶级同样重要的职能。基于此，考茨基既不否认暴力革命，主张必须通过社会革命，用社会主义社会取代资本主义社会；同时又在革命和改良之间动摇不定，把议会斗争看作无产阶级革命的主要方式。在无产阶级专政问题上，考茨基与伯恩施坦论战时第一次正式谈到无产阶级专政，此外关于无产阶级专政的论述则主要集中在与列宁的论战中。在考茨基看来，无产阶级专政就是无产阶级政权，无产阶级只有在发达的资本主义经济条件下，在人数、组织力量和政治觉悟上成熟起来并占有优势时，才能掌握政权。与此同时，考茨基认为对无产阶级政权敌人的镇压只是暂时的，因此不需要一种政体或过渡时期的专政。基于这样的理解，考茨基认为俄国的政治经济条件没有成熟到可以进行社会主义革命的程度，他指责布尔什维克的革命超越了界限，故而只能通过专政来维持统治，这必然遭到失败。

第一节　社会革命

从理论上说，考茨基从来没有否认社会主义革命的可能性，而且他在使用"社会革命"一词时也从未否认包含暴力革命的方式。然而，他却把重点放在了议会斗争、工会和合作社的作用上，他声称自己既不是不惜任何代价的革命者,也不是不惜任何代价的合法者。对于社会革命将采取什么形式和手段,考茨基没有做出明确的说明,更没有回答社会民主党在什么样的条件下能够从合法斗争转向革命。考茨基的这些矛盾在很大程度上反映了当时社会民主党的处境,一方面社会民主党把自己定位成社会主义的革命政党,主张通过暴力革命夺取政权;另一方面,社会民主党作为一个组织,它珍惜合法斗争的成果,总是竭力避免暴力运动会导致政府镇压而使这些成果毁于一旦。因此,这种两难状态便导致社会民主党的动摇不定,甚至在关键时刻社会民主党往往站在改良主义的立场。考茨基的社会革命理论是社会民主党领导立场的体现。

一、社会革命的本质

考茨基在讨论社会革命的内容和特征时,强调的是一种狭义的社会革命,即作为特殊方法或特殊形式的变革,在他看来社会的法律和政治上层建筑的任何变革都不是一场广义上的革命,只是一种狭义上的作为特殊方法的社会变革。考茨基指出要区别社会革命和社会改良,在他看来,改良与革命之间的区别不在于是否使用暴力。具体来说,社会革命的主要特征在于社会革命是由受压迫的阶级发动并夺取国家政权的政治革命。也就是说,政治革命要算得上一场社会革命,只有由一个一直在社会上受压迫的阶级来完成才可以;凡是力求由一直受压迫的阶级来夺取国家政权的人都是革命派。社会改良派在原则上否认政治革命是社会变革的手段,并且竭力使变革局限于统治阶级所允许的措施,不管他的社会理想与现存的社会形式何等背道而驰,他们都属于社会改良派。总之,考茨基认为社会革命与社会改良之间是存在差别,社会革命通过新兴阶级夺取政权来完成;统治阶级之间即便采取最残酷的暴力形式进行内部斗争,仍不是社会革命。

(一) 社会革命的基本要素

社会革命的必要性只能从社会发展的事实中得出结论,而不能从自然科学研究中得出结论。考茨基指出,社会革命不是一切社会阶段的现象,而是特殊历史条件的产物。在阶级矛盾和国家政权形成以后的古代和中世纪,不存在通常意义上的社会革命。在这些社会发展阶段中,尽管有激烈的阶级斗争、内战和政治灾难，但是没有在所有制方面引起根本而持久的变革，也没有产生新的社会形式。因而，如果把社会革命看作是一切受压迫的阶级夺取了政权从而改变社会的法律和政治的上层建筑，特别是所有制关系的变革的话，那么，古代和中世纪是不存在社会革命的。在古代和中世纪，从长时段来看，社会发展是零星进行的，它没有积聚成重大的变革，只是表现为无数点点滴滴的发展；从外部看，这些点滴发展彼此之间并没有联系，中断后又接续发展，而且大部分是不自觉地进行的。究其原因，这是因为古代和中世纪不具备社会革命的条件。在考茨基看来，第一，在古代和中世纪，政治生活和经济生活的中心都在地方基层，使得不少市镇共同体在政治生活上支离破碎，政治革命主要是地方性的革命，因此不可能通过一次政治革命变革整个大地区的社会生活；第二，由于社会运动的偶然现象和个别现象占优势，便遮蔽了合乎规律的普遍现象，从而缺乏对社会关系较深刻的认识，缺乏革命的意向；第三，经济发展的缓慢性成为妨碍革命意向的最重要原因；第四，镇压新兴阶级的权力手段是微不足道的，一方面统治阶级亲自行使统治权，没有专门的官僚机构，另一方面人民群众有自卫能力，因而阶级矛盾不会尖锐到两方相持不下的程度，对立的阶级往往用妥协来避免革命发生。所有这些因素都使古代和中世纪不具备现代意义上的社会革命的条件，无非只是一些暴动和内战。

资本主义生产方式的发展，改变了古代和中世纪社会的社会状况。首先，资本主义生产方式创造了现代民族国家，使地方共同体失去了政治自主性、削弱了经济自主性，使每个地方共同体都成为国家的一部分，拥有共同的法律、赋税、语言和政府。其次，现代国家的权力有了巨大的增长，技术的变革扩展到武器，军队成员成为与人民脱离的职业军人，形成与人民对立的特权等级；国家拥有了具有精细分工和高深专业知识的官僚机构。最后，随着资本主义经济的飞速发展，经济、政治和科学的发展达到高峰。各个阶级第一次充分意识到自身斗争的社会意义并提出自己的社会目标。考茨基指出，被压迫阶级从理论上批评的已经不是个别的人和个别的设施，而是整个现存的社会，已经夺得政权的被压迫阶级应当变革整个社会基础。因此，资本主义生产方式产生以后，在现代国家中的社会变革才算得上真正意义上的社会革命。考茨基指出，从古代和中世纪的内战过渡到变革整个社会的社会革命，这个过程是由宗教改革来完成的，而法国大革命提供了社会革命的典范形式。

考茨基提出了社会革命的基本条件：

> 我们已揭示出，社会革命是特殊历史条件的产物。它的产生不仅要以高度紧张的阶级矛盾，而且要以一个大的民族国家为其前提，这个国家必须消除一切外省和地方自治政体的特殊法律，并且是在足以对抗任何小邦割据势力的生产方式基础上建立起来的，同时还要有一个靠官僚机构和军国主义而强大起来的国家政权，要有政治经济学的科学以及高速度的经济进展。①

在考茨基这里，社会革命的五个基本要素可以归结为，第一，高度紧张的阶级矛盾；第二，一个大的民族国家作为前提；第三，靠官僚机构和军国主义强大起来的国家政权；第四，政治经济学和科学的发展；第五，高速度的经济发展。就此而论，考茨基指出，社会革命是资本主义社会和资本主义国家所特有的社会现象。在前资本主义社会，由于政治范围狭小，社会意识不发达，不存在社会革命；社会革命将随着资本主义的消失而消失，因为随着无产阶级推翻资本主义，无产阶级作为社会中的最低阶级，必然利用自己的统治消灭一切阶级和阶级对立，从而也将消除任何社会革命的先决条件。

（二）社会革命的必然性

针对社会改良派所认为的资本主义社会阶级矛盾的缓和以及民主制的发展使得社会革命变得不必要的论断，考茨基一一进行了反驳，他明确表达了社会革命在资本主义国家中的必然性。

考茨基指出资本主义社会中的阶级矛盾并没有缓和。其一，资本对工人阶级的剥削不断加剧。虽然工人的工资有所提高，但是相对于剩余价值的增长而言，是微不足道的，当工人阶级增长缓慢的工资不能满足他们新

---

① 《考茨基文选》，王学东编，北京：人民出版社2008年版，第110页。

的需要的时候，工人阶级便能感觉到剥削的加剧；此外，经济危机和物价飞涨也能使工人认识到资产阶级对自己剥削的加剧。其二，工人阶级虽然在道义和思想上不断提高并迅速赢得政治和社会威信，但是工人阶级仍然与其他阶级处于尖锐的矛盾中，受到他们的压迫。小资产阶级的反动民主派、农民中的富农和中农以及大地主都同工人阶级有着尖锐的矛盾。其三，工业资本家为了应对外国的资本竞争，也加紧反对工人的政治组织和工会组织；而金融资本的发展也构成了对工人阶级的威胁，金融资本通过结合成垄断资本，取得对工人漫无限制的权力，却毫不关心工人的疾苦。这些因素必然引起社会矛盾的尖锐化，阶级矛盾不是缓和了，而是加剧了。

考茨基指出民主蚕食资本主义的方法无法使无产阶级赢得革命胜利，"民主制作为一种使无产阶级**成熟**起来以适应社会革命的手段，是必不可缺的。但是民主不能用来**阻止**这种革命"[1]。考茨基指出消费合作社、工会组织以及劳动保护法都是工人阶级的阶级斗争武器，但是工会组织总会遇到强大的对立面——卡特尔和托拉斯[2]，而劳动保护法在广度和深度上也始终超不过资本主义的扩展，因而它们都不能改变无产阶级革命的必要性和意义。至于议会，考茨基指出由于资产阶级的剥削性质，议会已经趋于衰落，重新唤起会议的青春和活力的任务只有通过无产阶级才能实现，即"在无产阶级夺得整个国家政权的同时也夺得议会，并且使议会为无产阶级的目标服务"[3]。在考茨基看来，议会民主制不是抹杀了无产阶级革命，相反，议会制只有通过无产阶级的社会革命才能获得重生。

通过对资本主义社会的阶级状况以及经济政治发展的考察，考茨基强调资本主义社会经济和政治的发展并不意味着革命时代已经结束，同时资本主义社会的改革以及工人阶级组织的加强，也不能阻止革命的发生。社会革命的因素没有一个被削弱，相反，大多数因素都有所增长。资本主义

---

[1] 《考茨基文选》，王学东编，北京：人民出版社2008年版，第139页。
[2] 卡特尔是垄断组织的一种重要形式，主要集中在销售领域；托拉斯是较高级的垄断组织形式，覆盖整个采购、生产、销售，它可以说就是一个大的垄断企业。
[3] 《考茨基文选》，王学东编，北京：人民出版社2008年版，第137页。

社会经济和政治的发展,以及无产阶级组织的壮大,"只能导致战斗的无产阶级产生出更先进的分子,从而使反对资本的阶级斗争从争取初步生存条件的斗争,变成夺取政权的斗争"①,因此,社会革命在资本主义社会是不可避免的。

二、社会革命的形式

考茨基对无产阶级社会革命的形式和武器作了多种可能的考虑,包括议会民主制、罢工以及战争,这是考茨基不同于那些仅仅寄希望于议会制度以及和平过渡的社会改良主义者的地方。然而,通过考察19世纪80年代到20世纪20年代之间考茨基在不同时期所坚持的工人运动策略,我们可以看出不同时期考茨基对社会革命的形式也有着不同的态度。这集中表现在以下三个转变:从最初的议会与暴力革命尽量兼顾与平衡,到最后的通过联合政府的形式以及议会民主制的和平方法夺取政权;从罢工"在未来的革命斗争中肯定起重大作用"到以"疲劳战略"代替作为直接的正面斗争的政治性罢工;从"战争也意味着革命"到为帝国主义的战争辩护。所有这些变化,与其说是"突变",毋宁说这种变化的线索自始至终贯穿于考茨基的理论,不过是在不同的政治形势下考茨基坚持了不同的立场。

在考茨基的社会主义政治活动生涯中,经历了德国三个时期的变化:德意志帝国②、魏玛共和国③和法西斯时期。其中前两个时期对考茨基的社会主义革命思想影响最大,考茨基社会主义革命思想的变化可以归结为对马克思的歪曲或者像列宁一样归结为"叛变",然而不可忽视或者最重要的原因应该是考茨基所处的德国国家政治形势的变化。本小节将以德国不同的政治环境为依据,考察并分析考茨基对社会革命形式或途

---

① 《考茨基文选》,王学东编,北京:人民出版社2008年版,第140页。
② 德意志帝国(1871—1918),普鲁士王国通过三次王朝战争统一德意志,最后一任皇帝为霍亨索伦王朝威廉二世。
③ 魏玛共和国(1919—1933),因共和国的宪法是在魏玛召开的国民议会上通过的而得名,于德国十一月革命后产生,因希特勒及纳粹党在1933年上台执政而结束。

径的观点变化。

(一) 议会制度作为社会革命的形式和武器

在德意志帝国时期，建立在君主立宪制和军国主义之上的国家政权相当强大，社会民主党处于一种被压制状态。在这一时期，考茨基关于社会革命及其形式的看法一方面不失为一种激进的观点，另一方面却也自始至终重视议会制对于社会革命的影响。他不否认无产阶级的社会革命包含暴力革命的形式，也同样重视议会斗争、工会等合法斗争形式，并力求寻求二者之间的平衡。

一方面，考茨基指出西欧无产阶级绝对不能高枕无忧，"政治自由在西欧的存在，并不排除发动革命的可能性"[1]。在《社会革命》中，考茨基援引恩格斯1895年为《法兰西阶级斗争》写的导言中的观点并且评价道"恩格斯早就认定，我们目前靠利用现有的合法基础就最能兴起；如果我们铲除这些合法基础，那么我们就是傻瓜"[2]，正是从这个认识中，恩格斯得出结论说"我们愈强大，我们的敌人就愈觉得有必要采取暴力手段，使我们不可能走合法途径，因而他们就成了逼迫西欧无产阶级走上革命道路的人了"[3]。在考茨基看来，政治自由并不能保证和平进入社会主义社会，夺取政权的艰巨斗争仍然摆在无产阶级面前，劝告无产阶级立即解除武装去争取资产阶级的让步与和解，这是最有害于无产阶级的。因而，当伯恩施坦企图使社会民主党的理论和策略统一到社会改良上来时，考茨基对伯恩施坦进行了批评。考茨基指出，伯恩施坦所设想的资本主义向社会主义的和平过渡只有在英国才是可能的，而且也只是可能的，因为并没有排除资产阶级用暴力反对无产阶级的灾变。考茨基从分析德国的政治情势出发，指出在德意志帝国中，民主的唯一力量只能是无产阶级，民主的胜利只有通过无产阶级的胜利才能取得，而这一胜利不经过灾变是几乎不可能的。由于德意志帝国处在反动势力之下，"人们在谈论政变，谈论取消选举权，谈论监狱。这是我们可能有的前途，在这种前景之下，伯恩施坦所

---

[1] 《考茨基文选》，王学东编，北京：人民出版社2008年版，第150页。
[2] 《考茨基文选》，王学东编，北京：人民出版社2008年版，第149页。
[3] 《考茨基文选》，王学东编，北京：人民出版社2008年版，第149页。

建议的道路是不能想象的"①。因此,我们可以看出考茨基在联系德意志帝国实际情况谈论社会革命时,并没有否定无产阶级革命可能会遭到的镇压,因而考茨基一直强调坚持无产阶级暴力革命的可能性。

另一方面,我们要看到从《爱尔福特纲领》开始,考茨基便已经非常注重议会制对于无产阶级革命的重要作用,并一直寻求议会道路与暴力革命之间的平衡,这种努力一直贯穿于考茨基此后的著作和言论中。在《爱尔福特纲领解说》一书中,考茨基指出无产阶级"有一切理由以最坚定的精神一方面促进议会加强对政府的控制,另一方面,加强自己在议会中以独立的社会主义工人政党的代表的资格进行活动的力量"②,他指出合法斗争可以看作是为实现无产阶级夺取政权的最终目标的准备。在《议会制度、人民立法和社会民主党》中,考茨基进一步肯定了议会制度对于无产阶级革命的作用,他指出:

> **真正的议会制度也能够是无产阶级专政的工具,正如它是资产阶级专政的工具一样。……工人阶级无论在哪里都不能一下子完全占有政治权力。在真正的议会制国家里,获得选举权是无产阶级革命这条道路上的最重要的一步。在伪立宪主义的国家里,还要加上另一个重要的任务:获得一个完全的议会制度。**③

在《社会民主党的教义问答》中,考茨基摇摆在社会革命与改良之间的倾向更清晰地表达出来,这在他的经典格言中表现得淋漓尽致:"社会民主党是一个革命的政党,却不是一个制造革命的政党。"④ 考茨基的《取得政权的道路》是对《社会革命》一书的补充,在该书中他继续阐述了暴

---

① 《考茨基言论》,中央编译局资料室编,北京:生活·读书·新知三联书店1966年版,第40页。
② 《考茨基文选》,王学东编,北京:人民出版社2008年版,第35页。
③ 《考茨基言论》,中央编译局资料室编,北京:生活·读书·新知三联书店1966年版,第24页。
④ 《考茨基言论》,中央编译局资料室编,北京:生活·读书·新知三联书店1966年版,第26页。

力革命与合法斗争的关系，他指出，从19世纪90年代起，社会民主党已经进入了一个为国家制度和国家政权斗争的时期，虽然斗争的形式及其持续时间还无法确定，但是斗争会大大加强无产阶级的力量，使无产阶级在西欧建立起自己的政权。考茨基声称自己"既不是不惜任何代价的合法性的拥护者，同样也不是不惜任何代价的革命者"①，指出社会革命的策略必须以历史形势为依据。如果用考茨基自己的话来总结他在这一时期关于议会制与暴力革命两种社会革命形式的态度的话，我们不妨这样总结：

> 既要给现在以应有的地位，又要不忽略将来；既要考虑到农民和小资产阶级的心理，又要不放弃无产阶级的观点；既要尽可能避免一切挑衅行动，又要使人们感觉到我们是对整个现存社会制度进行不调和斗争的战斗的党。②

所以在考茨基看来，社会革命的策略既不是不惜任何代价的合法性，也不是不惜任何代价的革命者，必须把握二者的分寸。考茨基虽然表现出了一定的革命激进主义倾向，但从始至终他都是力求在革命与议会的合法斗争中寻求一种平衡。考茨基的这种小心谨慎，难免让他在面对社会革命的重大决策之时，总是犹豫不决，从而走向被动。对待社会革命形式的这种模棱两可的态度，成为考茨基在面对德国政治形势变化之后，执于和平的议会方法一端的重要踏板。

1918年德国十一月革命后，德意志帝国被德意志共和国即魏玛共和国取代。最初，考茨基认识到新政权没有打碎旧的国家机器，便于当年11月发表了《继续推进革命》的文章，指出"**必须全面改造迄今为止的国家机器，必须剥夺官僚的权力和许多职能，并且把他们置于民主选出的市镇、省、邦和全国的人民代表机关的监督之下**"③，同时强调革命尚未结束。针

---

① 《考茨基文选》，王学东编，北京：人民出版社2008年版，第243页。
② 《考茨基言论》，中央编译局资料室编，北京：生活·读书·新知三联书店1966年版，第33页。
③ 《考茨基言论》，中央编译局资料室编，北京：生活·读书·新知三联书店1966年版，第314页。

对当时社会民主党右派利用旧军队镇压德国工人革命的事情,考茨基虽然表示不满,但他也把德国社会民主党左派的革命行动看成导致反革命暴力的诱因。然而,致使考茨基越来越执着于用和平方式夺取政权的事件,应该说是魏玛政府颁布的《魏玛宪法》①。《魏玛宪法》对人民大众政治和社会权利的保证,对于考茨基来说,这意味着国家已经走上了他一直以来渴求的议会民主制道路,在考茨基看来,这就为无产阶级夺取政权开辟了道路。1921年,考茨基认为世界大战及其后果已经使先进国家中的社会主义运动进入了一个新的阶段,对于社会主义政党来说,进行宣传的必要性已经让位于"参加国家生活的必要性""它或者以联合的形式参加政府,或者打算在不长的时间内接管政府"②。在考茨基看来,尽管魏玛共和国的宪法存在缺点,但是却为无产阶级提供了用和平手段取得政权的可能性,他指出社会民主党应当对现存的共和国完全认同,并且用一切力量来捍卫它,他认为魏玛共和国已经不存在打碎旧的官僚国家机构的任务。这是因为在考茨基这里,马克思关于摧毁官僚军事机器是人们革命的先决条件的论断,只是对军事君主国家而言,而魏玛共和国显然不是君主国家。所以,考茨基指出:"民主共和国是工人阶级进行解放斗争并从而实现社会主义的最有利的基地。因此,社会民主党要保卫共和国并促进它的发展。"③ 考茨基进一步认为有一切理由指望民主制在德国保留下去,那么**"统一的社会民主党在德国也将像马克思和恩格斯对于英国所预料的那样,只要有民族的大多数作它的后盾,就用和平的方法取得政权"**④。至此,根据德国政治形式的变化,即魏玛共和国的建立,考茨基提出了工人阶级可以通过参加联合政府的形式逐渐夺取政权的论断,否定了暴力革命的必要性,把议会民主制看作了社会革命的最终形式。

---

① 1919年8月制定的《魏玛宪法》为德国的议会共和制奠定了法律基础,确认了人民大众的政治和社会权利,但同时赋予总统很大权力,留下了隐患。

② 殷叙彝:《社会民主主义概论》,北京:中央编译出版社2011年版,第155页。

③ 《德国社会民主党纲领汇编》,张世鹏译,北京:北京大学出版社2005年版,第41页。

④ 《考茨基言论》,中央编译局资料室编,北京:生活·读书·新知三联书店1966年版,第370页。

（二）罢工作为社会革命的形式和武器

考茨基从未否认过工人罢工作为革命形式和武器的可能性及必要性，早在19世纪90年代，考茨基便从理论上承认了罢工的有效性，指出在特殊情况下，特别是面临着重大抉择的时候，如果暴力事件能够深刻地唤醒工人阶级，那么大规模的罢工运动就能产生巨大的政治效果。但是考茨基强调绝不能像工团主义或无政府主义者所想象的那样，使罢工成为一举推翻现存社会制度的手段，罢工"不能负起**代替**无产阶级其他政治斗争手段的任务，而只能负起**补充**和**加强**它们的任务"①，只有使罢工和议会活动相互配合才能使二者发挥新的力量。正是基于对罢工的肯定，考茨基曾一度和党内左派取得一致并进行合作②。但是，我们可以看出考茨基把群众罢工当作补充和加强政治斗争的任务，这说明考茨基对工人罢工的态度是有保留的。这个态度在接下来与卢森堡的论战中充分表现了出来。考茨基对罢工观点，事实上与他对政治形势的认识有着紧密联系，考茨基正是估计到反动政府有可能对工人阶级和社会民主党进行镇压，所以他采取了回避正面斗争的态度。

1910年3月，由于德国社会民主党执委会、社会民主党普鲁士帮组织的常务委员会和《前进报》达成协议，决定不在《前进报》上讨论群众罢工问题。在这个压力下，考茨基拒绝在《新时代》上发表卢森堡关于支持群众罢工的题为《下一步怎么办》的文章，并发表了《现在怎么办？》一文反对卢森堡的主张，由此引发了考茨基与卢森堡关于群众罢工的争论。③

考茨基通过疲劳战略理论来反对卢森堡所支持的群众罢工，在考茨基看来，疲劳战略仍然以恩格斯1895年为《法兰西阶级斗争》所写的"导言"为理论依据。在考茨基看来，无产阶级革命运动有击破战略和疲劳战

---

① 《考茨基文选》，王学东编，北京：人民出版社2008年版，第144页。
② 1903年9月，在德国社会民主党德累斯顿大会上，考茨基同卢森堡、蔡特金一起提出了讨论群众罢工提案，未通过；1906年2月，考茨基反对社会民主党执委会与德国工会总委会所达成的关于举行群众罢工需要得到工会领导同意的妥协性协议。
③ [德] 洛塔尔·贝托尔特等：《德国工人运动史大事记·第一卷：从开端至1917年》，葛斯等译，北京：人民出版社1983年版，第285页。

略两种不同的战略形式，击破战略是指集中自己的全部力量给敌人以致命打击，从而击溃敌人；疲劳战略是指尽量避免决战，采取迂回机动的方式，使敌人处于经常的紧张状态，使其疲劳不堪，从而可以不经过重大的决战便能打败他们。考茨基指出，击破战略对于巴黎公社之前的无产阶级斗争是有效的，对巴黎公社之后的无产阶级革命来说，疲劳战略则是最好的斗争方式，并且他进一步指出德国社会民主党力量的增长以及取得的一切成就，都应归于疲劳战略。当时社会民主党左派常常援引俄国无产阶级和群众经常性通过罢工的形式推进革命的事例，并用它来论证罢工的合理性，针对这种情况，考茨基同样努力说明俄国的革命情势与德国的不同，以此来反对左派的批评，最终论证群众罢工不适合德国情势。考茨基强调进行群众罢工式的革命是俄国社会经济落后的一种特殊产物，他认为在西欧，特别是在德国，甚至连举行俄国式的示威性群众罢工也是极端困难的，几乎是不可能的。① 考茨基指出，与击破战略不同的是，疲劳战略"不是直接瞄准最后决战，而是预先作长期准备，只在它考虑到敌人已被充分削弱时才进行这一决战"②，或者疲劳战略只有当敌人对无产阶级所争取到的权利以及社会民主党组织造成威胁之时，才会进行直接的正面决斗。考茨基认为，当时德国的政治形势远没有达到这两种中的任何一种。因此，考茨基指出卢森堡主张进行群众大罢工，实际上是与德国社会民主党的传统做法相违背的，因为"德国社会民主党从来没有提出这样的口号：通过在几个月的时间内日趋激烈的行动来消灭现行政权，却只是提出这样的口号：在争取到直接、秘密、平等的选举权以前决不与普鲁士停战"③。考茨基断言，卢森堡主张的群众大罢工只能使德国无产阶级面临非此即彼的危险的境地：不是消灭敌人，就是被敌人消灭。因而，在与卢森堡的论战中，考茨基充分表达了对工人罢工的否定观点。

（三）战争作为社会革命的手段和武器

考茨基认为战争也可以成为革命的手段和武器，这个思想集中反映在

---

① 《卢森堡文选》，李宗禹编，北京：人民出版社2012年版，第258页。
② 殷叙彝：《社会民主主义概论》，北京：中央编译出版社2011年版，第146页。
③ 殷叙彝：《社会民主主义概论》，北京：中央编译出版社2011年版，第146页。

他的《社会革命》中。战争能够发挥作用的前提条件是依革命的历史形势而定的。如果革命已经成为社会进一步发展的必要因素,而恰好新兴的阶级在此时积淀了足够的力量,那么革命就能推翻统治,但考茨基又指出,世界上没有如此巧合的事情。由此考茨基提出了战争可能成为革命手段的两种历史形势。第一,社会发展已经到了必须由一个新统治阶级来替换旧统治阶级的现实形势,然而旧统治阶级仍有方法来镇压作为他们对手的新兴阶级。在这种情况下,考茨基指出,当战争能够充分调动全部人民力量之时,常常能完成仅仅依靠新兴阶级无力完成的事情。第二,当面临民族危机之时,战争会迫使统治阶级向新兴阶级让步,此时统治阶级只有两种选择:要么以国家民族为重,选择让步,从而使新兴阶级获得平时绝不可能获得的巨大力量;要么统治阶级做出牺牲,那么战争就容易导致对外失败,从而引起国内崩溃,进而"以军队为主要支柱的政权也就完蛋了"。考茨基指出,面对如此情势,在其他手段失灵的情况下,虽然战争残忍粗暴并具有极大的毁灭性,但是战争显然是"导致进步的有效手段"①,并且"常常证明是一种很革命的因素"②。与此同时,考茨基强调战争的恐怖是令人毛骨悚然的,不应该把战争作为发动革命的必要手段,这是因为战争是达到革命目的的最缺乏理性的手段;战争有时会恰好发生在革命阶级正处于无能为力的时刻,由此"会造成人员的牺牲,并在很大程度上引起精神上和道德上的衰退,战争本身也可能使革命阶级进一步遭到削弱"③,所以,考茨基指出由战争引起的革命,如果革命的动力不牢固的话,要么更容易失败,要么过早地丧失其动力。

作为对《社会革命》的补充,考茨基在《取得政权的道路》中也谈到了战争与革命的关系。考茨基保持了在《社会革命》中提出的观点,不过他关于无产阶级革命的观点比以前更乐观了些。一方面,考茨基援引恩格斯的观点,认为革命时机还不成熟时发生能够引起革命而且能促成无产阶级取得政权的战争并不是什么好事,在一段时期里,战争意味着革命,无

---

① 《考茨基文选》,王学东编,北京:人民出版社2008年版,第145页。
② 《考茨基文选》,王学东编,北京:人民出版社2008年版,第144页。
③ 《考茨基文选》,王学东编,北京:人民出版社2008年版,第147页。

产阶级与其在战争所引起的社会革命上冒险，还不如利用现存国家的社会条件更能稳步前进。另一方面，考茨基也指出"如果战争终于爆发，那么现在无产阶级已经可以满怀着对未来的希望等待战争的结局了"①，因为无产阶级已经从现存的国家基础里吸收了它所能吸收的力量，而且国家基础的改造已经成为无产阶级政治力量进一步发展的必要条件，那么届时我们就不能再说什么为时尚早的革命了。通过这些论述可以看出，考茨基在这里对待无产阶级革命的态度更乐观了，而且更激进了。

然而，在第一次世界大战以及战后，考茨基对战争的态度又动摇了。考茨基最初对政府的战争拨款要求投了弃权票，而后来又支持社会民主党投赞成票。在第一次世界大战爆发前夕和爆发后，考茨基还发表了《帝国主义》等文章，提出"超帝国主义论"，论述了对于工人来说，战争作为资本主义为获得超额利润的帝国主义方法的必要性，从而为帝国主义战争辩护。与之前他所主张的战争意味着革命的观点不同，考茨基此时却非常害怕社会民主党左派发动群众来进行反对战争的运动。

综上，我们可以看出，考茨基对于社会革命形式的看法是随着政治形势的变化而变化的，这符合考茨基一贯的观点，在他看来，社会革命是不可避免的，但是社会革命的形式是不可预测的。在先进资本主义社会里，无产阶级的社会革命"**根据它进行的情况，可以采取各式各样的形式，并不一定非采用暴力手段或流血手段不可**"②。民主议会制、罢工、战争等都可以成为革命的手段，但是通过对考茨基以上观点的考察，可以看出议会民主制是考茨基始终重视的社会革命形式。

第二节 无产阶级意识与社会主义运动

在对待社会主义运动方面，考茨基经常被指责为消极被动。很多批判

---

① 《考茨基文选》，王学东编，北京：人民出版社2008年版，第286页。
② 《考茨基言论》，中央编译局资料室编，北京：生活·读书·新知三联书店1966年版，第7页。

者认为，由于受到经济决定论和宿命论的影响，考茨基往往把资本主义的灭亡和社会主义的到来看作自然而然的，如同列车时刻表那般必然发生，故而把无产阶级革命看作是自发的事情。由于经济条件是决定因素，在考茨基这里消极等待便成为无产阶级所应该做的事情，由此考茨基被指责抹杀了无产阶级意志的能动性，让无产阶级变成了客观历史进程的寂寞看客。如果仔细研究考茨基的唯物主义历史观和社会革命理论，我们可以看出，关于意志与经济发展的关系，考茨基不仅看到了经济条件的归根结底的意义，而且把人的意志看作整个经济过程的动力，值得一提的是考茨基还担负起了批判经济决定论的任务。基于此，我们认为考茨基没有忽视人的意志的能动性作用，他在社会革命中强调了无产阶级意识和社会主义理论对于社会主义运动的影响。其中考茨基关于无产阶级意识形成的理论，即著名的"灌输论"思想，集中论述了无产阶级意识与知识分子、社会主义政党以及工人运动实践之间的复杂关系，勾勒了一幅理论与实践相辅相成的图景。本节将从无产阶级意识的形成及其作用来阐述考茨基关于无产阶级意识与社会主义运动之间的关系。

一、无产阶级意识的形成

考茨基对无产阶级意识的形成做了比较系统完整的论述，这就是著名的"灌输论"[①] 思想。考茨基"灌输论"思想的形成有着较长且系统的过程，根据国内学者王学东的研究，1886 年发表在《新时代》上的《〈哲学的贫困〉和〈资本论〉》一文中，考茨基在论述社会主义是由空想到科学时，阐述了社会主义与工人运动并列产生的过程，同时阐释了社会主义与工人运动在马克思的科学社会主义思想中实现了由分离到结合的过程。此外考茨基还强调了无产阶级政党的自觉性对无产阶级运动的作用。考茨基指出社会主义的目的不是随意构想出来的，明确认识这个目的对于无产阶级为实现这一目的而采取的方式有着重要的作用。由此，考茨基提出了社

---

① 国内学界针对"灌输论"的首倡者曾展开过详细讨论，本书认为就灌输论思想的理论化过程而言，不能跳过考茨基。马克思、恩格斯的思想可以看作是"灌输论"的源头，而列宁主义则可以看作是对该理论的完善和实践。

会民主党的任务:"既不能制造工人运动,也不能规定工人运动的目的。它应当认识这一目的并在实现这一目的的过程中担任领导。"① 1888 年考茨基参与制定奥地利社会民主党的《海茵菲尔德纲领》,纲领明确规定:"从政治上把无产阶级组织起来,把认识无产阶级地位及其任务的意识灌输到无产阶级中去,使之在精神上和体力上具有战斗力并保持这种战斗力,这就是奥地利社会民主工党的真正纲领。"② 1890 年,在《土地改革和社会主义》中,考茨基在谈到无产阶级的阶级斗争时指出:"通过社会民主党,这场斗争才获得了远远超出其日常的、眼前的问题的持久的目的,许许多多从前无联系的零星战斗联合成一个统一的、目的明确的运动。"③ 1891 年由考茨基和伯恩施坦起草的《爱尔福特纲领》也规定:"**使无产阶级的阶级斗争能够成为更自觉和更合目的的斗争,这就是社会民主主义的任务。**"④

1901 年考茨基在《新时代》正式发表了《奥地利社会民主党纲领》一文,对无产阶级意识的形成作了第一次完整明确的表述,列宁在 1902 年《怎么办?》引用了此文,并称之为是"十分重要准确的",具体论述如下:

> 社会主义这种学说,也同无产阶级的阶级斗争一样,根源于现代经济关系,也同无产阶级的阶级斗争一样,是从反对资本主义所引起的群众的贫穷和困苦的斗争中产生的,但社会主义和阶级斗争是并列地产生的,而不是一个从另一个中产生出来,它们是在不同的前提下产生的。现代社会主义意识,只有在深刻的科学知识的基础上才能产生出来。其实,现代的经济科学,也像现代的技术(举例来说)一样,是社会主义生产的条件,而无产阶级尽管有极其强烈的愿望,却

---

① 转引自王学东:《略谈考茨基"灌输论"思想的形成过程》,载现刊名:《当代世界与社会主义》,1988 年第 4 期。

② 转引自王学东:《略谈考茨基"灌输论"思想的形成过程》,载现刊名:《当代世界与社会主义》,1988 年第 4 期。

③ 转引自王学东:《略谈考茨基"灌输论"思想的形成过程》,载现刊名:《当代世界与社会主义》,1988 年第 4 期。

④ 《考茨基文选》,王学东编,北京:人民出版社 2008 年版,第 45 页。

不能创造出现代的经济科学，也不能创造出现代的技术；这两种东西都是从现代社会发展过程中产生出来的。但科学的代表人物并不是无产阶级，而是**资产阶级知识分子**；现代社会主义也就是从这一阶层的个别人物的头脑中产生的，他们把这个学说传授给才智出众的无产者，后者又在条件许可的地方把它灌输（von außen Hineingetragenes）到无产阶级的阶级斗争中去。可见，社会主义意识是一种从外面灌输到无产阶级的阶级斗争中去的东西，而不是一种从这个斗争中自发地（urwüchsig）产生出来的东西。①

由这段话可以看出考茨基关于无产阶级的社会主义意识形成的理论可以总结为以下四点：第一，社会主义学说和无产阶级的阶级斗争是并行产生的，不是一个产生于另一个，而都是根源于资本积累的逻辑。第二，社会主义学说和无产阶级的阶级斗争产生的具体前提不同，前者的基本前提是现代经济科学和社会科学，后者的前提是无产阶级的贫困。第三，现代科学的代表是资产阶级知识分子，现代社会主义产生于资产阶级知识分子中的个别人物。第四，现代社会主义意识不是从无产阶级斗争中自发产生的，而是由代表无产阶级利益的知识分子灌输给无产阶级的。

在考茨基看来，现代社会主义运动，即社会民主主义"是工人运动和社会主义的结合"②。工人运动与社会主义的结合不是一开始就存在的，考茨基认为无产阶级要接受社会主义学说，需要两个基本条件：工人阶级的政治独立以及科学社会主义的指导。一方面，工人阶级的政治独立取决于三个因素：国家的经济发展水平、工人阶级对于政治和经济形势的认识水平以及资产阶级政党对于工人阶级的态度。基于这些条件，工人阶级的被剥削状况，将会迫使无产阶级要求废除剥削，以社会的共同生产代替资本主义生产。另一方面，考茨基指出由于"马克思完成了资产阶级古典政治经济学所开始的工作，同时就使人们对于经济发展进程和整个经济机构的

---

① 《列宁选集》第1卷，北京：人民出版社2012年版，第325—326页。
② 《考茨基文选》，王学东编，北京：人民出版社2008年版，第44页。

理解空前深入和扩大了"①。所有这些因素的结合促使无产阶级非常容易地接受社会主义的学说。马克思、恩格斯使社会主义运动与工人运动彼此协调地结合了起来，他们使社会主义从空想变为了科学。

社会主义学说对于无产阶级斗争的作用是非常明显的。它能使无产阶级的阶级斗争获得新的性质、新的生命和新的力量，能够使无产阶级明确认识自己的目标和历史任务。一句话，社会主义能够"启发无产阶级的自觉，提高阶级的威信，加强无产阶级的团结，养成无产阶级的纪律"②，并帮助无产阶级以最小的牺牲走向自己的目标。因此，考茨基提出了社会主义者和社会主义政党的任务：社会主义者应当支持无产阶级的阶级斗争，提高无产阶级的阶级觉悟，帮助无产阶级的政治组织和经济组织，以便使无产阶级自我解放的时刻迅速且没有痛苦地到来，因而"使无产阶级的阶级斗争能够成为更自觉和更合目的的斗争，这就是社会民主主义的任务"③。在考茨基看来，政党、纲领、马克思主义理论对于团结无产阶级、维护无产阶级运动的统一性有着重要的实际意义。通过考茨基关于无产阶级斗争与社会主义理论关系的论述可以看出，考茨基非常重视社会民主党用马克思主义理论对无产阶级进行理论教育，以便通过马克思主义理论教育提高无产阶级意识，使无产阶级更明确自己的历史任务，从而推动社会主义运动进程。

考茨基强调用马克思主义理论教育无产阶级，但这不意味着考茨基得出了像列宁那样的结论："我们社会民主党的任务就是要**反对自发性**，就是要**使**工人运动**脱离**这种投到资产阶级羽翼下去的工联主义的自发趋势，而把它吸引到革命的社会民主党的羽翼下来。"④ 恰恰相反，在考茨基看来，列宁的这种观点是令人震惊的，因为这与他一生所主张的"无产阶级的最后胜利是自然而必然"⑤ 的观点是不相符的。考茨基不否定工人阶级自发的阶级斗争，他在1907年至1908年回答"无产阶级怎么实现社会主

---

① 《考茨基文选》，王学东编，北京：人民出版社2008年版，第38—39页。
② 《考茨基文选》，王学东编，北京：人民出版社2008年版，第46—47页。
③ 《考茨基文选》，王学东编，北京：人民出版社2008年版，第45页。
④ 《列宁选集》第1卷，北京：人民出版社2012年版，第327页。
⑤ 《考茨基文选》，王学东编，北京：人民出版社2008年版，第37页。

第四章 关于社会革命与无产阶级专政问题

义?"时,他的答案并不是像列宁那样摆脱无产阶级自发性,与此相反,考茨基指出通过劳动运动①,即通过阶级斗争实现社会主义。在关于社会民主党的理论教育与无产阶级关系问题上,考茨基与列宁的差异可以归结为考茨基的决定论倾向和列宁的能动论倾向之间的差别。列宁希望通过社会主义政党的领导让工人阶级的阶级斗争迅速摆脱资产阶级的工联主义;而考茨基则认为一切都是自然而然的。考茨基的观点与他关于资本积聚及其带来的贫困化的理解有关,考茨基认为,在资本主义社会中,无产阶级存在贫困化和提高上升两种发展趋势。为了应对贫困化的积累,无产阶级必须进行阶级斗争,通过阶级斗争不断提高,这种提高与其说是经济上的提高,毋宁说是精神境界的提高。因为通过阶级斗争,无产阶级的经济状况一般只有微小缓慢的进展,但在精神上的提高则是显著的。通过阶级斗争,无产阶级逐渐赢得了社会地位,阶级自尊心不断提高,对于自己的阶级地位逐渐有了认识,阶级意识更加明确,他们认识到自己与资产阶级的差异,并且开始进行比较,"他们对自己本身,以及对自己的居住和衣着,对自己的知识,对子女的教育等等,提出更多的要求"②。也就是说,无产阶级要求享受一切文明成果,他们对于资产阶级的一切压迫和剥削更加敏感了。在考茨基看来,无产阶级出于反抗贫困而进行的自发的阶级斗争对于无产阶级自身阶级意识的形成是有帮助,无产阶级不会永远停留在资产阶级羽翼下的工联主义中,因为随着资本经济的发展和资本的不断积累,无产阶级贫困化趋势的加重将会加深他们与资产阶级的对立。

在这种经济发展必然性趋势观点的影响下,考茨基关于知识分子在社会主义运动中的作用的观点也不同于列宁。在列宁那里,知识分子大多代表了无产阶级利益,在社会主义运动中起着先锋作用。在考茨基这里,知识分子是一个中间阶层,是摇摆不定的阶层。由于工人阶级斗争在资本主义社会是资本积聚和贫困化的逻辑结果,因此知识分子对工人阶级的作用

---

① John H. Kautsky. *Karl Kautsky: Marxism, Revolution, and Democracy*, Transaction Publishers, New Brunswick (U.S.A) and London (U.K.), p. 60.

② 《考茨基文选》,王学东编,北京:人民出版社2008年版,第45页。

就去除了政治意义上的领导作用，只是一种理论上的指导作用。换句话说，工人阶级不需要知识分子领导他们自己的阶级运动，知识分子在政党中只有一项任务——捍卫理论清晰，其他一向都由无产阶级自己负责。①关于社会主义政党中知识分子作用的看法导致考茨基并没有把无产阶级意识的提高仅仅寄希望于社会主义政党上，他没有完全否定无产阶级自发的阶级斗争，认为无产阶级的阶级斗争也会提高无产阶级的觉悟。不过，在考茨基看来，无产阶级社会主义意识的最终确定，依赖于社会民主党的理论教育。

综上，通过对考茨基关于无产阶级意识形成理论的讨论，可以看出在无产阶级意识形成、完善和成熟过程中，考茨基一方面特别强调社会主义学说与无产阶级的结合，强调社会民主党的理论教育和"灌输"在无产阶级意识形成过程中的作用；另一方面不是仅仅看到"灌输"的作用，考茨基没有像列宁那样否定无产阶级的自发斗争，没有认为自发只会导致资产阶级的工联主义。在考茨基看来，由于资本主义发展和社会主义运动都是基于资本逻辑的必然性，因而无产阶级的自发的阶级斗争不可避免地会使无产阶级意识到自己的阶级地位，从而产生阶级意识。但是考茨基强调，只有马克思的社会主义学说与无产阶级运动结合起来之后，无产阶级的运动才会更明确更少牺牲地向前发展，无产阶级的胜利才会自然而必然地出现。在这里，考茨基既认为无产阶级意识的形成需要社会民主党的灌输，又认为无产阶级的阶级斗争会提高无产阶级意识，这充分反映了考茨基的温和的中间路线，这也使考茨基理论中的模糊性以及犹豫不决的特点暴露无遗。

二、无产阶级意识的作用

考茨基关于无产阶级意识对社会主义运动作用的讨论，可以追溯到考茨基关于经济与意志之间关系的唯物主义历史观的观点。20 世纪初修正主

---

① M. Salvadori. *Karl Kautsky and The Socialist Revolution* 1880 – 1938, London：New Left Books, 1979, pp. 76 – 77.

义理论家杜冈－巴拉诺夫斯基①等指责马克思陷入了关于经济与意志关系的理论与实践的矛盾，针对这一指责，考茨基阐发了经济发展与意志之间的关系，指出"马克思从来没有否认意志的重要性和'个人'对社会的'巨大作用'。他否认的只是完全不相干的什么自由意志"②。由此，考茨基展开了意志与经济发展之间相互作用的论述，特别强调意志对于历史发展的重要性。

考茨基所说的意志可以理解为一种生活意志，即"不外是一切有意识机体的天赋的求生保种的意志"③。一方面，这种意志归根结底是同具有活动和认识能力的生命一起产生的，是整个经济的基础；另一方面，生物的生活意志在具体情况下采取的形式不同，这种形式取决于生物的生存条件，"不仅包含着保存生命的手段，而且也包含着生活道路上所遭遇的危险和障碍"④。因此，生存条件最终决定生活意志的性质、活动的形式以及活动的成功与否，在考茨基看来，这是唯物主义历史观的出发点。考茨基以生存条件决定生活意志的性质及其形式这一唯物主义历史观为基础，阐释了资产阶级和无产阶级的意志的产生，并以此说明经济发展是意志的基础，强调了资产阶级意志与无产阶级意志的冲突是阶级矛盾的表现，而资产阶级意志和无产阶级意志之间的不可调和的矛盾终究会引发阶级斗争。基于此，考茨基得出结论："意志是整个经济过程的动力。意志是经济过程的出发点；经济过程的任何表现都贯穿着意志。"⑤ 在考茨基看来，把经济和意志看作两个彼此无关的因素是荒谬的，唯物主义历史观强调经济的必然性，但是遵循经济的必然性并不等于听天由命，经济必然性实际就是

---

① 杜冈－巴拉诺夫斯基（Михаил Иванович Туган-Барановский，1865—1919），俄国经济学家，曾论述俄国资本主义工业的发展，并批判民粹主义观点，后歪曲马克思经济学说，公开为资本主义制度辩护。杜冈－巴拉诺夫斯基等认为，马克思一方面作为思想家不承认自由意志，完全信赖必然经济的发展；另一方面作为革命战士却总是表现出最高度的意志，寄希望于无产阶级的积极性，从而陷入理论与实践的矛盾中。
② 《考茨基文选》，王学东编，北京：人民出版社2008年版，第220页。
③ ［德］考茨基：《唯物主义历史观》第三分册，上海：上海人民出版社1984年版，第369页。
④ 《考茨基文选》，王学东编，北京：人民出版社2008年版，第220页。
⑤ 《考茨基文选》，王学东编，北京：人民出版社2008年版，第223页。

意志的必然性，因为"经济必然性来自人的生活意志的必然性和人利用他们所处的生活条件的不可避免性"①，生活意志是经济必然性的。

此外，考茨基通过解释马克思在《〈政治经济学批判〉序言》中关于生产力、生产关系之间相互作用的经典论述肯定了意志在历史中的作用。马克思在《〈政治经济学批判〉序言》中说道："人们在自己生活的社会生产中发生一定的、必然的、不以他们的意志为转移的关系，即同他们的物质生产力的一定发展阶段相适合的生产关系。"② 在考茨基看来，不以人的意志为转移不意味着每个时期的生产关系与人的意志无任何关系。考茨基指出"生产关系是以人们的自觉而合乎目的的共同劳动为前提的，如果没有自觉的指向一定目的的意向，就决不能有这种共同劳动"③，这个意向归根到底就是有意识机体的求生保种的意志，这种意志实际表现为建立在遗传和社会条件之上的人们的认识、需要等主观因素。因此，考茨基指出"唯物主义历史观决不使生产关系的发生和以此为基础而产生的历史发展，同人们的意向和知识、从而同人们的精神分开。相反，唯物主义历史观以意向和知识为必要的前提，但要限定它们的作用范围……"④ 由此明确了意向和认识产生的必然条件。

基于经济与意志的辩证关系，考茨基肯定了无产阶级意识在阶级斗争中的推动作用，提出了社会民主党为了提高无产阶级意识并且保证社会主义斗争向前发展的任务。考茨基认为社会主义的实现需要具备主客观条件，资本主义大工业的高度发展及其引起的无产阶级人数和力量的增加构成了客观条件，无产阶级的成熟或能力则是主观条件。社会革命的发展形势除了与某个国家的经济社会条件有关之外，与无产阶级对社会主义理论的认识、热情以及无产阶级意识的强烈明晰程度有着密切关系。考茨基关于俄国革命形势与美国革命形势的分析突出表现了他关于经济条件、无产

---

① 《考茨基文选》，王学东编，北京：人民出版社2008年版，第224页。
② 《马克思恩格斯文集》第2卷，北京：人民出版社2009年版，第591页。
③ [德] 考茨基：《唯物主义历史观》第三分册，上海：上海人民出版社1984年版，第366页。
④ [德] 考茨基：《唯物主义历史观》第三分册，上海：上海人民出版社1984年版，第370页。

阶级意识等因素在社会主义运动中的作用的观点。1902年考茨基在《斯拉夫人和革命》中，既表达了无产阶级的阶级意识是资本主义发展的逻辑产物，又表达了阶级意识的产生以及社会主义理论对于热火朝天的俄国革命的积极影响。考茨基指出随着资本主义斯拉夫世界以及俄国的迅速发展，资本和劳动之间的对抗关系也逐渐出现，并且从这种"对抗关系中早晚要发展起无产阶级的阶级意识和独立的无产阶级政策。而独立的无产阶级政策必然就是革命的政策"①。因而，革命中心正从西方移向东方并逐渐移向俄国。考茨基指出在俄国不仅仅是武力对武力的斗争，同时也进行着头脑的革命，俄国那些觉醒的各人民阶层，"热烈地渴望知识，力求弄清楚自己的历史任务，借以着手解决最复杂、最大胆的问题，并且站在日常斗争的细微末节之上，高瞻远瞩这一斗争所追求的伟大历史目的"②。在考茨基看来，俄国被压迫的人民，不仅出于自身的生存意志进行着日常的生活斗争，并且在理论的指导下，俄国被压迫的人民力求超越具体琐碎的斗争达到统一的斗争目的，进而实现更伟大的历史任务。正是出于对理论知识的渴望，这种智慧的高涨必然推动俄国的革命，使俄国可能成为西欧革命动力的源泉。因此，考茨基认为俄国革命形势的高涨与俄国落后的经济条件形成鲜明对比，正是在这种对比中，考茨基从俄国无产阶级对理论的热情以及阶级意识的增强精神因素方面，分析了俄国革命的原因，这显示了考茨基对革命主体精神因素的重视。

1906年，在《美国工人》一文中，考茨基在对美国和俄国两国政治经济形式以及工人运动的分析中，阐述了社会经济条件、知识分子、无产阶级阶级意识与社会主义运动之间的复杂关系。考茨基在强调社会历史条件的基础作用之余，也没有忽视社会主义理论与阶级意识对社会主义运动的影响。在考茨基看来，美国之所以没有像俄国一样发生社会革命，其根本原因在于资本主义经济条件的不同，由于资本主义发展程度不同，所以在不同国家所形成的政治、文化氛围就不同。在美国，资本主义高度发达，资本财富雄厚，在满足资本家消费和生产之余，还养活了庞大的非生产性

---

① 《考茨基文选》，王学东编，北京：人民出版社2008年版，第90页。
② 《考茨基文选》，王学东编，北京：人民出版社2008年版，第91页。

劳动者，他们创造出了大量资本主义工业文化，使之充斥于整个社会。这种资产阶级的文化渗入到工人阶级之中，使他们对资本主义剥削持麻木的态度。相反，虽然俄国封建政府发动了一场自上而下的资本主义革命，但是封建政府却无力领导俄国走上现代化的发展道路，与此同时俄国资产阶级却无力发动一场政治革命，而仍处于压迫之下。在这样的情势下俄国资产阶级运动的发展造就了一批现代无产阶级和现代知识分子阶层。由于俄国资本主义不发达，所以俄国的知识分子阶层便形成了相对于资本的独立性，能够对资本与社会发展展开批判与分析。在美国、俄国两国，知识分子阶层所起的作用是不一样的：在美国，知识分子的阶级地位更接近于资产阶级，他们把消极的意识灌输给工人阶级，麻痹工人阶级，因此他们是资产阶级与无产阶级的中介；在俄国，知识分子更多地代表了受专制统治压迫的工人和农民，他们传输给无产阶级的是一种革命与反抗的意识。[①]因此，考茨基认为美国与俄国社会主义运动形势的巨大差别，在某种程度上是由于两国知识分子以及无产阶级意识的不同造成的。

关于美国和俄国两个国家社会革命形势不同的分析，充分表明了考茨基对社会革命的主观条件的重视。他反对修正主义者们对唯物主义历史观做出的认识经济必然性就等于削弱意志的误解，指出"如果作为一切经济必然性的基础的生活意志不是在工人身上表现得特别强而有力，如果必须用人为的方法在工人身上唤起这种意志，那么我们的一切努力都将是徒劳无益的"[②]。在考茨基看来，只有深刻揭示社会条件才能按照无产阶级的利益来影响无产阶级的意志，而能够深刻揭示社会条件的只有经济科学和社会科学。考茨基指出，只有在资本主义生产阶段，"对社会现象作数学上的大量观察的统计学，以及从政治经济学发展起来并在唯物史观中达到其高峰的社会科学"[③] 才可能出现。因此，无产阶级只有在这些科学理论的指导下，通过对经济上的可能性和必要性做深入的科学考察之后，才能

[①] Paul Blackledge. "Karl Kautsky and Marxist Historiography", *Science & Society*, Vol. 70, No. 3, July 2006, pp. 337 – 359.

[②] 《考茨基文选》，王学东编，北京：人民出版社 2008 年版，第 224 页。

[③] 《考茨基文选》，王学东编，北京：人民出版社 2008 年版，第 108 页。

充分意识到斗争的社会意义，从而为自己提出伟大的社会目标，这些目标不再是任意的梦想和虔诚愿望。但是先进科学的理论只能由少数的精英掌握，因而为了提高无产阶级意识，还必须通过社会民主党的组织教育。社会民主党不仅需要从理论方面对群众进行教育，而且也需要利用其他方式方法，考茨基指出："社会民主党以自己在对敌斗争中所取得的成就，最清楚不过地向无产阶级显示了自己的威力，从而也最有效地提高了无产阶级的力量感。"① 考茨基强调社会民主党应该把无产阶级意识到自己力量增长的这一成就归功于科学社会主义的理论指导，科学社会主义不仅可以增强无产阶级的实力，还可以把"无产阶级的有觉悟的、有组织的部分能够在任何时候都把自己所拥有的力量发挥到最大限度"②。

第三节 民主与无产阶级专政

无产阶级专政理论是考茨基社会革命理论的继续与延伸。考茨基不否认社会革命包含暴力革命的形式，但是他对和平的革命形式抱有很大希望。在考茨基看来，社会革命后的无产阶级政权或无产阶级国家是采取民主方式还是暴力镇压方式进行统治，这与社会革命的形式有关的。在考茨基看来，马克思提出的过渡时期的"无产阶级专政"是一种状态而不是一种政体，他回避"无产阶级专政"的提法，更多地将这种过渡状态称为无产阶级政权。考茨基的理论依据便是无产阶级革命要具备必要的主客观条件，即社会政治经济条件和无产阶级的高度成熟。在这样的理论逻辑下，考茨基一方面指出了民主对无产阶级革命以及无产阶级成熟的重要性，进而论证了民主而非专政的必要性；另一方面，批判了布尔什维克革命及其专政，指出俄国的政治经济条件以及无产阶级都没有成熟到进行社会主义革命的地步，布尔什维克通过专政来实行自己统治的做法，必然致使社会

---

① 《考茨基文选》，王学东编，北京：人民出版社2008年版，第227页。
② 《考茨基文选》，王学东编，北京：人民出版社2008年版，第228页。

主义事业遭到失败。

一、关于民主与无产阶级成熟问题

考茨基认为要实行社会主义,需要具备四个先决条件:第一,要有实现社会主义的意志;第二,高度发达的生产社会化;第三,社会主义的力量的存在,即无产者人数的增多;第四,无产阶级的成熟。其中,前三个因素都是从资本主义经济中产生的,而第四个因素,除了需要工业的发展以外,必须从无产阶级反对资本的阶级斗争中产生。换句话说,在考茨基看来,无产阶级革命要求无产阶级既要拥有实现社会主义的丰富的物质条件,还要拥有保持这些有利条件并正确运动它们的政治能力,即无产阶级成熟对革命的必要性。

考茨基指出,无产阶级持续进行阶级斗争反对由资本造成的贫困化,在这样的阶级斗争中无产阶级会不断地提高自己。阶级斗争作为群众的斗争必然要求以民主来组织和教育群众,如果只靠秘密组织会导致个人独裁。工人阶级正是通过无数次,往往是流血的斗争为自己争得民主权利并且受到教育的:

> 由于他们为了赢得、保持和扩大民主而进行斗争并且不断运用各种民主权利来进行组织、宣传和争取社会改革,无产阶级就一年一年地愈加成熟起来,无产阶级已经从人民群众中最低的阶层变成了人民群众中最高的阶层。①

在考茨基看来,民主在"社会主义"之前的意义在于帮助塑造资产阶级的掘墓人——无产阶级——的成熟,他从三个方面具体说明了民主对无产阶级成熟的影响及其在无产阶级革命中取得的效果。

第一,普选权对于工人阶级来说是唯一合理的选举权,有利于工人阶级科学认识各种社会关系从而提高阶级觉悟。考茨基非常注重无产阶级的

---

① 《考茨基文选》,王学东编,北京:人民出版社2008年版,第334页。

数量在阶级斗争中作用。在考茨基看来，无产阶级拥有的最有效的武器就是他的人数，换句话说，无产阶级只有成为居民中人数最多的阶级时，无产阶级才能解放自己。正是把无产阶级的人数当作武器，考茨基才认为普选权是符合无产阶级利益的，在他看来，从最底层的无产阶级角度来看，普选权是唯一合理的选举权。此外，考茨基指出，无产阶级的利益不止于普选权的争取，还在于争取普选权的"无区别"性，即不论男女、不论工资劳动者还是有产者，都应该无区别地进行投票。这种"无区别"的普选权，一方面避免那些潜在的无产者从无产阶级中分离出去的危险，另一方面还能防止无产阶级观念的狭隘化。正是因为认识到复杂的社会关系，认识到了社会整体利益与无产阶级长远利益的一致，无产阶级才能确立解放人类的伟大历史任务。因此，通过争取普选权的斗争，无产阶级增加了对整个社会关系、社会目标的理解和认识，从而提高了无产阶级的阶级觉悟，在参加政治活动时着眼于整体利益而不是特殊利益，这正是无产阶级成熟的一个标志。当然，考茨基指出虽然无产阶级的理论觉悟最终要靠科学社会主义理论将其提高到完全明确的程度，但是不能否认无产阶级的阶级斗争实践的作用。因而，无产阶级在不断争取民主权利，追求无区别的选举法中，逐渐提高了无产阶级的阶级意识，从而不断成熟起来。

第二，民主中含有的保护少数派的趋势，对于保护早期社会主义政党以及无产阶级的成熟有着显而易见的影响。考茨基首先论证了民主对少数派保护的必要性。在资本主义时代，各个阶级力量对比的关系不是一种固定不变的现象，一个阶级可以分裂成不同政党，一个政党也可以由不同阶级的成员组成，因此，一个阶级可以持续统治，而执政党可以更换，所以在一个民主国家内，执政党的更换比阶级统治的更换要快得多。在考茨基看来，任何政党都不能一直执政下去，任何政党都必须预料到有变成少数派的可能性，但同时也不会永远是少数派。因此，在民主国家中，便会有对少数派的政治保护，并且民主越是根深蒂固，少数派就越能发挥作用。正是在这样的事实与理论依据下，考茨基指出，民主对少数派的保护对于无产阶级以及社会主义政党的成熟具有非常重要的影响。考茨基从新思想的产生以及历史作用的角度，阐释了保护少数派的必要。在考茨基看来，不论是理论性质的还是策略性质的学说，在其兴起之时都只是由少数派提出并主张的，即便一些新思想和意见只有很少一部分是具有进步意义的，但是毕竟任何进一步的发展只有靠新的思想才能实现。由于新思想最初只是作为少数派的观点和意见出现的，因此凡是在政党内部反对镇压少数派的新意见的做法，都毫无疑问在损害无产阶级的阶级斗争，最终阻碍无产阶级的成熟，这种观点适用于政党也同样适用于国家。

第三，包括结社自由、新闻出版自由、普选制等在内的民主制度，能使各个政党和阶级之间的力量对比关系显现出来，并且使鼓舞着这些政党和阶级的精神显示出来，从而使某些实际尚未成熟的革命起义成为不必要的。考茨基指出，民主制度可以看作"社会的安全活瓣"①，由于民主能显示不同阶级和政党力量的对比，民主能使新兴的阶级不去轻易试图完成它所不能胜任的任务，使统治阶级不去拒绝那些他们已不再有力量去拒绝的妥协和让步。考茨基指出像议会活动、罢工、游行示威以及新闻出版等的压力手段，这些"无产阶级的民主斗争方法看起来可能比资产阶级革命时期所采取方法较为枯燥……但是它所要求的牺牲也远为微小"②，无产阶级事业不会像资产阶级革命时代显示出的那样取得明显的胜利或明显的失败，但是这一切都不能改变发展的趋势反而会使无产阶级事业更加顺畅和平稳。

考茨基在讨论了民主对无产阶级成熟以及无产阶级革命的作用外，也指出不能忽视民主对无产阶级造成的庸俗效果，即无产阶级总是讨论日常琐碎的问题，从而使自己的思想缩小在狭隘的圈子里，导致机会主义占上风。考茨基指出，庸俗化的效果不是民主本身的问题，而是无产阶级当前缺少大量空闲时间的后果，如果通过民主缩短劳动时间，那么工人就能在空闲时间不仅从事必要的小事，还能"从事于较大的较广泛的问题"③。考茨基进一步指出，工人阶级在处理从资本主义社会的矛盾中产生的重大问题时，使无产阶级不再局限于琐碎问题，从而提高了无产阶级的认知能力。在考茨基看来，更重要的是"在民主国家里，这种提高就不再限于单

---

① 《考茨基文选》，王学东编，北京：人民出版社2008年版，第235页。
② 《考茨基文选》，王学东编，北京：人民出版社2008年版，第236页。
③ 《考茨基文选》，王学东编，北京：人民出版社2008年版，第345页。

单提高少数杰出人物,而会变成人民群众本身的提高,人民群众同时就在日常工作的实践中被锻炼得具有自治的能力"①。

二、关于民主与无产阶级统治形式问题

无产阶级通过扩大民主的斗争以及利用民主来组织和宣传社会民主党,这些不仅使无产阶级自身逐渐成熟,而且还表现在对无产阶级革命形式的影响。考茨基指出,无产阶级革命是不可避免的,但是革命的形式会受到地理特点、种族特性、邻国政治因素、历史人物等的影响,所以目前无法预测无产阶级革命在不同国家里所采取的形式。但是考茨基还是区别了军事专制国家和民主共和国两种国家形式,以此说明民主对无产阶级革命形式产生的不可忽视的影响。

在军事专制国家中,少数剥削阶级凭借军事暴力维持自己的统治,与广大人民处于敌对状态,一旦发生战争,统治阶级往往处于孤立状态。所以,在军事专制国家中,考茨基不否认暴力革命夺取政权的可能性,并且认为革命只能通过激烈的武装起义和街垒战才能夺取政权。在这样的国家中,无产阶级要夺取政权,只能进行广泛的联合,通过暴力的突然袭击来推翻专制统治,赢得政权。但是通过这样的方式夺取的政权不意味着进入了社会主义,因为在一个经济和政治都普遍落后的国家里,一方面无产阶级人数极度匮乏,另一方面民主制度几乎不存在,因而在一个缺乏民主传统的国家里,无产阶级根本没有机会利用民主让自己成熟,所以根本不具备实现社会主义的任何经济的和主观的条件。在考茨基看来,"社会主义不仅理解为社会化地组织生产,而且理解为民主地组织社会。根据这个理解,对我们来说,社会主义和民主是不可分割地联系在一起的。没有民主,就没有社会主义"②。

在民主共和的国家中,无产阶级的革命形式会表现出不同。在这里,考茨基没有否认无产阶级暴力革命在民主共和国中发生的可能性。考茨基指出,当无产阶级在民主国家中的力量日益强大之时,统治阶级不可避免

---

① 《考茨基文选》,王学东编,北京:人民出版社2008年版,第345页。
② 《考茨基文选》,王学东编,北京:人民出版社2008年版,第326页。

地会通过暴力手段来破坏新兴阶级利用民主,例如德国反动政府在1907年国会选举中煽动沙文主义情绪,使社会民主党的议席大大削减;又如普鲁士邦政府坚决反对取消三级选举权;等等。因而,考茨基认为即使在发达的民主国家中,也不能排除发生暴力革命的可能性,"胜利的行动是不能用单纯防御方式来完成的。敌人愈蹂躏现存的自由并且愈限制无产阶级的组织,无产阶级就会更快地被迫转入进攻,革命斗争的时刻就会更快地到来"①,从而变成一种政治颠覆。

然而,考茨基指出,统治阶级废除民主的企图,恰恰表明了民主不是对无产阶级毫无价值的,而意味着无产阶级要千方百计地保护民主。虽然民主有不少虚伪成分,但是毕竟使无产阶级获得了广泛的政治权利并通过民主斗争正在壮大。随着资本主义大工业的发展,无产阶级人数和力量会不断增加,如果无产阶级变得足够强大并利用现有的民主来夺取政权的话,那么资本主义国家的统治者想用暴力废除民主将是十分困难的,这在客观上进一步增强了无产阶级在政治上的民主权利和经济上的权利,从而迫使资产阶级妥协让步。正是在这个意义上,考茨基指出,在民主传统悠久的国家里,无产阶级革命采取暴力和内战的形式未免代价太大。因此在一个民主制度行之有效,人民的政治眼界和经济眼界宽广,并且人民意志坚定的国家里,议会活动、游行示威等非军事手段所体现的阶级斗争的和平方法②,其前途越是广大。1872年在荷兰海牙召开的第一国际代表大会闭幕之后,马克思在阿姆斯特丹的一次群众大会上发表了演讲,考茨基援引马克思演讲中的一段话作为通过民主过渡到无产阶级统治的依据:

但是,我们从来没有断言,为了达到这一目的,到处都应该采取同样的手段。

我们知道,必须考虑到各国的制度、风俗和传统;我们也不否认,有些国家,像美国、英国,——如果我对你们的制度有更好的了

---

① 《考茨基文选》,王学东编,北京:人民出版社2008年版,第150页。
② 《考茨基文选》,王学东编,北京:人民出版社2008年版,第236页。

解，也许还可以加上荷兰，——工人可能用和平手段达到自己的目的。①

在考茨基看来，虽然在不同国家里民主对无产阶级夺取政权的形式所产生的具体影响还不能确定，但是民主的存在对于无产阶级夺取政权绝不是无关紧要的。考茨基指出，在一个民主共和国中，民主权利已经根深蒂固，这些权利是人民通过社会革命赢得的，人民通过社会革命保持或扩大民主权利，同时人民的社会革命也教育统治阶级要尊重人民群众。那么，在这样的民主国家中，过渡到无产阶级统治的形式肯定不同于军事专制的国家。

三、关于无产阶级专政问题

在考茨基看来，只有在民主的影响下，无产阶级才能达到它实现社会主义所需要的成熟条件。由于民主提供了用以衡量无产阶级成熟程度的最可靠的标尺，所以当革命形势在民主国家中引起无产阶级的实际行动时，这个实际行动不会因过早产生而失败，相反无产阶级的这个实际行动胜利的可能性比较大，并且能成功地保持下去。考茨基指出，"在无产阶级业已取得政权而还没有在经济上实现社会主义的时候，在准备社会主义和已经实现社会主义这两个阶段——这两个阶段都需要民主——之间，总还有一个第三阶段，即过渡阶段"②，这个阶段就是马克思在《哥达纲领批判》中提出的"无产阶级专政"阶段。

考茨基对无产阶级专政进行了阐释，他认为由于马克思在《哥达纲领批判》中没有对"无产阶级专政"作出详细说明，所以很多人作出了五花八门的解释，针对有人认为在无产阶级专政阶段，民主是不必要的而且是有害的观点，考茨基提出了反对意见，理由有三。首先，马克思的无产阶级专政既不指个人独裁，又不是取消民主。按字义来说，专政意味着取消民主和个人独裁，但是无产阶级专政指的是阶级的专政，与个人独裁截然

---

① 《马克思恩格斯全集》第18卷，北京：人民出版社1964年版，第179页。
② 《考茨基文选》，王学东编，北京：人民出版社2008年版，第345—346页。

不同。考茨基指出无产阶级专政不意味着要取消民主，这可以从马克思关于巴黎公社的观点中找到相关依据。考茨基指出从马克思关于巴黎公社的论述中——公社"实质上是工人阶级的政府"①，可以看出巴黎公社就是无产阶级专政的形式。但是这个专政并不是废除民主，而是以普选权为基础，最广泛地运用民主，所以，马克思的"无产阶级专政"不是按字义理解的"专政"。其次，马克思的无产阶级专政，不是一种政体，而是指在无产阶级取得政权后，都必然要出现的一种状态。考茨基指出，马克思在《法兰西内战》中多次提到全体人民的普选权，而不去谈一个特权阶级的选举权，由此可见，马克思所说的"专政"不是一个与民主制不同的或对立的政体，"无产阶级专政是一种在无产阶级占压倒多数的情况下从纯粹民主中必然产生出来的状态"②。这是因为只有在无产阶级得到大多数居民支持的地方，无产阶级才能战胜统治阶级的权力手段，从而夺得政权。所以，无产阶级的统治未必只能采取同民主不相容的形式。最后，考茨基指出，当新兴政权遭到暴力镇压时，"这个政权就不能永远避免使用暴力。暴力只能用暴力来回答。但是……使用暴力，不是为了**放弃**民主，而是为了**保卫民主**"③，如果这个政权要消除作为它的最可靠基础的普选权的话，那这个政权就等于自杀。因此，专政是在局势一平静时就应该重新让位给民主的一种暂时的应急措施。

考茨基在完成关于无产阶级专政的重新解释之后，批判了作为政体的无产阶级专政的缺陷。考茨基指出不能混淆作为状态的专政与作为政体的专政，只有后者，即作为政体的专政，是他的批判对象。考茨基从两个方面对专政政体作了批判，一方面，考茨基认为作为专政的政体等同于剥夺了反对派的权利，在社会主义社会中，是否需要剥夺反对派的选举、新闻出版自由和结社自由等权利是值得怀疑的；另一方面，考茨基认为作为政体的专政可能导致个人的专政或组织的专政，即无产阶级政党的专政。在考茨基看来，更为复杂的情况是当无产阶级分为不同政党之时，"这些政

---

① 《马克思恩格斯文集》第3卷，北京：人民出版社2009年版，第158页。
② 《考茨基文选》，王学东编，北京：人民出版社2008年版，第347页。
③ 《考茨基文选》，王学东编，北京：人民出版社2008年版，第349页。

党中间的一个政党的专政就决不再是无产阶级专政，而是无产阶级的一部分对另一部分的专政"①。考茨基还举了例子进行说明，如果无产阶级联合农民联盟取得政权的话，那么无产阶级的专政将变为无产阶级和农民阶级一起对无产阶级的专政，这种越发复杂奇特的情况会导致无产阶级专政重新回到资产阶级专政形式下不同政党轮流执政的情况。

考茨基设想了可以实行作为政体的无产阶级专政的情况：大多数居民不赞成或坚决反对无产阶级政党夺取政权，但是各种有利条件的特殊巧合促成这个政党取得政权。考茨基指出只有在这种情况下才能考虑废除民主的专政，那么这个政权的执政道路只有两条：耶稣教团的道路或拿破仑主义的道路，即愚民政策和暴力统治。具体说来，这种专政"借助于足以胜过无组织的人民群众的一种中央集权组织的优势并且借助于军事威力的优势来进行统治"②，甚至有时专政统治者会"诉诸刺刀和拳头的办法而不是用选票的办法来寻求出路，因为选票对他们说来已不起作用了"③，在这种情况下，内战就成为政治矛盾和社会矛盾的转化形式。考茨基指出，这种专政所引发的内战以及群众对政治和社会的完全冷漠及灰心丧气，都会成为社会主义社会最大的阻碍，都会使社会主义生产体制的建设几乎不可能。

在考茨基看来，无产阶级的统治形式不能是专政，社会主义的建设不能离开民主，马克思所理解的无产阶级专政不是一种稳定政体，而是一种过渡的状态，这种过渡状态对暴力的运用只是一种暂时行为和应急措施，其最终目的是为了保护作为其执政基础的民主，民主构成了建设社会主义生产方式必不可少的基础条件。所以，无产阶级专政只能被理解为建立在民主之上的无产阶级统治。

考茨基对布尔什维克革命及其政权苏维埃共和国的批判归根结底都是基于他对无产阶级革命前提条件的理解，他认为无产阶级革命最重要的条件便是发达的资本主义国家的经济和政治条件。在他看来，一个国家的资

---

① 《考茨基文选》，王学东编，北京：人民出版社2008年版，第348页。
② 《考茨基文选》，王学东编，北京：人民出版社2008年版，第350页。
③ 《考茨基文选》，王学东编，北京：人民出版社2008年版，第351页。

本主义经济越发达，其民主政治越成熟，那么相应的国家财富越多，劳动就越社会化，无产阶级人数也逐渐增多，并且在民主制度下，无产阶级的组织就越好。考茨基也承认民主有时会给无产阶级带来庸俗化的效果，但是无论如何，民主是促使无产阶级取得政权和实现社会主义所必需的成熟程度的必不可少的手段。考茨基指出了民主与无产阶级夺取政权及社会主义发展的关系，在任何国家，无产阶级和统治阶级之间的冲突总是不可避免的，如果一个国家在资本主义和民主方面越先进，那么无产阶级在这样的冲突中胜利的希望就越大，"如果一国的无产阶级在这种条件下取得了国家政权，它就会在那里发现，已经有足够的物质力量和思想力量来使经济立即朝着社会主义方向去发展，并且立即增进普遍的福利"①。基于此种观点，考茨基指出俄国的十月革命只有在西欧无产阶级革命同时发生的条件下才具有社会主义的性质。

在对待俄国革命的性质上，他与布尔什维克相反，而是同孟什维克一致，考茨基认为在俄国现有的经济基础上，革命只能是资产阶级革命，除非在俄国革命的同时，欧洲也发生社会主义革命。在考茨基看来，意志和暴力不是万能的，如果忽视俄国的现实经济状况，一味地让革命立即变成社会主义革命这是不能实现的。基于此，考茨基对布尔什维克关于革命以及革命后政权的假定和估计进行了批判，在他看来布尔什维克政党的假定和估计都是错误的。一方面，布尔什维克政党认为俄国革命构成了欧洲普遍革命的起点，只要俄国无产阶级取得政权，必然引起欧洲革命。针对这个错误估计，考茨基指出欧洲革命没有发生，这并非是欧洲无产阶级抛弃和出卖了俄国，而是西欧的政治经济条件与俄国的条件不同。另一方面，布尔什维克政党认为只要布尔什维克取得政权就会得到大多数人的拥护和支持，针对这个错误估计考茨基反驳道立宪会议的解除很好地证明了布尔什维克政党在议会中的劣势，尽管列宁之前比任何人都支持立宪会议。但总的来说，考茨基没有完全否定俄国十月革命的意义，他承认布尔什维克政党胜利的世界历史意义，十月革命第一次让一个社会主义政党成为执政党，这对于战斗的无产阶级来说，绝对是一件重大的荣耀的事件。

---

① 《考茨基文选》，王学东编，北京：人民出版社 2008 年版，第 375 页。

四、对苏维埃政权的批判

考茨基不仅指出俄国革命条件的不成熟以及俄国革命的资产阶级性质,而且还对布尔什维克政权——苏维埃共和国——进行批判,对列宁所说的无产阶级专政是"最无痛苦"[①] 地过渡到社会主义的组织的判断和无产阶级专政自身的真实性进行了否定。考茨基肯定苏维埃组织本身的历史意义,在他看来,产生于1905年俄国革命的苏维埃是从经济上和政治上把工人阶级联合起来的组织形式,它有伟大光荣的历史。考茨基指出苏维埃组织是现代社会最重要的现象之一,它在劳动与资本的斗争中发挥着重要的作用。但是,考茨基严厉批评了布尔什维克把作为阶级的战斗组织的苏维埃变成了国家组织,并且批评布尔什维克把这个国家组织看作无产阶级专政组织的做法。在考茨基看来,无产阶级专政不仅不是列宁所宣称的最无痛苦地过渡到社会主义去的组织,而是无产阶级专政是否是无产阶级性质的都是值得怀疑的。

首先,考茨基指出与普选制相比,苏维埃的无产阶级专政未必是"最无痛苦"地过渡到社会主义的组织。在苏维埃,无产阶级专政把资本家排除在立法之外,这样做无非源于两种可能:一种可能性是资本家及其追随者只是无足轻重的少数。考茨基指出,在苏维埃阶级敌人被排出去,社会主义政党的阶级斗争采取了同其他社会主义政党进行斗争的形式,这不是在培养阶级意识和觉悟,相反是在培养宗派的狂热病。然而,在普选制之下,仅仅占少数的资本家是不能阻止向社会主义过渡的,相反他们更能安分守己。另一种可能性是资本家虽然是"薄薄的"[②] 一个阶层,但是同社会主义者比较起来,其追溯者可能是一大批人。因为那些认为社会主义是不可能实现的人,只要用现代眼光看问题就必然会赞成资本主义,所以,在一个落后国家里,"居民中间直接或间接维护着资本主义的诸阶层的人数可能是很庞大的。剥夺他们的选举权,这样并不就能减小他们的反对。

---

① 《考茨基文选》,王学东编,北京:人民出版社2008年版,第362页。
② 《考茨基文选》,王学东编,北京:人民出版社2008年版,第363页。

他们却会更强有力地对抗这个新的暴政政权的一切措施"①，从而使得无产阶级政权会遭受各种反抗，甚至引起内战。但是在普选制下，尽管资本家及其追随者可能会成为一个势力强大的反对派，然而一切阶级和利益在充分民主制下，在立法议会里都有代表，任何阶级和政党都能对任何法案进行自由批评，所以，民主的议会便能显示各个阶级和政党的力量对比，有利于统治者采取相应的对策。由此，考茨基指出苏维埃的无产阶级专政竟然会比普选制更能促成无痛苦地向社会主义过渡，这是很可疑的。

其次，考茨基指出苏维埃实行取消民主的专政是无可怀疑的，但是却不是无产阶级的专政，而是无产阶级内的一党的专政。考茨基从俄国的经济条件出发，指出俄国的革命只能通过城市无产阶级与农民的联盟才能实现。因此，按照苏维埃宪法，在有权参与立法和政府的居民中，农民占大多数。考茨基指出如果在苏维埃组织中，农民构成了大多数，那么苏维埃组织就不会包括整个无产阶级了。为了保证所谓的无痛苦地过渡，显然要开除那些反对派。然而，考茨基指出"从苏维埃内开除出去的并不是某些**个人，而是某些政党**"②，因为布尔什维克陆续把其他政党——孟什维克、社会革命党右派和中派、社会革命党左派的代表排除出苏维埃。因此，考茨基指出在无产阶级的阶级内部，享有政治权利并构成布尔什维克政权基础的范围变小了，作为苏维埃出发点的无产阶级专政，变成了一党专政，变成了少数派对多数派的统治，而不是体现大多数人的要求。在考茨基看来，苏维埃政权在一党专政的情况下，所面临的结果不是政党的执政就是政党的毁灭。考茨基认为如果实行民主，那么情况就完全不同了，因为民主意味着多数派而非少数派的统治，但是民主也保护少数派。考茨基指出苏维埃政权通过居于少数地位的无产阶级与农民阶级的短暂联盟获得统治地位，在这种情况下，废除民主，废除少数派的权利，并且取消反对派，来维持工人联盟的统治，这是一种最目光短浅的、只顾眼前的政策，考茨基强调民主是无产阶级在这种短暂状态巩固统治并开展工作的唯一基础。

最后，考茨基认为苏维埃无产阶级专政带来了农业和工业上的后遗

---

① 《考茨基文选》，王学东编，北京：人民出版社2008年版，第364页。
② 《考茨基文选》，王学东编，北京：人民出版社2008年版，第368页。

症。在考茨基看来,从农业方面看俄国十月革命具有资产阶级性质,因为它铲除了封建主义的残余,从而使土地私有制更加巩固。

> 农民同无产阶级共同斗争,这使革命得以取得胜利,但是却也证明了这次革命的**资产阶级**性质。这次革命愈是作为这种性质的革命而完成和巩固,也就是新赢得的农民私有财产愈稳固,那么就愈加奠定了一方面促进资本主义经济,另一方面又引起农民和无产阶级之间矛盾日益增长的基础。①

革命之后,曾经与工人阶级结成联盟的农民日益与工人阶级出现对立,因为俄国农民感兴趣的是自己的私有土地和小生产,农民出于自身需要而进行的生产越来越少,出于市场需要的生产越来越多,农民对现金的依赖程度越来越高,因此农民必须通过提高农产品的售价来获得利润;而对于工人来说,食品的价格低廉则是最重要的。因此,在考茨基看来,农民和工人阶级之间的矛盾正在加剧,这是俄国无产阶级和最贫困农民专政的最毫无疑问的结果,因而考茨基指出在当前俄国农业经济基础上去建立社会主义经济是一种幻想。从工业方面看,农民和产业工人的矛盾也是越来越尖锐。考茨基指出,只靠专政去剥夺资本主义的工业不能建立社会主义的生产,国营化是不是社会主义取决于国家的性质。在考茨基看来,俄国是一个农民国家,俄国国营工业的市场主要是由农民构成的国内市场,对于农民来说,他们当然希望购买廉价的工业品,而这与国有企业的利润增加密切相关。在考茨基看来,这是因为:

> 国营经济的利润愈高,则国家岁入中税收所占份额就愈小;而税收在一个农民国家里势必主要取自农民。由于这一点,农民对国营企业增加利润正如他们对国营企业产品价格低廉一样感兴趣;但是这却意味着**降低工资**。②

---

① 《考茨基文选》,王学东编,北京:人民出版社2008年版,第387页。
② 《考茨基文选》,王学东编,北京:人民出版社2008年版,第391页。

因此，作为生产者的国有企业的工人与作为消费者的农民的利益是相矛盾的，并且随着国营经济发展得越来越大，这个矛盾就越来越突出。基于此，考茨基指出俄国十月革命的真正遗产不是社会主义，而是工人与农民之间的矛盾，虽然这些情况不能全部归咎于布尔什维主义，但是专政确实是一种催化剂，它使现有矛盾达到极致。

综上所述，考茨基的无产阶级专政理论以他的无产阶级革命理论为提前，他承认社会主义革命可以通过包括暴力在内的不同形式，但是他把希望主要寄托在无产阶级政党通过议会民主制以和平的方法取得政权，并且进行社会主义建设的道路。在考茨基看来，社会主义革命需要必要的前提条件，即高度发达的资本主义经济和成熟的民主政治，在这样的国家中，社会主义革命的形式必然不同于以往的纯粹的街垒战或武装起义的形式，而更多是采用和平方式。在此前提下，考茨基通过马克思关于巴黎公社政治制度的观点证明马克思的无产阶级专政是以普选制为基础、以民主共和国为形式的无产阶级统治。基于社会主义革命理论与无产阶级专政理论，一方面，考茨基认为由于俄国革命超越了俄国自身条件，因而是一种资产阶级的革命，它只有在西欧社会主义革命同时发生的情况下，才具有社会主义的性质。另一方面，考茨基认为俄国革命之后的苏维埃政权所宣扬和实行的无产阶级专政，无非是一种想要超越或"用法令取消自然的发展阶段"①的大规模实验而已，在考茨基看来，专政不会是向社会主义过渡的最无痛苦的方法，与此相反，专政将带来工人与农民之间最深刻的矛盾。因此，俄国无产阶级的前途不是从专政中寻找，而应该从民主之中找寻答案。简言之，考茨基认为马克思的无产阶级专政并不意味着取消民主，相反是从民主中发展起来的，无产阶级专政只是表示一个强大的政府。在考茨基看来，必须坚决反对专政，苏维埃的专政证明了它向一个社会主义政党提出了许多让政党无法胜任的任务，并且为了解决这些任务而筋疲力尽和狼狈不堪，在这种情况下，专政会降低社会主义威信，专政不是促进社会主义的发展，反而是阻碍社会主义的发展。

---

① 《马克思恩格斯文集》第 5 卷，北京：人民出版社 2009 年版，第 10 页。

第五章 论争中的考茨基

理解考茨基不仅需要阐释其关于唯物主义历史观以及社会主义运动的基本观点，而且需要对其在马克思主义发展史上的地位进行考察，以便更清晰、更鲜活地呈现考茨基及其理论。19世纪末20世纪初，考茨基是对马克思的唯物主义历史观进行全面研究和解释的众多马克思主义理论家之一，他在社会民主党以及第二国际中具有重要领导地位，因此他关于唯物主义历史观的解读，在第二国际内外都受到广泛关注和传播。不论被视为"马克思主义教皇"还是马克思主义的"叛徒"都集中反映出考茨基一直是第二国际理论家中备受关注的焦点以及批判的"靶子"。我们要辩证地看待考茨基在马克思主义发展史中的地位，既要了解第二国际其他马克思主义者与考茨基在理论焦点问题上的论争，也要了解与考茨基同时代的其他马克思主义者对考茨基思想的评价。据此，本书希望通过第二国际内部在焦点问题上的论争、列宁和早期西方马克思主义者对考茨基理论的批评与批判等维度，全面展示考茨基的基本思想及其在马克思主义理解史中的基本地位。

第一节 第二国际内部的论争

考茨基作为第二国际的主要理论家，他的马克思主义理论活动大都是在论争中展开的。在正统马克思主义期间，考茨基主要承担了同以伯恩施坦为代表的修正主义的论战，在唯物主义历史观、马克思的政治经济学以及资本主义政治制度等问题上应对了伯恩施坦的挑战，适时整个第二国际正统派一致反对右派的修正主义。1905年俄国革命以后，社会民主党内部又在关于俄国革命是否适应于西欧以及是否应实行群众大罢工等问题上进一步分化为左、中、右三派。左派以卢森堡、李卜克内西等为代表，他们认为俄国的革命经验同样适应于欧洲，主张政治罢工和革命暴力；以伯恩施坦为代表的右派则否定俄国革命，他们把政治罢工看作是一种野蛮暴力；考茨基最初站在左派立场，后来他迫切感觉到需要把自己划为中派，以此区别于传统的右派和新出现的左派。1914年第一次世界大战爆发前后，考茨基在关于帝国主义和战争问题上的态度，受到了左派的批判。

在第二国际期间，考茨基的思想历程经历了从"正统"向"中派"的转变并逐渐走向民主社会主义，因此，考茨基的马克思主义理论先后受到了右派的修正主义的攻击以及左派激进主义的质疑，其理论在马克思主义发展史和社会主义运动史上的意义也在同以伯恩施坦为代表的修正主义和以卢森堡为代表的革命激进主义的论战中逐渐显现。

一、关于资本主义民主制度的论争

19世纪晚期，资本主义政治经济发展进入一个新的发展阶段，经济上生产力持续增长，垄断逐步形成，政治上从绝对专制向形式民主转变。与此同时，无产阶级在经济和政治上也获得不断提升，比如无产阶级政党不再是非法政党，无产阶级的普选权得到承认，工人的物质生活有了提高。在这样的经济政治大背景下，以伯恩施坦为代表的修正主义和正统马克思主义者就资本主义政治民主制度的特征及其本质展开了论争，前者对资本主义的民主制度产生幻想，后者坚持认为资本主义民主本质是资产阶级性质的，基于此，卢森堡和考茨基对伯恩施坦展开了激烈的批判。

伯恩施坦认为资本主义是一种真正的民主制度。在《社会主义的前提和社会民主党的任务》中，伯恩施坦指出，民主意味着社会一切成员权利平等，"民主就更加同一切人的尽可能最高程度的自由具有同样的意义"①。在伯恩施坦看来，资本主义民主制度不再仅仅局限于资产阶级，而是所有阶级、所有人，包括无产者，都能在民主制下获得自己的权利，在这个意

---

① ［德］伯恩施坦：《社会主义的前提和社会民主党的任务》，殷叙彝译，北京：生活・读书・新知三联书店1965年版，第190页。

义上，民主实际为无产阶级夺取政权提供了可能和保证。伯恩施坦认为由于民主保证了每一个阶级的平等，所以马克思所说的阶级对抗也就慢慢淡化了，他说道："一个现代国家中的民主制度存在得愈久，对于少数人的尊重和照顾就愈增加，党派斗争就愈失去憎恨感。"① 在伯恩施坦看来，马克思的阶级斗争在资本主义新时代便获得了合法性的基础，原来只能通过流血的暴力革命实现改革，现在通过投票、示威游行等民主手段就可以实现了。基于此，伯恩施坦抛弃了马克思的暴力革命的路线，提出了"和平长入社会主义"的改良路线。伯恩施坦非常重视议会、工会等民主手段的作用，在他看来，"工会或工联从它们的社会政治地位来说就是工业中的**民主**因素。它们的倾向是摧毁资本的专制主义，使工人能够对工业的管理发生直接的影响"②。因此，伯恩施坦指出社会民主党最紧迫的任务是成为一个民主的社会主义的改良政党，在政治上把工人阶级组织起来，训练他们运用民主，即"社会民主党的全部实践活动都是归结于创造形势和先决条件，它们能够促成和保证现代社会制度在不发生痉挛性爆发的情况下过渡到一个更高级的制度"③。

针对伯恩施坦放弃暴力革命，鼓吹合法改良主义和平长入社会主义的修正主义路线，考茨基从民主的实质、民主是否消除了阶级对立以及能否和平长入社会主义等方面对伯恩施坦进行了反驳。首先，考茨基指出，资本主义民主在形式上是民主的，但实质上是以暴力为基础的，当民主危及资产阶级统治时，统治者便以暴力镇压人民大众的民主。因此，伯恩施坦的错误在于把民主的表象当作了实质。其次，考茨基指出民主并不能消解掉无产阶级的阶级专政对于无产阶级解放的必要性和意义，这是因为资产阶级统治本质上仍是阶级统治和剥削，资产阶级与无产阶级始终处于对立之中，而民主仅仅维持在不危及资本主义统治的范围之内。另外，考茨基

---

① [德] 伯恩施坦：《社会主义的前提和社会民主党的任务》，殷叙彝译，北京：生活·读书·新知三联书店1965年版，第191页。
② [德] 伯恩施坦：《社会主义的前提和社会民主党的任务》，殷叙彝译，北京：生活·读书·新知三联书店1965年版，第188页。
③ 《伯恩施坦言论》，中央编译局资料室编，北京：生活·读书·新知三联书店1966年版，第169页。

指出伯恩施坦关于和平长入社会主义的主张不过是一种只看到工人阶级不断壮大的单个现象所作的一种幻想。实际情况是随着民主制的发展，工人阶级和作为剥削阶级的资产阶级都获得了自身组织的发展。最后，针对伯恩施坦试图把社会民主党变为改良政党的企图，考茨基指出，由于无产阶级把自己组织成为一个有意识地进行阶级斗争的独立的党，因而对于无产阶级政党来说：

> 取消资本主义生产资料私有制和取消资本主义私人生产一定会成为这个政党的目标，党一定要把社会主义当作自己的旗帜，不是作为自由主义的完成，而是作为自由主义的克服。它不能是一个局限于民主主义——社会主义的改良的党，它必须成为一个社会革命的党。①

在考茨基看来，放弃革命就放弃了无产阶级的最终立场，这会导致无产阶级政党不能成为一个有意识地进行阶级斗争的独立政党。

卢森堡也对伯恩施坦关于资本主义民主制度的看法进行了反驳，在卢森堡看来，资本主义民主在本质上是资产阶级的统治工具，它只会逐步向军国主义发展，而不是越来越民主化。首先，在卢森堡看来，"民主制整个说来不像伯恩施坦所设想的那样，是逐渐渗透到资本主义社会中的直接的社会主义因素，相反，它是使资本主义的对立趋于成熟和发展起来的资本主义的特殊手段"②，因此，伯恩施坦设想的社会民主党联合工会组织对资本家进行监督无非是一种欺骗手法。其次，卢森堡分析了合法改良与革命之间的辩证关系。她指出合法斗争同武装斗争是有机联系在一起的，合法斗争是在坚持革命的前提下进行的，而暴力革命又是以合法斗争为辅助手段的，并通过合法斗争壮大自己的力量。在卢森堡看来，伯恩施坦完全抛弃革命而沉迷于合法改良，究其本质"不是以实现**社会主义制度**为目的，只以改良资本主义为目的，不是要消灭雇佣劳动制度，而是争剥削的多些或少些，一句话，

---

① 《考茨基言论》，中央编译局资料室编，北京：生活·读书·新知三联书店1966年版，第46页。

② 《卢森堡文选》，李宗禹编，北京：人民出版社2012年版，第30页。

是为了消灭资本主义制度的赘疣，而不是为了消灭资本主义本身"①。

在关于资本主义民主制的观点上，至少在同仇敌忾地反驳伯恩施坦，维护马克思的暴力革命观点等方面，考茨基与卢森堡是一致的。他们都主张暴力革命，反对伯恩施坦关于资本主义民主制度本质和特征的幻想，指出了民主的阶级性和形式民主的特征，从而反对合法改良主义路线。当然，不容忽视的是，考茨基的反驳也有所保留，针对伯恩施坦把无产阶级专政看作低素质文化的看法，考茨基说道："我不想发誓担保无产阶级的阶级统治非采取阶级专政的形式不可……关于无产阶级专政问题，我们满可以心平气和地留待将来去解决。"② 在民主问题上，考茨基也作出了让步，考茨基认为社会主义与民主并不矛盾，民主是社会主义不可缺少的一部分，社会主义民主与资本主义民主的不同在于社会主义民主是所有人的民主，但是考茨基同时指出资产阶级民主为社会主义民主提供了条件和经验。这些论述为考茨基在1910年彻底转向中派埋下了伏笔，从而在关于政治性群众罢工问题上，引发了考茨基与卢森堡论争。

二、关于政治总罢工和群众斗争问题的论争

1905年俄国革命以后，关于俄国革命对西欧的意义和政治性群众罢工作用的讨论，成为正统派与修正主义论争的焦点。然而关于这种实践策略的论争却导致正统派分化为以卢森堡为代表的左派和以考茨基为代表的中派，在关于群众罢工问题上卢森堡对考茨基展开了激烈批判。

以伯恩施坦为首的右派否定俄国革命，极端仇视俄国的武装斗争方式，他们指责俄国的革命学说是一种粗暴化的马克思主义，群众罢工"只会是破坏，而不是建设"③，因而罢工"应该当做无谓的生存牺牲加以抛弃"④。在

---

① 《卢森堡文选》，李宗禹编，北京：人民出版社2012年版，第58页。
② 《考茨基言论》，中央编译局资料室编，北京：生活·读书·新知三联书店1966年版，第44页。
③ 《伯恩施坦言论》，中央编译局资料室编，北京：生活·读书·新知三联书店1966年版，第327页。
④ 《伯恩施坦言论》，中央编译局资料室编，北京：生活·读书·新知三联书店1966年版，第334页。

伯恩施坦看来，俄国革命是俄国落后经济状况的产物，其经验完全不适应于资本主义发达的西欧，俄国革命只会给德国的社会主义事业带来损害，俄国革命鼓动激进的革命分子煽起革命的罢工，但是这些罢工"屡次给德国的经济生活带来严重的损害，并且招致了令人痛恨的武装力量干涉的恶魔"①。因此，伯恩施坦认为不能将俄国革命经验运用到西欧，并继续宣传合法改良主义。

考茨基对政治罢工的态度并不是完全否定的，他赞同把政治罢工作为无产阶级斗争的重要武器，在他看来：

> 如果无产阶级知道自己具有一种武器，利用这种武器它就可能靠自己的力量使自己敌人的暴力手段无能为力，那末它的信心、它的活力、它的自觉性以及另一方面敌人对它的敬重都会大大地增长。在这个限度之内讨论政治性罢工，或者也像人们不十分恰当地所说的那样，讨论总罢工，是具有重大的现实意义的。②

在考茨基看来，群众罢工可以作为无产阶级同它的敌人决定胜负的最后手段，无产阶级可以通过罢工同敌人的暴力手段进行对抗，这具有重要的现实意义。但是考茨基认为群众罢工的作用是有限的，而且他认为只有在极端情况下才能采取罢工的方法，罢工只是斗争手段的一种补充。特别是在1910年以后，考茨基站在中派主义的立场上指出：

> 使整个工人运动极端化而成为这种类型的群众行动，只能意味着用一种新的片面性代替马克思用"议会痴"这个词加以标明的那种过去的片面性。如果我们想套用这种说法，我们就可以把这种新的片面性称为群众行动痴。③

---

① ［德］伯恩施坦：《社会主义的前提和社会民主党的任务》，殷叙彝译，北京：生活·读书·新知三联书店1965年版，第282页。
② 《考茨基言论》，中央编译局资料室编，北京：生活·读书·新知三联书店1966年版，第89页。
③ 《考茨基言论》，中央编译局资料室编，北京：生活·读书·新知三联书店1966年版，第134页。

第五章 论争中的考茨基

考茨基强调群众罢工始终是无产阶级阶级斗争中的插曲，而非全部，群众罢工取得的对抗国家政权的胜利是暂时的，它只能促使国家政权的短暂让步，而不能破坏国家政权，因此把无产阶级的阶级斗争全部极端化为群众罢工，实际犯了"街头痴呆症"①。面对政治罢工的争论，考茨基选择了阶级斗争中的疲劳战略和击破战略来应对这场争论。考茨基指出对于无产阶级政党来说，进行阶级斗争可以采取击破战略和疲劳战略两种策略，击破战略是集中主要力量，一举推翻资本主义专政；疲劳战略是以议会道路为核心的战略，它避免最后的决战，使敌人疲劳不堪，消耗他们的力量。考茨基指出当前应该采取疲劳战略，不需要采用群众罢工而抛弃以议会道路为核心的战略，转到击破战略上去。但是考茨基又不像伯恩施坦一样完全否定武装斗争，他认为当资本主义统治者用武装暴力镇压无产阶级民主之时，无产阶级必须进行武装反抗同资产阶级进行斗争。

卢森堡对考茨基的疲劳战略展开了激烈批判，指出疲劳战略无非是"利用资产阶级国家的议会手段去进行无产阶级日常的阶级斗争，去教育、集合和组织无产阶级罢了"②，其实质仍然是唯议会主义。考茨基坚持疲劳战略反对政治性的群众罢工有两个依据，一是恩格斯的政治遗嘱，即恩格斯为马克思的《法兰西阶级斗争》写的"导言"；二是他认为政治罢工是俄国落后经济状况的特殊产物。卢森堡指责考茨基歪曲了这两个依据，并一一对其进行批判。在卢森堡看来，恩格斯在《法兰西阶级斗争》导言中是反对突然袭击这种过时的策略，但是这并不证明恩格斯反对群众罢工。卢森堡指出考茨基坚持疲劳战略是反对群众罢工，它同恩格斯的政治遗嘱没有太大关系。相反，在卢森堡看来，考茨基的疲劳战略的依据是伯恩施坦，而不是恩格斯。卢森堡指出，考茨基把政治性的群众罢工和议会斗争对立起来，其真实意图就是推荐议会主义，反对无产阶级为了取得和行使政治权利所采取的群众运动，而并非像恩格斯那样反对空想的街垒社会主

---

① 参见《考茨基言论》，中央编译局资料室编，北京：生活·读书·新知三联书店1966年版，第134页。同"群众行动痴"，指责左派的片面化的极端化的群众罢工者街头骚乱等群众行动。

② 《卢森堡文选》，李宗禹编，北京：人民出版社2012年版，第228页。

义。卢森堡批评考茨基利用恩格斯作为反对当前群众罢工的依据,从而"使他又一次在想象中胜利地反对了群众罢工的无政府主义的幽灵,而这显然是多梅拉·纽文胡斯早已过时的喇叭声把他吓得突然上阵的"①。

考茨基曾指出群众罢工是俄国落后经济状况的一种特殊产物,在西欧,特别是德国举行俄国式的群众罢工是极端困难的,甚至几乎是不可能的。针对考茨基的这一论断,卢森堡指出,"不是俄国经济上的落后,而是俄国的资本主义、现代工业和交通的高度发展,给那些声势浩大的群众罢工行动提供了可能性和条件"②,同时因为俄国的城市无产阶级已经具有高度的阶级觉悟、真正现代的资本主义矛盾已经充分发展,争取政治自由的斗争才断然只能由无产阶级进行。在卢森堡看来,考茨基的错误在于虚构革命的俄国和西欧之间的区别,从而颠倒本末,用俄国的落后经济状况去解释俄国革命。卢森堡指出:"群众罢工证明了自己并不是俄国特有的、来源于专制主义的产物,而是**无产阶级阶级斗争的一个普遍形式,它产生于当前阶段的资本主义发展和阶级状况**。"③ 因此,与其说俄国革命是"西方旧的资产阶级革命最后一个后继者,不如说是西方新的无产阶级革命系列的先驱"④,俄国革命给德国及其他最先进的资本主义国家的无产阶级指明了阶级斗争的道路和方法。

在卢森堡看来,考茨基坚持疲劳战略并反对群众罢工,这意味着考茨基没有坚持唯物主义历史观,反而滑向了唯心史观。首先,考茨基忽视了无产阶级和广大群众的作用。卢森堡指责考茨基不理解马克思的群众观点,他没有深刻领会马克思对群众历史作用的重视程度,没有把群众的意识和觉悟看成是无产阶级政治行动的重要因素。卢森堡说道:"群众罢工不是为使无产阶级斗争取得更有力的影响而冥思苦想出来的狡黠手段,**它是无产阶级群众的运动方式,是无产阶级在革命中的斗争的表现形式**。"⑤ 如果不坚持群众路线,那么社会民主党的战略就会像考茨基一样沦为法国

---

① 《卢森堡文选》,李宗禹编,北京:人民出版社2012年版,第231页。
② 《卢森堡文选》,李宗禹编,北京:人民出版社2012年版,第269页。
③ 《卢森堡文选》,李宗禹编,北京:人民出版社2012年版,第271页。
④ 《卢森堡文选》,李宗禹编,北京:人民出版社2012年版,第271页。
⑤ 《卢森堡文选》,李宗禹编,北京:人民出版社2012年版,第171页。

小资产阶级民主主义者的战略。其次，考茨基脱离实际，割裂理论与实践。卢森堡指出，考茨基反对当前群众罢工而把罢工想象成为一次性的事件，想象成一场生死存亡的搏斗，宛如一幅最后的群众罢工的图画，卢森堡认为这意味着无视客观效果，无视客观存在的现实，反而给那些妄想议会斗争的机会主义者提供了一道理论上的屏风。考茨基关于最后的群众罢工的理解，在卢森堡看来，"它无论如何是一副崭新的、但不是按照实际情况而是凭单纯的'想象'描绘出来的作品。因为它不仅与俄国的范例对不上号，而且在'西欧'或美国爆发的许多群众罢工中，也根本没有**一次**与考茨基同志为德国发明出来的标本大体相像"①。因此，卢森堡指责考茨基理论脱离实际，无视社会现实，依靠纯粹想象来制定斗争策略。

通过卢森堡与考茨基在关于政治性总罢工问题上的论争，可以看出考茨基关于群众罢工模棱两可的态度。一方面，考茨基以右派的观点反对左派，认为群众罢工是俄国落后经济状况的产物，在德国的无产阶级身上看不到由于缺乏政治权利而产生的愤怒，因此德国无产阶级可以通过民主去解决问题，而不会诉诸群众罢工。另一方面，考茨基通过左派观点反对右派，他认为议会具有重要作用，但是也不能全面放弃群众罢工，因为资产阶级统治的阶级性质，使资产阶级必然以暴力镇压无产阶级，无产阶级必须保留政治罢工的策略，以应对资产阶级的暴力活动。由此可见，考茨基动摇于左派和右派中间，成为折中主义的"等待论"②。

三、关于帝国主义以及帝国主义战争的论争

面对资本主义发展的新形态，第二国际理论家都试图对帝国主义作出自己的解释，考茨基也不例外。首先，考茨基明确了帝国主义的内涵，"帝国主义是高度发展的工业资本主义的产物。帝国主义就是每个工业资本主义民族力图征服和吞并愈来愈多的**农业**区域，而不管那里居住的是什

---

① 《卢森堡文选》，李宗禹编，北京：人民出版社2012年版，第277页。
② 姚顺良：《资本主义理解史（第二卷）：第二国际时期资本主义批判理论的演变》，南京：江苏人民出版社2009年版，第354页。

么民族"①。可以看出，考茨基把工业地区与农业地区的矛盾看作是对帝国主义来说有决定意义的因素，是帝国主义产生的根源。帝国主义就是实现资本主义工业民族不断扩大同它有交换关系的农业地区的意图的一种特殊形式。②其次，在考茨基看来，帝国主义不是资本主义发展的必然阶段，只是现代资本主义在一定时期采取的"一种特殊类型的资本主义政策"③，是为了获取农业地区的原料而推行的一种扩张政策。现代资本主义追求高额利润的目的并不必然导致走向帝国主义，因为除了殖民扩张以外可以采取其他方法。因此，考茨基把帝国主义政策的实行归结为一个国家的实力，而不是经济必然的产物，在这种情况下考茨基赋予帝国主义阶段以偶然性的特点。最后，考茨基指出帝国主义将最终走向超帝国主义。在考茨基看来，由于帝国主义是资本扩张的一种特定时期的政策，因此从纯粹经济的观点来看，资本扩张在未来也会采取一个新的形式，资本主义再经历一个新的阶段，把卡特尔政策应用到对外政策上，从而进入到超帝国主义阶段，在超帝国主义阶段，各个具有同等权利的国家将联合起来建立国家联盟。考茨基认为只有在这样的超帝国主义国家联盟里，无产阶级才能采取联合行动，才能取得社会主义革命的胜利。当然考茨基指出同样需要激烈地反对超帝国主义阶段，但是"它的危险不在军备竞赛和威胁世界和平这一方面，而是在别的方面"④。

针对考茨基的帝国主义理论，库诺夫对考茨基进行了激烈的批判。库诺夫对考茨基的批判主要集中在三点，其一，库诺夫反对考茨基把帝国主义仅仅看成是金融资本采取的一种政策；其二，库诺夫反对考茨基所认为的除了殖民扩张以外，还存在扩充资本主义政治经济实力的其他途径；其三，库诺夫认为考茨基关于帝国主义的定义太空泛。就第一点来看，库诺夫指出帝国主义是从资本主义内部生长起来的以金融资本统治为特点的新的发展阶段，这个阶段是前进了的、加强了的资本主义。这个阶段的主要

---

① 《考茨基文选》，王学东编，北京：人民出版社2008年版，第296页。
② 《考茨基文选》，王学东编，北京：人民出版社2008年版，第305—306页。
③ 《第二国际修正主义者关于帝国主义的谬论》，《机会主义、修正主义资料选编》编译组编，北京：生活·读书·新知三联书店1976年版，第107页。
④ 《考茨基文选》，王学东编，北京：人民出版社2008年版，第310页。

特征就是金融资本起主要作用,只要资本主义的发展达到了很高程度的国家或地区,都会出现这些新现象。同时,在库诺夫看来,帝国主义是实现社会主义的一个准备阶段,它让资本更加集中,从而为社会主义经济方式的实现创造了先决条件。因此,不应该把帝国主义理解为一个暂时政策,而应理解为社会历史的必然发展阶段。就第二点来看,库诺夫指出,考茨基为资本主义发展设想了另外的道路实际犯了一个错误,即把夺取殖民地、输出资本等误解为是帝国主义最主要的东西,因而把帝国主义同殖民扩张政策等同起来。事实上,帝国主义的最典型特征是金融资本取得统治地位,金融资本成了资本主义生存的决定性因素,并要求国家要考虑其意义。殖民扩张以及资本输出,不过是金融资本各种活动方式中的一种。最后,库诺夫还指责考茨基关于帝国主义的定义过于空泛,这个定义不仅适用于帝国主义的殖民政策,也适用于任何其他类型的殖民政策。换句话说,考茨基关于帝国主义内涵的理解没有注意到近代殖民政策中包含的帝国主义特点,也没有看到殖民政策背后的力量不是工业资本而是金融资本。①

库诺夫承认帝国主义是资本主义发展的一个必然阶段,并且指出金融资本的统治是帝国主义的主要经济特征,这一点库诺夫是正确的,它对考茨基的批判有一定道理。但是库诺夫并没有得出革命的结论,在他看来,既然承认帝国主义是资本主义发展进程中的一个必然阶段,那么"直接了当地将它'铲除'并且从资本主义发展序列中勾消,就是荒谬的"②,换句话说,库诺夫认为反对帝国主义的斗争如同工业发展初期消灭机器一样,变得毫无意义。库诺夫甚至认为帝国主义掠夺战争是具有历史必然性的,通过掠夺战争建立大国是成为帝国主义的必要手段,而所谓的民族自决权实际是一种常见的天真想法。③ 因而从这个意义上说,库诺夫反而充当了

---

① 马健行:《帝国主义理论形成史》,北京:中国社会科学出版社1993年版,第250—251页。

② [德]亨利希·库诺夫:《党破产了吗?》,韦任明译,北京:生活·读书·新知三联书店1977年版,第12页。

③ [南斯拉夫]弗兰尼茨基:《马克思主义史》第1卷,胡文建等译,哈尔滨:黑龙江大学出版社2015年版,第362页。

垄断资产阶级的辩护者。

卢森堡指责考茨基歪曲了帝国主义的本质和起源。在卢森堡看来，考茨基关于帝国主义本质和起源的歪曲是导致考茨基以保卫祖国及民族防御为借口对帝国主义战争妥协的重要原因。针对考茨基在保卫祖国的名义下支持帝国主义战争的行为，卢森堡指出考茨基在议会中投票赞成战争拨款的行为，不是专门向哪一个人而是向所有人打了一记重拳，这个行为不仅是向德国工人阶级的一次挑战，同时也是向其他资本主义国家的一次挑战。卢森堡犀利地指出，社会民主党口中"保卫祖国"的口号不是要求人们去充当帝国主义资产阶级司令部的炮灰。在卢森堡看来，外来入侵和阶级斗争并不是像官方神话所说的那样是对立的，入侵是阶级斗争的手段，而考茨基的错误在于把反对外来侵略和进行国内的阶级斗争完全地对立起来，并且用反对入侵代替并取消国内阶级斗争。卢森堡说道，如果在统治阶级看来，入侵是反对阶级斗争的手段，那么对于无产阶级来说，尖锐的阶级斗争却一向被证明是反对入侵的最好手段。因此，卢森堡坚定地指出："内部阶级斗争的力量和激情不仅不会削弱公团的对外防御力量，而是相反，恰恰是从这一斗争的烟囱中喷射出来的熊熊火焰足以抵抗任何外来敌人的冲击……无所顾忌的阶级斗争是一个国家反对外部敌人的最可靠的保障和最好的武器。"①

卢森堡指责考茨基援引民族自决权为帝国主义战争辩护。卢森堡指出："在今天的帝国主义环境下根本不会再有民族的防御战争，而且任何的社会主义政策，如果它没有考虑到这一起决定性作用的历史环境，如果它在世界纷乱中所持的是仅仅着眼于一个国家的孤立的观点，那么这种政策从一开始就是建立在沙滩之上的。"② 针对考茨基希望无产阶级和资产阶级能够在爱国主义的前提下进行合作的幻想，卢森堡指出在帝国主义大环境下，不再有民族防御战争，任何地方都无法出现一场由资产阶级和无产阶级出于爱国而合作进行维护民族自由的战争。卢森堡指出这是因为"军国主义不是为了确保本民族的独立和不可侵犯性，而仅仅是为了确保和扩

---

① 《卢森堡文选》，李宗禹编，北京：人民出版社2012年版，第358页。
② 《卢森堡文选》，李宗禹编，北京：人民出版社2012年版，第360页。

大海外征服地"①，所以借口爱国主义和民族防御的口号为战争辩护，这是站不住脚的。最后，卢森堡把考茨基支持帝国主义战争的行为归结为他缺少唯物主义历史观的眼光。卢森堡指出考茨基根本不了解，要准确地理解历史的进程包括帝国主义的发展过程，同样需要采取历史唯物主义的方法。

卢森堡关于考茨基在帝国主义战争中采取的中立态度的批判是中肯的，毕竟考茨基没有看到帝国主义战争的军国性质和侵略性质。然而考茨基的帝国主义理论并不是没有任何理论价值，我们不能全盘否定。考茨基把帝国主义看作是高度发达的工业资本主义的产物，反对希法亭②等夸大银行资本的作用，有其合理之处。希法亭和列宁强调的银行资本，不是指银行的自有资本，而指银行的借贷资本，它不符合资本的现代形态以股份资本为主体、以资本市场为中介的实际③。美国左翼经济学家斯威齐据此也批评了希法亭等人，而像考茨基一样强调现代资本的基础是"产业资本，而不是希法亭所想象的银行资本"④。此外，虽然考茨基的超帝国主义理论认为能在金融资本联合的基础上建立国家联盟，但是他并没有否认超帝国主义的剥削性质，而且他出于世界和平目的的"国家联盟"构想，已经被欧盟（欧洲联盟）的建立所证明。虽然当今的资本霸权统治形式正如考茨基想象的一般温和，但是资本统治的范围和深度却比他想象的残酷得多。考茨基企图以资本主义的金融资本自动转换的方式实现世界和平，这固然是不切实际的。

四、关于社会主义的论争

考茨基等正统马克思主义理论家把马克思的唯物史观理解为实证的纯

---

① 《卢森堡文选》，李宗禹编，北京：人民出版社2012年版，第366—367页。
② 鲁道夫·希法亭（Rudolf Hilferding, 1877—1941），奥地利马克思主义的代表人物之一，代表作《金融资本》。
③ 姚顺良：《资本主义理解史（第二卷）：第二国际时期资本主义批判理论的演变》，南京：江苏人民出版社2009年版，第546页。
④ ［美］保罗·斯威齐：《资本主义发展论》，陈观烈、秦亚男译，北京：商务印书馆1962年版（2022年重印），第333页。

科学理论，其中经济基础决定上层建筑的原理，被解释为随着资本主义经济发展，资本主义会自动地被社会主义所取代，这如同自然规律一样，因而人的主体活动被忽视。可见，在考茨基等正统马克思主义理论家这里，马克思主义是不包含任何价值判断的，否则，就会失去马克思主义的科学性质。而伯恩施坦从新康德主义的价值与事实的二元划分出发，对考茨基关于马克思主义的科学理解范式提出批评，指责马克思主义缺乏伦理基础，伯恩施坦企图将科学社会主义变为伦理社会主义，力图用新康德主义补充马克思主义。

首先，伯恩施坦否定了正统马克思主义者坚持的实证主义的科学社会主义。在伯恩施坦看来，"**在作为社会主义理论的马克思主义学说中，并不全部都是科学……也不可能全部都是科学**。不是要否定社会主义理论具有科学的基础和原理的可能性，而是反对那种认为社会主义的理论似乎能够或者必须完全是科学的观点"①。换句话说，伯恩施坦认为一种理论之所以能称得上"科学"是因为它建立在经验基础之上，但这只能存在于自然科学之中；相反，任何一种社会理论都是对事物的主观描述，因而都带有价值判断，不是纯粹的科学。伯恩施坦指出马克思的社会主义理论不可能全是基于经验的纯粹的科学，它必然包含价值判断，他进一步指出"谁也无法否认，《资本论》中充满以**道德判断**为基础的用语"②。伯恩施坦强调根本不能把马克思的社会主义理论称为"科学社会主义"，因为这样会给人一种错觉，好像作为理论的社会主义应当是一种无价值判断的纯粹科学一般，基于此，伯恩施坦得出结论认为科学社会主义概念是一个矛盾的概念。

其次，伯恩施坦批评了正统马克思主义者所理解的经济决定论思想。伯恩施坦指出那种认为只要随着经济的发展必然过渡到社会主义的理论，实际是一种宿命论。伯恩施坦说道，"按照我的意见，社会主义的胜利并

---

① 《伯恩施坦言论》，中央编译局资料室编，北京：生活·读书·新知三联书店1966年版，第278—279页。
② [德] 伯恩施坦：《社会主义的历史和理论》，马元德等译，北京：东方出版社1989年版，第239页。

不取决于它的内在的经济必然性。我认为既没有可能，也没有必要赋予它以纯粹物质的基础"①。伯恩施坦认为经济因素和非经济因素在社会历史发展中起着同样重要的作用，绝对不能无限放大经济因素的作用而忽视意识、价值、伦理、道德等其他因素的作用，显然马克思的社会主义理论便犯了如此的错误。伯恩施坦强调社会主义决不能是一种实证科学的理论，只能是一种伦理社会主义，它的基础不是经济必然性，而是伦理力量。基于此，伯恩施坦提出要以新康德主义的价值理论去"补充"马克思的社会主义学说。在伯恩施坦看来，作为社会主义伦理力量的道德是一个能起创造作用的力量，并且社会主义只能从道德中创造出来，伯恩施坦试图利用道德消解了马克思社会主义理论的科学基础——唯物史观与剩余价值学说。最终，在伯恩施坦看来，随着道德观念的发展和完善，资本主义便会和平长入社会主义。

针对新康德主义的伦理社会主义以及伯恩施坦对马克思社会主义理论的指责，考茨基通过阐明道德的起源及其作用来反驳伯恩施坦的伦理社会主义。考茨基首先阐明了道德的起源。在考茨基看来，"正如道德不是共同意识形式的产物一样，在我们看来它也不是高级智力的产物。……道德愤慨并不是由于理论研究而造成的，它是从社会生活的实践中产生出来的"②。因而不能像康德一样从理性出发论证道德的起源，康德的致命错误就在于从二元论退回到了主观唯心主义。考茨基认为道德是源于社会本能，它是从动物的群居生活中遗传下来的，随着社会经济的发展，人类从动物群居生活中继承下来的道德便会发生变化，随着阶级的产生，道德也具有了阶级性，不同阶级拥有不同的道德内容。在此基础上，考茨基批判了以伯恩施坦为代表的伦理社会主义支持者，考茨基指责他们根本不了解道德起源，也不理解道德的社会作用，考茨基指出道德虽然对经济有反作用，对经济起到推动或者阻碍的作用，但始终是由经济基础决定的。因而

---

① ［德］伯恩施坦：《社会主义的前提和社会民主党的任务》，殷叙彝译，北京：生活·读书·新知三联书店1965年版，第31页。
② 考茨基：《唯物主义历史观》第二分册，上海：上海人民出版社1965年版，第101—102页。

道德在本质上与科学社会主义理论是毫不相干的，科学社会主义只能根据经济发展的必然规律得出，而不能从自由、平等、博爱的道德原则中得出。考茨基明确指出由于道德起源于经济生活，并随着技术经济的进步而变化，所以，无产阶级的解放斗争虽然离不开道德理想，但是科学社会主义是建立在对资本主义经济的科学研究之上的，而不是从道德中产生的。由此，考茨基通过阐释道德的起源和作用完成了对伯恩施坦伦理社会主义的批判及反驳。

  关于社会主义是科学理论还是伦理理想的争论，伯恩施坦和考茨基各有自己的不足和意义。就伯恩施坦而言，伯恩施坦对第二国际理论家关于马克思主义的实证科学主义理解范式进行了批评，不管他的理由或修正方法正确与否，他确实指出了以考茨基为代表的正统马克思主义在理解马克思主义方面的科学范式以及经济决定论倾向，这是值得肯定。但是伯恩施坦把第二国际阐释的科学主义和经济决定论与马克思本人的理论混淆起来，进而否定马克思学说，并企图用新康德主义的伦理学补充马克思的做法，则是不正确的。这既说明伯恩施坦没有理解马克思的理论，忽略了在马克思那里科学与价值是统一的；也表明伯恩施坦过分夸大了道德的作用，认为社会主义是由道德创造出来的，实际上陷入了新康德主义唯心主义的旋涡中。就考茨基来说，考茨基关于道德起源和作用的唯物主义解释，有力地反驳了伯恩施坦的道德唯心论及其所依据的新康德主义的伦理社会主义。考茨基关于伦理学的著作《伦理学与唯物史观》也构成了马克思主义伦理学的初次尝试，在马克思主义哲学史上有重大的意义。[①] 但是考茨基关于道德的唯物主义解释，却又充满达尔文实证主义的色彩，他把道德的产生归结为动物的本能，这显然不符合马克思关于道德是社会特定阶段产物的基本观点，因此当考茨基以这种道德观论证社会主义时，终究不能理解社会主义道德的实质。

---

  ① 姚顺良：《资本主义理解史（第二卷）：第二国际时期资本主义批判理论的演变》，南京：江苏人民出版社2009年版，第374页。

第二节　列宁对考茨基的批判

按照列宁的说法，直到1909年之前他是非常钦佩考茨基的，从1910年到1914年之间，随着考茨基与卢森堡关于群众大罢工论战的展开，列宁逐渐变得警觉。1914年由于考茨基对第一次世界大战采取中立态度，列宁对考茨基的态度急转直下，同时因为考茨基对布尔什维克革命和苏维埃政权的否定，导致列宁与考茨基决裂，最终列宁把考茨基称为马克思主义的"叛徒"。通过考察列宁对考茨基态度的变化，结合马克思主义理论，可以看出两人的分歧主要在于对战争、暴力革命以及无产阶级专政的态度之上。需要指出的是，列宁并非一开始就不赞同考茨基关于战争以及革命的观点，恰恰相反，列宁正是从考茨基那里学到了社会主义革命理论，学到了在策略中要运用辩证法的思想。考茨基的《社会革命》《取得政权的道路》以及关于无产阶级意识的灌输论思想都是列宁早期加以推崇的。但是随着第一次世界大战的爆发，无产阶级革命条件的逐渐成熟，特别是俄国十月革命爆发后，考茨基对苏维埃政权的批判，列宁转而展开批判考茨基的思想历程，并从过往的著作中寻找考茨基革命思想动摇的踪迹。

列宁对考茨基的批判主要集中于社会主义革命与国家、民主与无产阶级专政的理论分歧之上，在列宁看来，国家与暴力革命是马克思和恩格斯全部学说的基础，无产阶级专政是马克思社会主义理论的核心思想，考茨基对马克思和恩格斯学说的背叛最突出的表现就在于放弃暴力革命以及歪曲无产阶级专政。列宁把考茨基关于国家与革命、无产阶级专政理论的曲解归结为用折中主义代替辩证法，指出折中主义、诡辩论是考茨基对待马克思主义的常见态度。

一、关于战争的性质问题

20世纪初世界局急剧变化，帝国主义国家面临一触即发的战争形势，战争导致各国经济的破坏以及无产阶级革命条件的不断成熟，在这样的大变局下，针对考茨基否认战争的帝国主义性质并为战争辩护的态度，以及考茨基反对暴力革命主张和平过渡的观点，列宁对考茨基展开了回应和批判。在对待第一次世界大战的性质和态度上，列宁指责考茨基的社会沙文主义倾向，批判考茨基打着"保卫祖国"的旗号，站到本国资产阶级政府一边，从而为帝国主义战争辩护。同时，列宁批判考茨基玩弄折中主义和诡辩论，歪曲马克思和恩格斯的观点，为自己的社会沙文主义辩护。列宁先后在《社会主义和战争》《第二国际的破产》以及《帝国主义论》中，指明了第一次世界大战的帝国主义性质，批判了考茨基关于战争的理论观点。列宁把考茨基主义看作"隐蔽的机会主义派别"，认为他更有害更危险，考茨基等机会主义派别用娓娓动听的马克思主义的词句与和平的口号，同露骨的机会主义结成联盟，这最终导致考茨基转到资产阶级立场，变成社会沙文主义者。列宁指出，考茨基用阶级合作取代阶级斗争，放弃了革命的斗争方式，他用赤裸裸的诡辩方法阉割了马克思主义的活的革命灵魂。列宁强调机会主义者承认马克思主义的一切，就是不承认马克思主义的革命手段。

列宁批判了考茨基号召工人保卫祖国的言论，指责考茨基投票赞成军事拨款的国内和平政策。列宁指出考茨基"保卫祖国"的口号实际上是比较精致的、心平气和的、动听的沙文主义，是在颂扬社会民主党倒向本国的资本家，这是对社会主义的极端庸俗的嘲弄。在列宁看来：

> 《共产党宣言》上说"工人没有祖国"，这句话在今天比在过去任何时候都显得更为正确。只有无产阶级进行反资产阶级的国际斗争，才能保卫无产阶级的胜利果实，才能给被压迫群众开辟一条通向美好未来的大道。①

列宁指出战争如同克劳塞维茨在《论战争》中所指出的，战争无非是政治关系的延续。在列宁看来这种观点也符合马克思、恩格斯的观点，因为"他们把每次战争都看作是有关列强（及其内部各阶级）在当时的政治

---

① 《列宁全集》第 26 卷，北京：人民出版社 2017 年第 2 版增订版，第 165 页。

的继续"①。所以，列宁指出当前战争所叫喊的"保卫祖国"、抵御外敌入侵等都是欺骗群众的谎言，其实质就是为了瓜分殖民地和掠夺竞争国的帝国主义性质的战争。因此，列宁认为决不能用追究哪一个集团首先开始军事攻击或首先宣战的问题，去抹杀战争的帝国主义性质；同时也决不能用战争的民族性和"保卫祖国"的口号，去支持本国资产阶级政府参加帝国主义战争。在列宁看来，考茨基的"保卫祖国"的口号，实际上就是让法国的工人阶级向德国的工人阶级开枪或者是让德国的工人阶级向法国的工人阶级开枪。列宁指责考茨基提出"保卫祖国"的口号，其罪恶目的就是掩盖战争的帝国主义性质，换句话说，"帝国主义列强对占世界人口一半以上的许多民族的压迫，这些帝国主义国家的资产阶级之间为分赃而进行的竞争，资本分裂和镇压工人运动的意图"② 在考茨基的视野中都消失殆尽了。

列宁指责考茨基歪曲引用马克思和恩格斯的话作为自己的王牌论据，批评考茨基只抓住事物的现象而忽视事物的内在有机联系。考茨基经常提及马克思、恩格斯关于1854—1855年、1870—1871年和1876—1877年的战争的观点，并且总是表达马克思、恩格斯虽斥责战争，但是每当战争爆发时，他们总是站在交战国一方的观点。针对这种情况，列宁对考茨基进行了批判。一方面，列宁指出这是考茨基和普列汉诺夫等社会沙文主义者惯用的伎俩。列宁特别强调这些战争都是资产阶级反对封建专制制度的政治的延续，是具有资产阶级进步性和民族解放意义的，如果把这种战争拿来同当前帝国主义的战争进行比较，如同把长度和重量相提并论，这是风马牛不相及的两码事。另一方面，列宁指责考茨基仅仅援引马克思对资产阶级进步时代战争的态度，而忽略马克思曾提出的适用于资产阶级反动和衰亡时代同时适用于社会主义革命时代的话，即"工人没有祖国"。因此考茨基的观点既是对马克思和恩格斯观点的令人愤慨的歪曲，也是对真理的嘲弄，是用资产阶级的观点偷换社会主义的观点，是"为了讨好资产阶

---

① 《列宁全集》第26卷，北京：人民出版社2017年第2版增订版，第236页。
② 《列宁全集》第26卷，北京：人民出版社2017年第2版增订版，第236页。

级和机会主义者"①。

此外,针对考茨基否认第一次世界大战是纯粹帝国主义性质的言论,列宁指出这是考茨基新的诡辩和对工人阶级的新的辩证法欺骗。一方面,在列宁看来,考茨基作为马克思主义的权威,提出"统治阶级有帝国主义的倾向,而'人民'和无产阶级群众有'民族'的要求"②来欺骗群众,如此使得"辩证法变成了最卑鄙最下贱的诡辩术"③。列宁指出,考茨基为了替机会主义者辩护,夸大了塞尔维亚反对奥匈帝国战争中的民族因素,从而对事物做了孤立的即片面的和歪曲的考察。另一方面,列宁指责考茨基为了替机会主义者辩护,用"纯粹"概念冒充辩证法。在列宁看来:

> 无论在自然界或社会中,"纯粹的"现象是**没有**而且也不可能有的,——马克思的辩证法就是这样教导我们的,它向我们指出,纯粹这个概念本身就是人的认识的一种狭隘性、片面性,表明人的认识不能彻底把握事物的全面复杂性。世界上没有而且也不可能有"纯粹的"资本主义,而总是有封建主义的、小市民的或其他的东西**掺杂其间**。④

因此,当帝国主义者分明用"民族的"词句来掩盖赤裸裸的掠夺的目的以欺骗人民时,考茨基却大肆喧嚷战争不是"纯粹"帝国主义性质,列宁认为这只能表明考茨基要么是愚蠢透顶的学究,要么是吹毛求疵者和骗子,无论在政治上还是学术上考茨基已经把自己埋葬了。

二、关于国家与革命问题

在列宁看来,考茨基很少关注国家与革命的问题,甚至在不得不直面这个问题时,考茨基也总是竭力回避。列宁认为正是考茨基对无产阶级革

---

① 《列宁全集》第26卷,北京:人民出版社2017年第2版增订版,第332页。
② 《列宁全集》第26卷,北京:人民出版社2017年第2版增订版,第252页。
③ 《列宁全集》第26卷,北京:人民出版社2017年第2版增订版,第252页。
④ 《列宁全集》第26卷,北京:人民出版社2017年第2版增订版,第253页。

命与国家问题持有如此躲躲闪闪的态度，才造成他对马克思主义的歪曲和完全庸俗化。列宁认为，在国家问题上，考茨基一向倾向于机会主义。列宁对考茨基的国家与革命观点的批判，是基于列宁对革命问题的理解。在列宁看来，革命就是无产阶级破坏国家管理机构，并用武装工人组成的新国家机构来代替旧国家机构，其核心点一定是要"打碎、摧毁、炸毁"①旧的国家机器，进而用无产阶级的全新的机构代替旧国家机器。因此列宁主要通过批判考茨基的《伯恩施坦与社会民主党的纲领》《社会革命》以及《取得政权道路》等著作，来阐明考茨基在国家与革命问题上采取的回避态度。列宁在《国家与革命》中集中批判了考茨基盲目崇拜国家、迷信官僚制度以及取消打碎旧国家机器的任务，同时也批判了考茨基把无产阶级政治斗争的目的局限于取得议会数、使议会变成政府的主宰等观点。

列宁批判了考茨基在国家问题上的机会主义倾向。列宁就考茨基仅仅局限于夺取国家政权，而没有明确提出打碎国家机器展开了批判。列宁指出，考茨基在同伯恩施坦进行论战之时，并没有明确指责伯恩施坦对马克思主义彻头彻尾的歪曲——在夺取政权时不要采取过激的革命手段，在这种情况下，考茨基却无视伯恩施坦的机会主义与马克思主义在无产阶级革命任务问题上的根本差别，因此，在列宁看来：

> 马克思和恩格斯在1852年到1891年这40年当中，教导无产阶级应当打碎国家机器。而考茨基在1899年，当机会主义者在这一点上完全背叛马克思主义的时候，却用打碎国家机器的具体形式问题来**偷换**要不要打碎这个机器的问题，把我们无法预先知道具体形式这种"无可争辩的"（也是争不出结果的）庸俗道理当作护身符！！
>
> 在马克思和考茨基之间，在他们对无产阶级政党组织工人阶级进行革命准备这一任务所持的态度上，存在着一条不可逾越的鸿沟。②

列宁指责考茨基对无产阶级革命所肩负的打碎国家机器的任务只字未

---

① 《列宁全集》第31卷，北京：人民出版社2017年第2版增订版，第102页。
② 《列宁全集》第31卷，北京：人民出版社2017年第2版增订版，第103页。

提，而只是用"打碎国家机器的具体形式"的问题来偷换"要不要打碎这个机器"的问题。故而，考茨基才会把无产阶级专政的问题，十分放心地留待将来去解决。列宁认为考茨基不是反驳伯恩施坦，不是同伯恩施坦论战，相反是向他让步，把阵地让给机会主义。因此，列宁指出考茨基和马克思之间有着一条不可逾越的鸿沟，特别是在无产阶级政党组织工人进行社会革命问题的态度上。

在列宁看来，考茨基的《社会革命》和《取得政权的道路》是革命的著作，列宁把《取得政权的道路》看作是考茨基最后的也是最好的一部反对机会主义者的著作，肯定考茨基在此书中发表了许多宝贵的见解，即便如此，列宁认为考茨基同样回避了国家与革命问题。列宁指出考茨基多处谈论夺取国家政权的问题，但是他"只限于此"①，因为在考茨基看来不摧毁国家机器也可以夺取政权，因此，考茨基的这种说法实际上是向机会主义者让步。列宁指责考茨基只是谈论社会革命的形式和武器，只是在"口头上"② 气势汹汹地宣称社会革命，但是回避了革命无产阶级的迫切问题，即与资产阶级革命相比，无产阶级革命对国家和民主的态度究竟有何实质性不同。列宁认为考茨基不理解资产阶级的议会制和无产阶级民主制度的区别，指责考茨基只是停留在对国家的盲目崇拜中。总之，列宁强调考茨基回避了关于无产阶级革命与国家的问题，考茨基局限于强调夺取政权，并且把夺取政权解释为获得多数议会席位，因此考茨基没有明确指出要打碎国家机器。基于此，列宁指责考茨基对待国家问题的态度总是回避和躲闪的，这种回避态度给机会主义者留下后路，从而也使考茨基逐渐走到机会主义者那边去了。

列宁批判了考茨基关于社会主义社会官吏和官僚继续存在的观点。在列宁看来，考茨基提出官吏的问题，证明他并没有理解巴黎公社的教训和马克思的学说。考茨基认为在社会主义社会里官僚、工会和合作社都是同时并存的，甚至有些企业是必须要有官僚组织的。列宁指出这种必须具有官僚组织的观点是错误的。在社会主义社会中的铁路、大机器工业等企业

---

① 《列宁全集》第31卷，北京：人民出版社2017年第2版增订版，第103页。
② 《列宁全集》第31卷，北京：人民出版社2017年第2版增订版，第104页。

中，工人确实需要像考茨基说的那样选出工人代表去组成某种类似议会的东西，同时也会制定相应的条例和进行监督管理工作，但是这个机构绝对不会是资产阶级式的议会，不会是官僚的机构。列宁指出工人阶级推翻资本主义国家政权以后，就会打碎旧的官僚机构，把旧的国家官僚机构彻底粉碎，用由工人阶级代表组成的新机构来代替旧的国家机构。为了防止这些人变成官僚，就要采取马克思、恩格斯详细说过的措施。

（1）不但选举产生，而且随时可以撤换；（2）报酬不得高于工人的工资；（3）立刻转到使**所有的人**都来执行监督和监察的职能，使**所有的人**暂时都变成了"官僚"，因而使**任何人**都不能成为"官僚"。①

在列宁看来，官僚问题的实质不在于是否保留各政府部门、设置各种专家委员会或其他什么机构，问题的本质在于是保存旧的带有资产阶级性质的国家机器还是破坏它并用新的国家机器来代替。列宁坚持认为，社会革命一定要打碎、摧毁以及炸毁国家机器，要彻底破坏常备军、警察和政府官僚等国家机构，所以他强烈谴责考茨基所认为的社会主义社会仍然需要官僚或官吏的观点。列宁指出官僚制的实质是"脱离群众、凌驾于群众之上、享有特权"②。在列宁看来，考茨基提出官吏问题，这清楚地表明考茨基根本不理解巴黎公社的经验教训和马克思主义的基本思想，即"革命不应当是新的阶级利用**旧的**国家机器来指挥、管理，而应当是新的阶级**打碎**这个机器，利用**新的**机器来指挥、管理"③；同时也表明考茨基不但不相信革命和革命的创造力，而且还害怕革命。列宁指出，巴黎公社的经验就说明通过采取破坏全部旧的国家机器的方法便能在数个星期内建立新的无产阶级的国家机器，如果沿着这样的道路前进，彻底破坏官僚制是一定能实现的。

针对考茨基承认官僚在社会主义社会中的存在，以及强调无产阶级革

---

① 《列宁全集》第31卷，北京：人民出版社2017年第2版增订版，第105页。
② 《列宁全集》第31卷，北京：人民出版社2017年第2版增订版，第111页。
③ 《列宁全集》第31卷，北京：人民出版社2017年第2版增订版，第110页。

命不能破坏国家政权而只能引起国家政权内部力量对比的变动的观点,列宁批判性地指出这是"最纯粹最庸俗的机会主义,是口头上承认革命而实际上背弃革命"①的表现。在列宁看来,考茨基把无产阶级社会革命的目的看作是通过取得议会多数席位的方式夺取国家政权,这意味着以考茨基为代表的第二国际大多数不仅忘记了巴黎公社的经验,而且歪曲了马克思主义的基本思想,他们已经完全退到机会主义那边去了。

三、关于民主与无产阶级专政问题

列宁非常不赞同考茨基把民主和专政对立起来,指出考茨基把马克思的"无产阶级专政"仅仅看作一个词,这是对马克思主义的侮辱,并且指出在背弃马克思主义这一点上,考茨基远远超过了伯恩施坦。列宁认为考茨基作为几乎能把马克思的著作背出来的人是熟悉马克思和恩格斯思想的,是肯定知道无产阶级专政是马克思和恩格斯在巴黎公社以后多次谈论到的,它的内涵直指无产阶级打碎资产阶级国家机器的任务。在列宁看来,考茨基对马克思主义的无产阶级专政的歪曲,从哲学根源看,是考茨基的折中主义和诡辩术的体现;从政治实践看,其实质是机会主义对资产阶级的卑躬屈膝。此外,列宁批判了考茨基的纯粹民主的思想,认为考茨基无视民主的阶级性质,鼓吹对资产阶级少数派实行民主,实际上是转移到资产阶级立场上去了,是机会主义的表现。

列宁批判了考茨基关于无产阶级专政的解释。第一,列宁批判了考茨基把专政看作是"消灭民主"②的定义。在列宁看来,考茨基并没有给专政做准确的定义,把专政看作消灭民主是错误的。列宁指出:"专政不一定意味着消灭对其他阶级实行专政的那个阶级的民主,但一定意味着消灭(或极大地限制,这也是消灭方式中的一种)被专政的或者说作为专政对象的那个阶级的民主。"③在列宁看来,考茨基关于无产阶级专政的错误理解表明他既放弃了阶级斗争,又企图否认暴力革命。在批判考茨基的基础

---

① 《列宁全集》第31卷,北京:人民出版社2017年第2版增订版,第113页。
② 《列宁全集》第35卷,北京:人民出版社2017年第2版增订版,第235页。
③ 《列宁全集》第35卷,北京:人民出版社2017年第2版增订版,第236页。

上，列宁对专政以及无产阶级专政作了明确规定，即"专政是直接凭借暴力而不受任何法律约束的政权。无产阶级的革命专政是由无产阶级对资产阶级采用暴力手段来获得和维持的政权，是不受任何法律约束的政权"①。因此，在列宁这里暴力手段和不受任何法律约束成为专政的特点。第二，列宁批判了考茨基把专政看作是一种"状态"而不是政体的观点。考茨基把专政看作是无产阶级在夺取政权后的任何地方都必然要出现的状态。列宁指出，把无产阶级专政看作是一种统治的状态，其实际后果便是取消暴力革命的必要性，因为这个"状态"就是"'民主'条件下任何一种多数所处的状态！通过这样一套骗术，**革命**就安然无事地**消失了**"②！在列宁看来，无论考茨基把专政看作是一种"状态"或是"管理形式"，都是荒谬可笑的，是对马克思主义的歪曲和伪造。无产阶级专政是国家的形式或类型，而不是状态或管理形式。要获得这种不是原来意义上的国家形式（类型），无产阶级必须用暴力破坏资产阶级的国家机器并用新的国家机器代替它。

列宁指责考茨基歪曲了马克思、恩格斯的经典论述。第一，考茨基以马克思在荷兰海牙发表的关于和平过渡的言论作为自己的依据。列宁指出对马克思这一言论的理解应该以具体历史形势为前提。无产阶级专政是对付资产阶级的暴力，它之所以必要是因为军阀和官僚的存在，19世纪70年代马克思发表这个言论时，英美等国恰恰没有这两个机构，而且这是自由资本主义阶段，和平和自由是主旋律。20世纪不仅出现了军阀和官僚，而且资本主义已进入垄断阶段，其经济属性是最不爱和平和自由的。因此，当考茨基谈论和平变革时，不注意这个历史形势，那必然会堕落为资产阶级的奴仆。考茨基以巴黎公社的无产阶级专政是选举产生的这一历史事件为依据，得出马克思的无产阶级专政是"一种在无产阶级占压倒多数的情况下从纯粹民主中必然产生出来的状态"③。针对这样的论断，列宁从三个方面进行了反驳，其一，在巴黎，资产阶级的精英和大本营已经从巴

---

① 《列宁全集》第35卷，北京：人民出版社2017年第2版增订版，第237页。
② 《列宁全集》第35卷，北京：人民出版社2017年第2版增订版，第237—238页。
③ 《考茨基文选》，王学东编，北京：人民出版社2008年版，第347页。

黎逃到了凡尔赛；其二，巴黎公社进行了反对资产阶级的凡尔赛斗争，这意味着阶级斗争继续存在，因此选举投票算不上纯粹民主；其三，列宁依据恩格斯对巴黎公社的评价来反驳考茨基的纯粹民主，恩格斯指出如果不依靠对付资产阶级的武装人民这个权威，巴黎公社是不能支持一天的，可见恩格斯承认暴力统治的必要。第三，考茨基认为如果把专政当作政体来谈论，就不能谈论一个阶级的专政，因为"一个阶级只能实行统治，不能实行治理"①。列宁指出，认为阶级不能管理这是不对的，"任何一个欧洲国家都可以给考茨基提供统治**阶级**管理国家的例子，如中世纪地主的例子，虽然他们的组织程度还不够"②。在列宁看来，考茨基抹杀了资产阶级民主的阶级内容，主张纯粹民主，把被压迫阶级对压迫者的革命暴力化为乌有，史无前例地歪曲了马克思的无产阶级专政概念，从而使自己堕落到自由主义者的地步。

列宁对考茨基关于苏维埃政权的指责也一一进行了回应和批判，指出苏维埃是无产阶级专政在俄国的新形式。考茨基认为布尔什维克把"一个**阶级**的**战斗组织**的苏维埃变成了**国家组织**"③ 是荒谬的。在列宁看来：

> 考茨基同马克思主义和社会主义的彻底决裂已经很明显了。这实际上是转到了资产阶级方面，资产阶级什么都能允许，就是不能允许受它压迫的阶级的组织变成国家组织。在这里，考茨基已经完全无法挽救他那调和一切、用空话避开各种深刻矛盾的立场了。④

列宁指出考茨基对苏维埃政权的指责意味着考茨基要么反对工人阶级夺取国家政权，要么反对工人阶级打碎旧的国家机器并代之以新的无产阶级的国家机器。在列宁看来无论哪种情况都表明考茨基已经转到资产阶级立场并同马克思主义决裂了。此外，针对苏维埃宪法剥夺资产阶级选举权

---

① 《考茨基文选》，王学东编，北京：人民出版社2008年版，第347页。
② 《列宁全集》第35卷，北京：人民出版社2017年第2版增订版，第242页。
③ 《考茨基文选》，王学东编，北京：人民出版社2008年版，第362页。
④ 《列宁全集》第35卷，北京：人民出版社2017年第2版增订版，第261页。

的做法，考茨基指出被剥削者的多数人同剥削者的少数人要讲平等，否则就是专横。列宁指出考茨基的这种责难已经暴露出考茨基对资产阶级的献媚，表明考茨基已经到了极其愚钝迂腐的地步。列宁认为考茨基的这种献媚和愚钝可以从以下的对比中看出，当资本主义国家用法律限制工人，束缚穷人，对劳动群众百般刁难和阻挠时，考茨基不认为是专横，反而认为这是一天天更纯粹的纯粹民主。相反，当被剥削的劳动阶级第一次创立了自己的苏维埃政权时，"在内战的烽火中开始**拟定出没有剥削者的**国家的基本原则的时候，所有的资产阶级恶棍，一帮吸血鬼，以及他们的应声虫考茨基，就大叫起'专横'来了！"① 列宁指出，考茨基一谈到选举权便原形毕露，这说明考茨基是反对布尔什维克的论战家。

列宁批判了考茨基的纯粹民主。在列宁看来，考茨基花费大篇幅来论述资产阶级民主比中世纪制度的进步以及无产阶级在反对资产阶级的斗争中必须利用民主，这是愚弄工人的自由主义空谈。列宁指出只要有不同的阶级存在，就不会有纯粹民主，而只有阶级的民主；有资产阶级的民主，同样也有无产阶级的民主。考茨基的纯粹民主本质上是用伪装成博学的谎话来欺骗工人，从而回避资本主义民主的资产阶级实质。列宁为了指出资产阶级民主的资产阶级性质，详细说明了资产阶级民主的特点。列宁指出，同中世纪的制度比较起来，资产阶级民主是历史的进步，但是资产阶级民主在资本主义制度下始终是而且不得不是一种狭隘和虚伪骗人的民主，它对富人是天堂，而对被剥削者和穷人来说，则是陷阱和骗局，然而这一点是考茨基所不理解的。在列宁看来，考茨基只是看到了普选制能使无产阶级清楚地了解各个阶级和各个政党的力量对比，但却没有记住恩格斯所强调的，在资本主义国家里"普选制不能而且永远不会提供更多的东西"②，也没有记住"国家无非是一个阶级镇压另一个阶级的机器，而且在这一点上民主共和国并不亚于君主国"③。列宁强调资产阶级民主具有虚伪

---

① 《列宁全集》第35卷，北京：人民出版社2017年第2版增订版，第276—277页。
② 《马克思恩格斯文集》第4卷，北京：人民出版社2009年版，第193页。
③ 《马克思恩格斯文集》第3卷，北京：人民出版社2009年版，第111页。

性，即便是在最民主的国家，资产阶级的统治者总会利用宪法调动军队镇压无产阶级，实行戒严等。

列宁批判了考茨基关于民主是对少数派以及反对派的保护的观点。一方面，在列宁看来，考茨基只顾谈论保护少数派，而绝口不谈民主共和国迫害工人的暴行，其实质是为资产阶级效劳，考茨基忘记了资产阶级民主只对资产阶级政党才保护少数派，而对无产阶级反而是实行戒严或制造暴行。列宁指出民主制度越发达健全，在发生资产阶级政治危机以及任何深刻的政治分歧时，较大规模的暴行或者内战也就越容易发生。因此，考茨基没有看到资产阶级议会制的历史条件和局限，他一味迷恋于民主的纯粹性，导致他犯了两个错误：一是始终如一地反对暴力专政，认为多数无须暴力镇压少数的反抗，而只要对破坏民主的情况进行镇压就够了；二是没有看到资产阶级民主的矛盾，即"形式上"的平等和对无产者"事实上"的限制，从而把形式上的平等当作事实上的平等，犯了资产阶级民主派常犯的错误。所以，列宁指出在考茨基关于民主的论述中，被剥削者和剥削者的关系消失了，剩下来的只是一般多数、一般少数和纯粹民主。另一方面，社会主义革命进行以后，除了极其罕见特殊的场合外，剥削者不是一下子能够消灭的。在列宁看来，首先，剥削者在革命之后仍然会有财产、知识、军事技能、组织管理技能以及教育程度上的优势；其次，即使剥削者在一国之内被打倒，他们依然能凭借广泛的国际联系，比被剥削者强大。因此，"在任何深刻的革命中，多年内对被剥削者还保持着巨大的事实上的优势的剥削者，**照例要进行长期的、顽强的、拼命的**反抗"①，在这种情况下，单靠考茨基所说的用多数和少数的关系解决问题，那就是欺骗群众，是庸俗的自由主义者最愚蠢的偏见，是甜蜜蜜的幻想。因此，列宁指出无产阶级专政的必要标志就是用暴力镇压和推翻剥削阶级统治，也就是破坏剥削阶级的纯粹民主，即所谓的平等和自由。

---

① 《列宁全集》第35卷，北京：人民出版社2017年第2版增订版，第255页。

第三节 早期西方马克思主义对"庸俗马克思主义"的批判

面对 20 世纪初欧洲无产阶级运动的低迷,以卢卡奇、柯尔施和葛兰西为代表的早期西方马克思主义开始对社会主义革命问题进行深入的思考。受到 1917 年俄国十月革命的影响,他们意识到黑格尔的观念论对马克思主义的贡献。因而,他们一致地对以考茨基为代表的第二国际正统马克思主义产生怀疑并进行批判。早期西方马克思主义强调黑格尔与马克思哲学的连续性,主张总体性的辩证法,在他们看来,考茨基"叛变"马克思主义的根源在于他的哲学错误——科学实用主义的哲学解释范式和经济决定论,就前者而言,考茨基的科学实用主义解释范式是建立在达尔文生物进化论基础上的,这样的方法是非法的,因为人类行为不能被降低为生物解释,人是能自我反思的主体。就后者而言,考茨基的知性科学的思路引导他经常用决定论形式的经济规律解释历史发展,这同样是无效的,因为它排除了人类的主体作用。基于此,卢卡奇、柯尔施、葛兰西等把以考茨基为代表的第二国际正统马克思主义称之为"庸俗马克思主义",集中对他们的科学实证主义和经济决定论展开批判。

一、关于科学实证主义的批判

(一) 卢卡奇关于科学实证主义的批判

卢卡奇在《历史与阶级意识》中提出了"方法"问题,其中在《什么是正统马克思主义》一文中,卢卡奇明确地说道"马克思主义问题中的正统仅仅是指方法"①,马克思的整个学说的核心在于作为革命的辩证法的唯物主义辩证法,这种方法只能不断发展和深化,任何想要克服唯物主义

---

① [匈] 卢卡奇:《历史与阶级意识》,杜章智译,北京:商务印书馆1999年版,第 49 页。

辩证法的企图必将导致肤浅化、平庸化以及折中主义。所以，马克思主义研究并不等于无批判地接受马克思研究的结果。卢卡奇指出在第二国际马克思主义者那里，这种革命的辩证法被取消了，"随之总体对各个环节在方法论上的优越性也被取消了"①。所以，卢卡奇在恢复革命辩证法——总体性的过程中批判了第二国际的马克思主义。在卢卡奇看来，以考茨基为代表的第二国际马克思主义由于革命辩证法的缺位，陷入了方法论上的实证科学主义，以及工人运动实践中的经济决定论和伦理学社会主义。

卢卡奇指出第二国际马克思主义者方法论上的科学实证主义，是他们搁置和遗忘马克思的革命辩证法的结果。卢卡奇把第二国际马克思主义对辩证法的忽视归结到恩格斯对辩证法的忽视，因为在卢卡奇看来恩格斯对他们的理论具有决定性的影响。卢卡奇批评恩格斯虽然提到了辩证法，但是却造成了诸多混乱，指责恩格斯没有抓住辩证法的核心问题，即"历史过程中的主体和客体之间的辩证关系"②，同时指责恩格斯根本没有提到更未曾把辩证法置于与它相称的方法论的中心地位。由于考茨基等第二国际马克思主义理论家对辩证法的理解和表述可以追溯到恩格斯，因此，卢卡奇指出在第二国际马克思主义那里辩证法的含义同样被模糊了。

> 它就必然显得是多余的累赘，是马克思主义的"社会学"或"经济学"的装饰品。甚至显得简直是阻碍对"事实"进行"实事求是"、"不偏不倚"研究的障碍，是马克思主义借以强奸事实的空洞结构。③

因此，卢卡奇鞭辟入里地揭示出第二国际马克思主义理论家抛弃或远离了辩证法，尤其是抛弃了辩证法作为主客观相互作用的根本之点。卢卡奇指出即便辩证法的字眼仍然出现在以考茨基为代表的第二国际马克思主

---

① ［匈］卢卡奇：《历史与阶级意识》，杜章智译，北京：商务印书馆1999年版，第59页。
② ［匈］卢卡奇：《历史与阶级意识》，杜章智译，北京：商务印书馆1999年版，第51页。
③ ［匈］卢卡奇：《历史与阶级意识》，杜章智译，北京：商务印书馆1999年版，第53页。

义理论家的文字中，但是辩证法已经成为一种纯粹外在的东西。

卢卡奇没有停留在仅仅揭露第二国际马克思主义理论家对辩证法的忽视，而是继续将这种忽视直接表达为向经验实证主义的逃遁，换句话说，卢卡奇揭示了第二国际马克思主义理论家以纯粹知性科学的方法取代了作为总体的革命辩证法。这种经验实证主义的定向完全依赖于被封为神明的事实。卢卡奇指出第二国际马克思主义理论家完全忘记了这样一个事实，即不管对事实进行多么简单的列举，哪怕丝毫不对事实加以说明，但是这种列举本身就已经是某种解释了。在这种解释中，事实已经被从它们原来所处的生活联系中抽离，被一种理论和方法把握了。正像马克思所批判的，历史既不是"抽象的经验主义者所认为的那样，是一些僵死的事实的汇集，也不再像唯心主义者所认为的那样，是想象的主体的想象活动"①。卢卡奇揭露了第二国际马克思主义理论家们科学实证主义的特点，即"他们求助于自然科学的方法，即自然科学通过观察、抽象、实验等取得'纯'事实并找出它们的联系的办法"②，其实质便是企图以科学实证主义对抗辩证法的强制结构。卢卡奇明确指出，与革命的辩证法相对立的所谓科学实证主义的不科学性在于它无法像辩证法那样把握事实的历史性和实践性。一方面，实证主义的科学方法，它"忽略了作为其依据的事实的历史性质"③，精确的科学总是落后于实际的发展，科学的精确性要以各种因素始终不变为前提；另一方面，对于科学思考的对象而言，客体必须保持"未被触动和改变，因而思考本身始终只是直观的，不能成为实践的"④，所以它无法构造"流动的"概念。因此，卢卡奇在此批判了第二国际马克思主义者无批判地执迷于科学的精确性，从而陷入了形而上学的直观中，使得古典经济学意义上的规律性变得不可理解和不可改变。

---

① 《马克思恩格斯选集》第 1 卷，北京：人民出版社 1995 年版，第 525—526 页。
② ［匈］卢卡奇：《历史与阶级意识》，杜章智译，北京：商务印书馆 1999 年版，第 54 页。
③ ［匈］卢卡奇：《历史与阶级意识》，杜章智译，北京：商务印书馆 1999 年版，第 55 页。
④ ［匈］卢卡奇：《历史与阶级意识》，杜章智译，北京：商务印书馆 1999 年版，第 51 页。

最后，卢卡奇敏锐地指出，第二国际马克思主义理论家所执着的科学实证主义阐释方法是基于资本主义自身发展的倾向而产生出来的假象。卢卡奇指出，自然科学的纯事实，只有被放到能够不受外界干扰而探究其规律的环境中时才能产生，这个过程由于"现象被归结为纯粹数量、用数和数的关系表现的本质"① 而加强了。卢卡奇指出，资本主义的生产方式，产生了经济的拜物教，使人的社会关系物化，劳动分工不断复杂化和细化，这些经济关系的改变同时也造成了人们思考这些现象方式的改变——孤立的科学研究。这种孤立的科学研究就是产生于资本主义社会中的孤立的事实、孤立的事实群和诸如经济学、法律等的专门学科。② 在卢卡奇看来，第二国际马克思主义理论家虽然迷恋于这种抽象的科学方法，但却没有看到这种方法是由资本主义本质决定的。很明显卢卡奇的这个判断是深刻的，与马克思在《德意志意识形态》中对费尔巴哈的自然科学的直观批判——"如果没有工业和商业，哪里会有自然科学呢？甚至这个'纯粹的'自然科学也只是由于商业和工业，由于人们的感性活动才达到自己的目的和获得自己的材料的"③，如出一辙。

综上所述，卢卡奇的"方法"意味着作为"总体性"的历史辩证法的真正出场，同时也意味着对以考茨基为代表的第二国际马克思主义者所坚持的经验实证主义的否定和批判。卢卡奇从第二国际马克思主义理论家对革命辩证法的搁置和遗忘出发，揭露了他们以科学实证主义的阐释方法代替革命辩证法的企图，揭露了知性科学研究范式无法把握事实的历史性和实践性的缺陷，同时指出了辩证法内含的批判的革命性和实践性，从而在批判科学实证主义的同时开启了辩证法的出场路径。

（二）柯尔施和葛兰西关于考茨基科学实证主义的批判

柯尔施在《马克思主义和哲学》中对以考茨基为代表的第二国际马克

---

① ［匈］卢卡奇：《历史与阶级意识》，杜章智译，北京：商务印书馆1999年版，第54页。

② ［匈］卢卡奇：《历史与阶级意识》，杜章智译，北京：商务印书馆1999年版，第55页。

③ 《马克思恩格斯文集》第1卷，北京：人民出版社2009年版，第529页。

思主义者进行了批判。柯尔施立足于考茨基否认马克思主义的哲学性质，展开了对考茨基实证科学化的批判。

柯尔施明确地指出了自己的马克思主义立场与"庸俗马克思主义"之间的分歧，并把这种分歧归结为马克思主义与哲学的关系。在柯尔施看来，第二国际庸俗马克思主义者根据马克思和恩格斯的某些辞令的表面含义形成直接判断，并根据这些直接判断拒斥哲学，从而否定了马克思主义与哲学之间的关系。柯尔施指出，正统马克思主义者同资产阶级学者在忽视马克思主义哲学方面，具有明显的共同之处，正统马克思主义者认为马克思主义"从其本性上来讲与哲学没有任何关系"①，资产阶级学者认为"马克思主义没有任何它自己的哲学内容"②。在柯尔施看来，正统马克思主义者与资产阶级学者虽然出于大相径庭的原因否定马克思主义与哲学之间的关系，但也有一致之处，即他们都对黑格尔哲学极度漠视，并且忘记辩证法原则的原初意义。柯尔施认为，正是由于第二国际正统马克思主义者否认马克思主义的哲学性质，才会用实证科学代替拒斥哲学的马克思主义，从而伪造了马克思主义的实证科学性质。柯尔施指责庸俗马克思主义者天真地以为通过把马克思主义打造成经验实证主义，就能逃离哲学形而上学。在柯尔施看来，这种误解的结果便是第二国际理论家越来越把科学社会主义理解为与无产阶级的阶级斗争实践没有直接联系的科学理论，即一些纯粹的科学观察。由此，柯尔施开始了对第二国际马克思主义实证主义的批判。

柯尔施指出，正统马克思主义者尽管在理论和方法上都承认唯物主义历史观，但是他们把社会革命的理论割裂成碎片——"一个统一的关于社会革命的一般理论被变成了对于资产阶级的经济秩序、资产阶级的国家、资产阶级的教育体系，资产阶级的宗教、艺术、科学和文化的批判"③。在

---

① ［德］柯尔施：《马克思主义和哲学》，王南湜、荣新海译，重庆：重庆出版社1989年版，第4页。

② ［德］柯尔施：《马克思主义和哲学》，王南湜、荣新海译，重庆：重庆出版社1989年版，第4页。

③ ［德］柯尔施：《马克思主义和哲学》，王南湜、荣新海译，重庆：重庆出版社1989年版，第28页。

马克思和恩格斯那里本质上是辩证的唯物史观,在正统马克思主义者那里变成了某种非辩证的东西,"马克思的唯物辩证法的流动的方法论冻结成了一些关于不同的社会领域里的历史现象的因果联系的理论公式"①,亦即一般系统社会学的东西,并且教条地把马克思的社会学首先理解为一个经济学体系,甚至是地理学的或是生物学的体系,这些理论知识只是一些纯粹的科学观察,与政治革命或者阶级斗争实践并没有直接的关系。柯尔施指出,由于正统马克思主义者陷入了知性科学是中立客观的幻觉中,才彻底导致正统马克思主义者在理论上蜕变为纯粹庸俗的马克思主义,其实质就是一种消除了"真正唯物主义的和革命的马克思主义原则"②。在柯尔施看来,马克思主义在客观性和科学性的外观下失去了全部革命性质,关于资本主义的批判不再必然发展为革命的实践,而是发展为各种各样的改良企图,这些企图基本上仍保持在资产阶级社会和资产阶级国家的界限之内。

总之,在柯尔施看来,马克思主义的革命学说在第二国际马克思主义这里,蜕变为一种纯粹的理论批判,它只是偶然的或不再导致实际的革命行动。正统马克思主义者仅仅满足于反对改良主义的方法,他们只能是坚持马克思主义的纯粹的理论形态,固执于抽象的词句,在柯尔施看来,这样便失去了理论的原初的革命性,所以也就不能解决诸如国家和无产阶级革命之间的关系问题。同时,针对考茨基在抨击伯恩施坦时曾指出关于无产阶级专政问题,可以十分放心地留待将来去解决的态度,柯尔施指出革命问题对于正统马克思主义者来说,全然失去了直接性,反而"退却到了遥远的和最终相当模糊的未来"③。

葛兰西也批判了以考茨基为代表的第二国际马克思主义者的实证主义倾向,指出马克思的实践哲学受到了双重的修正,一方面,马克思实践哲

---

① [德]柯尔施:《马克思主义和哲学》,王南湜、荣新海译,重庆:重庆出版社1989年版,第27页。
② [德]柯尔施:《马克思主义和哲学》,王南湜、荣新海译,重庆:重庆出版社1989年版,第28页。
③ [德]柯尔施:《马克思主义和哲学》,王南湜、荣新海译,重庆:重庆出版社1989年版,第30页。

学的某些因素成了克罗齐、柏格森等唯心主义思潮的组成部分，另一方面，正统马克思主义者用机械的、形而上学的目光去看待实践哲学。葛兰西指责庸俗马克思主义者自称马克思的信徒，却把马克思的实践哲学曲解为"一种最坏意义上的意识形态，即一个永恒的和绝对真理的教条主义体系"①。在葛兰西看来，庸俗马克思主义造成了实践哲学的分裂，使马克思主义哲学变成了一种社会学。因此，葛兰西对社会学的批判一定程度上可以看作他对第二国际庸俗马克思主义者实证主义路线的批判。在葛兰西看来，社会学企图根据自然科学的规律和准则，为历史事件和政治实践提供图解式的描述与分类，在这个意义上葛兰西认为社会学实际依赖进化论的实证主义方法企图创造出一种历史科学和政治科学的实证方法。这种方法利用统计法则和因果律，企图"用'预言'橡树将从橡果中发展出来的方式，'实验地'推断出人类社会发展的法则"②。葛兰西指出，庸俗马克思主义者把自然科学的统计法则和因果律应用到马克思主义的社会历史研究中，必然会使实践哲学变成最坏意义上的意识形态，即变成永恒的、绝对的、真理的教条体系，从而使马克思主义变成机械论和宿命论。

二、关于经济决定论的批判

在卢卡奇、柯尔施、葛兰西看来，考茨基把社会主义看作是经济发展的自动产物，这暗示了无产阶级不需要以一种确定形式的运动就能取代资产阶级。当面对是否应采取暴力运动的形式时，考茨基所能提供的答案就是等待，快乐地沉湎于生产力最终成熟之时的理论上的胜利，因为在考茨基那里，革命的阶级意识是经济发展的附带现象，因此，在他们看来，以考茨基为代表的第二国际马克思主义理论家在哲学上的科学实证主义和经济决定论造成了社会主义革命实践的失败。

---

① 俞吾金、陈学明：《国外马克思主义哲学流派新编（上册）》，上海：复旦大学出版社2002年版，第118页。

② [意] 葛兰西：《实践哲学》，徐崇温译，重庆：重庆出版社1990年版，第118页。

（一）卢卡奇关于考茨基经济决定论的批判

在卢卡奇看来，第二国际马克思主义的科学实证主义路径必然包含着宿命论的倾向，即在直观唯物主义和与之有内在联系的经济学意义上，现实的规律性是命定的和不可改变的。卢卡奇指出，考茨基经济宿命论的特点在于，一方面考茨基承认经济危机是不可预见，另一方面，考茨基又明确提出在方法论意义上，人类历史过程必须按照资本主义的经济规律发展"从而促使资本主义走向深渊"①。这在卢卡奇看来，这种相信资本主义会合乎自然规律地永存的"经济宿命论"，使考茨基堕落为资本主义意识形态的附庸和经济的附庸。同时，卢卡奇指出由于考茨基希望存在一种没有坏的方面和没有弊病的资本主义，这又让考茨基成为资本主义的反对派，即"成为伦理的反对派"②。基于此，卢卡奇指出宿命论和唯意志论丝毫不矛盾，两者只在"非辩证的和非历史的观点"看来，才是彼此矛盾的。

卢卡奇对考茨基等第二国际马克思主义者的经济宿命论和唯意志论的批判是基于康德哲学中所包含的二元对立，因此卢卡奇指出经济宿命论和对社会主义的伦理改造是密切联系在一起的，资本主义社会的本质包含在纯规律的宿命论和纯意向的伦理学彼此对立和补充的困境中。在卢卡奇看来，经济宿命论导致对社会主义的伦理改造，这是现代资本主义社会采用个人主义至上价值的结果。基于个人立场，周围世界必然显得是永远与他相异且无情的，甚至是无意义的命运注定的，因此，只有当这个世界在理论上采取永恒的自然规律的形式——即只有当人对世界采取纯粹直观的、宿命论的态度时——它才获得了一种合理性，而且这种合理性完全不受个人行为能力的影响；只有这个时候，世界才能被个人理解。所以，这种对待世界的宿命论的态度在采取行动之时，只能造成两种表面的行动，一是将按照宿命论方式接受的不可改变的规律应用于人的一定目的（例如技

---

① ［匈］卢卡奇：《历史与阶级意识》，杜章智等译，北京：商务印书馆1999年版，第298页。
② ［匈］卢卡奇：《历史与阶级意识》，杜章智等译，北京：商务印书馆1999年版，第92—93页。

术);二是转向内在的行动,即"在人本身上改变世界(伦理学)"①。这两种行动之所以是表面的,是因为这种行动是规定和要求的行动,而不是真正能动的、能创造对象的行动。因此,在卢卡奇看来,诸如考茨基等第二国际马克思主义理论家放弃了辩证法并且站在经济宿命论上,当他们一旦提出行动"就必然回到康德学派抽象的要求伦理学上去"②。

卢卡奇指出这种纯规律的宿命论和纯意向的伦理学会导致历史宿命论,导致对人及其社会活动的无视。在无产阶级革命中,宿命论只会造成无产阶级无所作为的困境,这是宿命论的理论前提所导致的无视无产阶级意识的结果。卢卡奇指出,庸俗马克思主义者总是"用目光短浅的'现实政治'来代替归结为客观经济过程的决定性问题的重大的原则斗争"③,从而忽视意识在无产阶级阶级斗争中具有的独一无二的作用。卢卡奇指出,无产阶级的特殊性在于它不拘泥于历史的个别事件,把社会看作相互联系的整体,立足于改变现实去采取行动;而且对于无产阶级的阶级意识来说,理论与实践是吻合的。但是庸俗马克思主义者破坏了这种统一,"剪断了把无产阶级理论和无产阶级行动加以联系统一的神经"④,从而把实践变成了犹豫不决的且没有目的的个别行动,从方法论上放弃了实践的过程。因此,卢卡奇指出庸俗马克思主义者脱离了无产阶级意识的方法论起点,陷入了资产阶级的意识水平。

在卢卡奇看来,正是由于第二国际马克思主义理论家不够重视无产阶级意识的特殊功能,考茨基才会在面对工人党的政治策略和行动时否定暴力的作用。更确切地说,在卢卡奇看来,庸俗马克思主义的经济决定论依据"经济发展的'自然规律性',这种经济发展借助它自身的绝对权力而

---

① [匈]卢卡奇:《历史与阶级意识》,杜章智等译,北京:商务印书馆1999年版,第93页。
② [匈]卢卡奇:《历史与阶级意识》,杜章智等译,北京:商务印书馆1999年版,第94页。
③ [匈]卢卡奇:《历史与阶级意识》,杜章智等译,北京:商务印书馆1999年版,第132页。
④ [匈]卢卡奇:《历史与阶级意识》,杜章智等译,北京:商务印书馆1999年版,第132页。

不诉诸粗野的、'超经济的'暴力来实现这种过渡"①,从而使得庸俗马克思主义否认暴力在从一种经济制度变革为另一种经济制度中发挥的重要作用。综上可以看出,卢卡奇在批判以考茨基为代表的第二国际马克思主义理论家的经济决定论的同时,突出强调了要重视无产阶级意识,企图恢复马克思主义哲学的主体能动性。

(二) 柯尔施和葛兰西关于考茨基经济决定论的批判

柯尔施指出了以考茨基为代表的第二国际马克思主义理论家的经济决定论的缺陷,他认为这种抽象的、机械论性质的经济决定论的直接表现形式就是对意识形态和国家、政治行动的"先验的蔑视"②。换句话说,在柯尔施看来,第二国际马克思主义理论家由于没有超出费尔巴哈的旧唯物主义,导致他们在全部社会现实中取消意识形态、国家和政治行动的真正现实性,仅仅承认经济生活领域的本质的现实性。柯尔施认为,在这种经济决定论中,由于精神生活和社会意识在理论上不被看作是现实的,因而意识现象与经济现象的辩证关系就被抹杀了,这种抽象的机械的经济决定论绝不是马克思主义的辩证唯物主义。

柯尔施指责庸俗马克思主义者单凭马克思和恩格斯简单的辞令,"**就简单地把社会的精神的(意识形态的)结构**当成一个仅仅存在于空想家头脑里的**伪现实**"③,换句话说把社会精神当成缺乏真实对象的错误和幻想,将它消除掉了。庸俗马克思主义正是在这一点上,把现实分为三个等级:"(1) 经济,在最终意义上讲是唯一客观的和非观念性的现实;(2) 法和国家,已经由于带有观念形态的特征而稍微较不现实一些;(3) 纯粹意识形态,全然是非客观和不现实的('纯粹的无用之物')"④。柯尔施认为正

---

① [匈] 卢卡奇:《历史与阶级意识》,杜章智等译,北京:商务印书馆1999年版,第336页。
② [德] 柯尔施:《马克思主义和哲学》,王南湜、荣新海译,重庆:重庆出版社1989年版,第41页。
③ [德] 柯尔施:《马克思主义和哲学》,王南湜、荣新海译,重庆:重庆出版社1989年版,第42页。
④ [德] 柯尔施:《马克思主义和哲学》,王南湜、荣新海译,重庆:重庆出版社1989年版,第42—43页。

是在这一点上庸俗马克思主义远离了马克思唯一的唯物主义的方法。柯尔施进一步指出，在第二国际正统马克思主义这里，"全部意识现象被全然以抽象的和基本上是形而上学的二元论方式来对待，并被认为是一个真正具体和实在的发展过程的反映，完全依赖于这个过程（即使是相对独立的，最终仍然是依赖的）"①。柯尔施指出，庸俗马克思主义之所以蔑视意识形态，取消政治活动的本质重要性，仅仅把无产阶级的活动及其意义限制在直接的经济范围，究其根源是第二国际马克思主义者形而上学的二元论造成的。在柯尔施看来，正是由于庸俗马克思主义者把全部意识现象与现实经济过程割裂开来，所以不可避免地导致了庸俗的经济决定论；同时由于第二国际马克思主义者在意识与现实、哲学与世界上的二元划分，也造成了庸俗马克思主义与黑格尔哲学和马克思主义哲学的基本对立。

柯尔施围绕马克思主义与哲学的关系指出了以考茨基为代表的第二国际马克思主义理论家因为否定哲学导致将马克思主义实证主义化，使马克思主义成为知性的科学。将马克思主义实证化意味着从根基上消除了马克思主义作为批判的和革命的武器的性质。柯尔施强调由于没有超出近代哲学关于意识与现实的二元对立的传统，以考茨基为代表的第二国际马克思主义者的机械经济决定论必然导致对意识和政治活动的蔑视，最终必然导致在第二国际马克思主义者那里，马克思主义全部哲学变成非辩证的和抽象的，从而失去革命性和实践性。

葛兰西也批判了以考茨基为代表的第二国际马克思主义者的经济决定论。在《反对〈资本论〉的革命》（1917）中，葛兰西曾指出布尔什维克驳斥了马克思，他们以俄国十月革命的明确行动和革命成功的结果证明，历史唯物主义的规律并不是一成不变的。需要注意的是，葛兰西在这里并不是针对马克思，而是针对第二国际的正统马克思主义者，葛兰西指出："十月革命的胜利虽然否定了《资本论》的某些结论，但是恢复了马克思主义的真精神：马克思主义从不把人看作无理性的经济事实，而是把人看

---

① ［德］柯尔施：《马克思主义和哲学》，王南湜、荣新海译，重庆：重庆出版社1989年版，第41页。

作历史中的至高无上的因素。"① 葛兰西以"历史的联盟"的形式提出了辩证法,这种辩证法要求恢复意识形态或精神力量的现实性。一方面,葛兰西针对第二国际的庸俗马克思主义者,提出了"结构和上层建筑形成一个'历史的集团'"② 来反对他们空洞的机械决定论和宿命论。在葛兰西看来,"决定论、宿命论和机械论的要素是从实践哲学中——颇像从宗教或药物那里(在其使人麻醉的效果中)——散发出来的一种直接的意识形态上的'芳香'……当它被知识分子采用为一种思虑周密而融贯一致的哲学的时候,它就变成了消极性、白痴般自我满足的原因"③。另一方面,葛兰西指出形而上学最显著的特征就是企图把一切东西都归于一个最终的和最后的简单原因,经济决定论把经济看作是对政治文化等的最终决定因素,从而使经济成为一个独立的基础性的因素。在葛兰西看来,经济决定论实质上没有超出传统形而上学的框架,它远远没有达到马克思主义哲学革命的高度。因此,葛兰西认为,在资本主义社会里,经济、文化与政治之间的关系已经不再像第二国际马克思主义理论家所认为的那样是一种经济基础决定上层建筑的线性思路,要正确地面对组织化的资本主义社会,必须把握经济基础与上层建筑的总体性关系,以此为基础重新考察唯物主义历史观的内在本质,这样才能克服第二国际马克思主义理论家经济决定论所造成的机械化教条主义的理论路径,唤起革命的自主性和能动性。

综上所述,为了全面考察考茨基思想在马克思主义发展史中的基本定位,让考茨基立体鲜活地呈现出来,本章围绕考茨基与第二国际马克思主义理论家、列宁的论争以及早期西方马克思主义者对考茨基的批判展开讨论。在与第二国际理论家的论争中,关于资本主义民主制度、关于政治性群众罢工、关于帝国主义战争以及关于社会主义问题等是论争的焦点。在反对伯恩施坦的斗争中,考茨基反对伯恩施坦对资本主义民主制度本质和

---

① 俞吾金、陈学明:《国外马克思主义哲学流派》,上海:复旦大学出版社2002年版,第113页。

② [意]葛兰西:《狱中札记》,北京:中国社会科学出版社2000年版,第280页。

③ [意]葛兰西:《狱中札记》,北京:中国社会科学出版社2000年版,第247—248页。

特征的幻想，主张暴力革命；在群众性罢工问题上，考茨基并非一开始就完全拒绝罢工，但是他反对以"街头痴呆症"取代"议会痴呆症"①，从而与卢森堡发生了论争；在关于帝国主义战争问题上，库诺夫指责考茨基没有看到金融资本在帝国主义中的作用，卢森堡指责考茨基无视帝国主义战争的侵略性质和军国主义性质；在社会主义问题上，考茨基通过阐明道德的起源以及作用来反驳伯恩施坦的伦理社会主义。在列宁眼中，考茨基这位曾经的导师之所以成为马克思主义的叛徒，是因为两人在战争、暴力革命以及无产阶级专政的态度上产生了分歧。在列宁看来，考茨基对马克思和恩格斯学说的背叛最突出的表现在于放弃暴力革命以及歪曲无产阶级专政，列宁还指责折中主义、诡辩论是考茨基对待马克思主义的常见态度。此外，以卢卡奇、柯尔施以及葛兰西为代表的早期西方马克思主义者基于欧洲无产阶级运动的低迷以及十月革命的胜利，开始对以考茨基为代表的正统马克思主义进行批判，他们的批判集中于哲学层面，指责考茨基的庸俗马克思主义忽视辩证法在马克思主义哲学中的核心地位；并且批判考茨基从知性实证科学的角度理解马克思的学说，从而造成了经济决定论，抹杀了马克思学说的革命性和批判性，势必造成工人运动出现坐以待毙的宿命论倾向。

---

① 参见《考茨基言论》，北京：生活·读书·新知三联书店1966年版，第132页。考茨基说道"只有当它陷入了马克思称之为'议会痴'的那种片面性的时候"。"议会痴呆症"常常与"群众痴呆症"相对立出现，两者代表了20世纪初第二国际马克思主义者关于资本主义政治制度和无产阶级革命策略的争论，其中"议会痴呆症"一般反对暴力革命和无产阶级群众运动，把抽象民主视为永恒的追求价值，通过议会政治斗争来夺取统治。

第六章　如何评价考茨基的
唯物主义历史观

　　总体看来，关于考茨基的评判大体有三个方向，第一，完全肯定考茨基的马克思主义立场，认为考茨基是马克思主义的典范，这以考茨基的亲属以及巴尔特·特洛姆普为代表。巴尔特·特洛姆普认为考茨基是发明马克思主义的人，是马克思主义理论上的继承人。考茨基的儿子贝奈狄克特认为，考茨基是马克思主义的典范，其孙约翰认为考茨基"在其所有的著作中都论及了马克思主义"①。第二，完全否定考茨基的马克思主义性质，这以早期西方马克思主义为代表。诸如柯尔施认为考茨基从来不是一个马克思主义者，并且把考茨基的《唯物主义历史观》说成是"最近几年完成的从隐蔽修正主义到公开修正主义的过渡的概括说明"②。第三则是沿袭列宁的观点，认为考茨基虽然后期背叛了马克思主义，但毕竟有过马克思主义时期，持这一观点的以苏联学者居多，比如斯·布赖奥维奇等。斯·布赖奥维奇把考茨基的思想演变分为三个时期，第一个时期是承认马克思主义之前的时期，大致时间是19世纪70年代中期到80年代初；第二个时期是维护马克思主义时期，时间是19世纪80年代初到1910年以前；第三个时期是演变为机会主义时期，时间是1910年到1938年。③我国学界对考茨基思想的评判基本是承袭苏联模式，20世纪50年代到60年代，我国学

---

　　①　转引自陈爱萍：《西方学者对第二国际马克思主义哲学研究的三个阶段》，载《哲学动态》，2010年第2期。
　　②　[德] 埃里希·马蒂亚斯：《考茨基和考茨基主义》（摘录），李兴耕译，载现刊名：《当代世界与社会主义》，1983年第1期。
　　③　[苏联] 斯·布赖奥维奇：《卡尔·考茨基及其观点的演变》，李兴汉等译，北京：东方出版社1986年版，第25页。

界把考茨基看作与伯恩施坦一样的修正主义者，完全否定考茨基在马克思主义发展史中的贡献。不过在 20 世纪 90 年代直至 21 世纪的今天，学界开始重新审视考茨基的历史地位，并对其思想历程进行划分考察，力图公允地评价考茨基的思想。比如金德隆在 1989 年发表在《中国社会科学》上的《考茨基〈唯物主义历史观〉的理论贡献》一文中提出不能一味否定考茨基；南京大学姚顺良教授在《考茨基在马克思主义发展史上地位的重新审视》和《应该重视和加强对第二国际的研究》等文章中多次表明对考茨基贡献的肯定；南京航空航天大学徐军教授对考茨基的唯物史观进行了深层解读，使考茨基唯物史观的研究更加生动立体。

本书认为把考茨基完全划为马克思主义的"叛徒"阵营的做法并不能全面展现考茨基的思想历程，从唯物主义历史观的发展历史来看，考茨基对马克思唯物主义历史观的解读，也并非像西方马克思主义者所认为的那样庸俗不堪、一无是处。当然，考茨基从达尔文主义到马克思主义的思想发展历程，以及对历史和自然科学的浓厚兴趣，势必影响考茨基关于唯物主义历史观的理解，从而造成唯物主义历史观的缺陷。本书采取的基本立场是肯定考茨基在传播、普及和捍卫马克思主义理论上的贡献以及在唯物主义历史观的具体原理阐释上的理论贡献，明确指出考茨基的唯物主义历史观的实证主义和折中主义缺陷，并对关于考茨基的经济决定论和达尔文主义的争议焦点做出回应，力求比较全面地把握考茨基的思想发展脉络。

第一节　考茨基的理论贡献

考茨基关于唯物主义历史观的集中阐释体现在其晚年完成的《唯物主义历史观》两卷本巨著中，这本著作反映了考茨基一生工作的结晶，它并非是公开地、全面地篡改和修正了马克思主义哲学，相反它包含了很多理论贡献。姚顺良教授曾就考茨基对马克思主义的贡献作了系统详尽的说明。具体来说，姚顺良教授将考茨基对马克思主义的贡献归结为四个方面：第一，对马克思主义基本理论的捍卫和传播。具体来说，考茨基翻译出版了马克思主义的理论成果，如《哲学的贫困》《资本论》（考茨基版）

等;对马克思主义作了阐释和普及,著有《马克思的经济学说》;捍卫马克思主义理论,著有《反对伯恩施坦论》和《土地问题》,反对伯恩施坦、福尔马尔和大卫等;深化了马克思主义的基本理论,比如唯物史观的方法论实质、阶级起源和阶级关系、知识分子以及无产阶级意识即"灌输论"①问题。第二,将马克思主义应用于经济学、社会主义运动史、生态学、人类学、宗教学等社会科学研究,推动了马克思主义历史学派的形成。第三,将马克思主义理论应用于社会主义工人运动实践,研究社会新现象,著有《爱尔福特纲领解说》《社会革命》《取得政权的道路》等著作,批判机会主义,捍卫和促进了无产阶级革命纲领和策略的建设。第四,考茨基在《社会革命》中提出了关于社会主义制度的构想,即"考茨基模式",从经济、政治和文化等方面来规定社会主义。② 在总结了考茨基对马克思主义的基本贡献后,本节将从考茨基的唯物主义历史观所蕴含的社会人类学批判维度、对马克思主义道德理论的捍卫以及对马克思《政治经济学批判》序言经典表述的阐发等方面具体分析考茨基的理论贡献。

一、唯物主义历史观中蕴含的社会人类学批判维度

考茨基的唯物主义历史观一直背负着社会达尔文主义者的指责,他的人类社会发展理论被看作是机械的生物进化论的应用。这与考茨基在唯物主义历史观的论述中大量采用生物学术语以及运用自然科学的实证材料不无关系,从而使得他的自然与社会思想,尤其是社会理论和革命理论带上了浓浓的达尔文主义的进化论色彩。究其原因,这是考茨基对自己生活于其中的19世纪知识界历史环境的理论回应。19世纪的社会人类学采用了达尔文主义进化论的理论范式,运用生物学原则进行社会研究,其理论主

---

① 列宁在《怎么办》一文中曾引用考茨基关于无产阶级"灌输"的一段话,并评价这段话是"十分正确而重要的话",参见《列宁选集》第1卷,2012年版,第325页。

② 详见姚顺良教授的文章《考茨基在马克思主义发展史上地位的重新审视》,[EB/OL]. http://www.ptext.cn/home4.php?id=273;《资本主义理解史》第二卷《第二国际时期资本主义批判理论的演变》第一、二章,南京:江苏人民出版社2009年版。

要表现为种族主义、历史发展单线论、实证主义和主观演绎的思想倾向。考茨基备受诟病的实证主义和进化论色彩就是受到了这一时期社会自然科学思潮的影响。如果仔细阅读考茨基晚年的《唯物主义历史观》第三卷关于人类社会一般发展的理论,我们可以发现考茨基在研究人类社会发展时,实际包含了对社会人类学思潮中种族主义和不顾及特殊自然环境的历史发展单线论的批判,同时他也批判了人类学研究中的主观演绎和不可靠性。

其一,关于种族主义作为社会历史研究方法的批判态度。考茨基指责了人类学种族研究的不可靠性,否定种族主义关于种族的高低优劣之分,反对那些企图用种族差异和对立来说明人类全部历史的理论。考茨基重点批判了种族主义者龚普洛维茨和戈宾诺①把历史发展动力归结为种族斗争的观点。龚普洛维茨在《种族斗争,社会学的考察》中把历史的内容看作种族之间消灭和征服的战争,而戈宾诺在《试论人类种族的不平等》中划分了白、黄、黑三种种族,并对这三种种族进行了高低贵贱的划分,随后戈宾诺的追随者在达尔文主义产生后便将这种种族间的高低贵贱之分披上了进化论的科学外衣。在考茨基看来,戈宾诺及其追随者都是与龚普洛维茨的历史观是相同的,二者都认为种族斗争作为历史的内容是不可避免的。考茨基指出他们的错误在于"把整个过程中的一部分现象与整个过程本身等量齐观"②,这种"认为高级种族对低级种族的战争是历史的发展动力"同"认为历史进程是由认识能力、天赋理性的进步来决定的历史观"③,同样虚妄。

考茨基认为种族理论是野蛮的伪科学的残余,不能用种族理论来解释一切民族的发展。考茨基明确指出了自己关于种族理论应用于历史研究的

---

① 戈宾诺(Joseph-Arthur de Gobineau,1816—1882),法国社会学家、作家,野兽式种族理论的建立者,其所著《试论人类种族的不平等》被称为种族主义者的"圣书"。
② [德]考茨基:《唯物主义历史观》第三分册,上海:人民出版社1984年版,第29页。
③ [德]考茨基:《唯物主义历史观》第三分册,上海:人民出版社1984年版,第67页。

态度：

> 我们虽然在理论上承认由于种族的影响，许多历史现象可能出现一种特殊的性质，但是，我们必须言明：只要狭义的人类学在种族研究方面还得不到可靠的结论，只要生理学遗传的情况还好象在五里雾中，那么，历史家和政治家就不要把种族理论拉进自己的活动范围。①

由此可以看出，考茨基承认种族差异以及种族的历史活动的特殊性对人类历史的影响，但是他反对夸大种族的特殊先验性，因为在他看来，种族人类学截至当时的研究情况毕竟是不可靠的，掺杂主观臆测的。

其二，关于人类地理学作为社会历史研究方法的批判态度。考茨基基本接受了人类地理学作为社会历史研究的方法。在他看来，自然环境是影响历史发展的重要因素，因此，人类地理学是研究历史的人必须精通的科学。考茨基认为地理环境的特点不但决定了一个民族使用的工具种类，而且也决定了该民族使用工具的目的，由此这个民族的生活方式、习惯、性格、技术、经验以及知识和观点等也就随之决定了。例如，在讨论东西方国家起源时，考茨基非常注重地理条件因素，他认为东西方不同的地理环境形成了不同类型的国家。需要注意的是，对地理环境的重视并不意味着考茨基变成了绝对的地理环境决定论者，相反，他看到了人类地理学的局限性，即"人类地理学以历史过程为前提，它只能使我们懂得为什么历史过程在这种情况下具有这样的特点，而在其他情况下则具有那样的特点。但是，它不能使我们懂得历史发展的原因"②。由此可以看出，在关于人类社会发展的研究中，考茨基表现出了高度的唯物主义历史观的自觉，他既看到了自然环境不能成为历史发展的动力，又看到了地理环境的社会性，指出"某一地区的地理性质，并不是永远以同一方式，在同一方向给予该

---

① ［德］考茨基：《唯物主义历史观》第三分册，上海：人民出版社1984年版，第107页。

② ［德］考茨基：《唯物主义历史观》第三分册，上海：人民出版社1984年版，第116页。

地区的居民的发展以促进的或阻碍的影响"①，因为技术和经济会改变自然条件，最终影响人类社会发展。换句话说，在考茨基看来，历史发展的动力不是从自然环境的特殊性中寻找，而应该从经济和技术的发展中来寻找。可以看出考茨基关于马克思主义地理环境学说的理解与普列汉诺夫的观点基本相似，在普列汉诺夫看来，"社会人和地理环境之间的相互关系是极其变化无常的。它是随着人的生产力发展所达到的每一次新的进展而改变的。因此地理环境对社会人的影响在生产力发展的不同阶段产生着不同的结果"②。考茨基和普列汉诺夫在承认地理环境对人类社会发展的影响的同时，更看到了人类社会的发展根本上由生产关系等经济因素决定，因此考茨基并非严格的地理环境决定论者，他没有退回到18世纪的机械唯物主义的旋涡中，也没有变为马克思所批判的那些不懂实践的环境决定论者③。

考茨基在唯物史观中蕴含的人类地理学倾向，在一定程度上是对马克思的研究方法的继承与发展。马克思同黑格尔一样，都非常重视历史哲学中的"历史环境"的研究方法。同黑格尔带有孟德斯鸠地理环境决定论印记的方法不同，马克思的"历史环境"除了包括地理环境以外，还包括特定历史阶段不同民族之间的关系、特定的时代背景以及历史发展机遇等。马克思在论述前资本主义三种不同的原始农村公社形式（即亚细亚所有制、古代所有制和日耳曼所有制）的形成时，把这些土地所有制的形成归咎于它们的内外历史环境：

> 不管怎样，公社成员或部落成员对部落土地的关系，即对部落所定居的土地的关系的这种种不同的形式，部分地取决于部落的自然性

---

① ［德］考茨基：《唯物主义历史观》第三分册，上海：人民出版社1984年版，第244页。
② 《普列汉诺夫文集》第3卷，王荫庭译，北京：商务印书馆2021年版，第173页。
③ 马克思在《关于费尔巴哈的提纲》中指出"环境的改变和人的活动或自我改变的一致，只能被看作是并合理地理解为革命的实践"，以此批判机械的环境决定论者，见《马克思恩格斯文集》第1卷，北京：人民出版社2009年版，第500页。

质，部分地取决于部落现在实际上在怎样的经济条件下以所有者的身份对待土地，就是说，通过劳动来获取土地的果实；而这一点本身又取决于气候，土壤的自然特性，由自然条件决定的土壤利用方式，同敌对部落或四邻部落的关系，以及由迁移、历史事件等等引起的变动。①

在马克思看来，人类社会哪怕具有相同的经济基础的社会"可以由于无数不同的经验的情况，自然条件，种族关系，各种从外部发生作用的历史影响等，而在现象上显示出无穷无尽的变异和色彩差异，这些变异和差异只有通过对这些经验上已存在的情况进行分析才可以理解"②。换句话说，人类各民族历史正是由于自然条件、社会背景以及所处的民族关系和国际关系不同，它们在发展道路上才表现出丰富多彩的特点。与马克思一致，考茨基同样指出，要了解一个民族的社会和历史，"不仅应当知道其目前的占据统治地位的生产方式，而且必须知道它的特殊地理条件以及那里的人们在历史上形成的特性"③。也就是说，除了生产方式等经济因素以外，种族主义和人类地理学在经过考茨基的批判过后，也小心谨慎地被纳入考察人类社会历史发展道路的因素中。在考茨基这里，生产方式等经济和技术因素以及地理条件等自然环境和民族特殊性等因素都会影响人类历史发展道路。正是在这个意义上，考茨基实际上也像马克思一样暗含了对社会人类学所秉持的人类社会是一个系列的单线进化过程的否定，即对历史发展单线论的否定。社会人类学所坚持的进化论决定了他们把人类社会看成单个系列的进化过程，认为各个民族的社会发展阶段基本是相同的，而不考虑地理环境、经济等因素在社会中的作用。但是考茨基看到了地理环境、民族特殊性、技术以及经济等因素对历史发展的影响，看到了不同民族、不同地区社会发展的特殊性。在考察一般社会发展道路上，考茨基

---

① 《马克思恩格斯文集》第8卷，北京：人民出版社2009年版，第135页。
② 《马克思恩格斯文集》第7卷，北京：人民出版社2009年版，第894—895页。
③ [德] 考茨基：《唯物主义历史观》第三分册，上海：上海人民出版社1984年版，第357—358页。

没有仅仅坚守生产方式这个唯一因素，没有陷入一种片面的进化论的"单线论"。进一步说，考茨基也曾明确否定过进化论思想，在1902年的《社会革命》中，考茨基把达尔文的进化论看作资产阶级的意识形态而加以反对，指责进化论已经成为资产阶级反对革命的武器。① 需要注意的是，这里并非企图否认考茨基在社会革命思想中表现出来的进化倾向，而是从另一个侧面说明考茨基在其一生中并非完全赞同达尔文主义的进化论。②

我们有理由相信，考茨基在研究人类社会一般发展道路时，并没有把社会发展归结为经济这个唯一主导结构，而是看到了地理环境、种族关系、各种从外部发生作用的历史事件等对人类历史发展的影响。在这个意义上，考茨基没有陷入经济决定论的历史发展的单线论中，反而展露出一种与马克思一致的历史发展多元论思想。当社会人类学把人类文明诉诸欧洲文明时，考茨基同马克思一样诉诸历史环境的特殊性；当社会人类学把欧洲文明的领先与生物学原则完全对应起来时，考茨基则看到了自然环境、技术与生产方式的特殊性，力求在研究人类历史时，寻求生产方式与精神特质的统一，而这种精神特质则是受到民族特殊自然环境、历史环境影响的结果。

二、在伦理学上对马克思主义所作的贡献

考茨基的唯物主义历史观包括伦理学的研究，可以说把唯物主义历史观运用于伦理学，是考茨基唯物主义历史观的重要闪光点。③ 考茨基力图用唯物主义历史观的观点解释道德的起源及其发展，在此基础上考茨基批判了以伯恩施坦为代表的修正主义者，借新康德主义补充马克思主义而鼓吹伦理社会主义的企图。1906年出版的《伦理与唯物史观》是考茨基对马

---

① 《考茨基文选》，王学东编，北京：人民出版社2008年版，第98页。
② 考茨基对待达尔文的态度是犹豫不决的，既有反对也有赞同，但并非一直贯穿其全部思想。具体见本章第三节关于考茨基与达尔文主义之间关系的论述。
③ 关于考茨基在伦理学问题上的建树，姚顺良在《资本主义理解史》第二卷《第二国际时期资本主义批判理论的演变》中有专列一节讨论考茨基伦理学的局限与贡献。美国学者P.格里尔也曾专门论述过考茨基与道德理论的密切关系，见《恩格斯、考茨基和新康德主义的道德理论》，子华译，载《世界社会科学》，1980年第8期。

克思主义伦理学进行系统阐释的经典之作。恩格斯在1878年出版的《反杜林论》中第一次直接阐述了马克思主义与道德的关系，在这本著作中恩格斯就是否存在永恒道德同杜林展开论争，恩格斯的基本观点是：

> 我们断定，一切以往的道德论归根到底都是当时的社会经济状况的产物。而社会直到现在是在阶级对立中运动的，所以道德始终是阶级的道德；它或者为统治阶级的统治和利益辩护，或者当被压迫阶级变得足够强大时，代表被压迫者对这个统治的反抗和他们的未来利益。①

恩格斯指出，所有的道德都是阶级道德，不存在永恒的超历史的道德，而且每一个阶级的道德都是组成那个阶级的经济关系的产物，这些观点成为马克思主义道德观的基本观点。考茨基关于伦理学的唯物史观的解读是对恩格斯阐发的道德观点的捍卫，并以此完成了对新康德主义的修正主义倾向的批判。

考茨基在整个马克思主义生涯中都密切关注道德理论，并为马克思主义道德理论的普及做出了贡献。在恩格斯为《家庭、私有制和国家的起源》做准备时，考茨基于1883年和1884年在《新时代》上分别发表了《动物界的社会欲》和《人类的社会欲》两篇文章，说明道德与群居生活的密切联系，当然不能否认此时考茨基关于道德的讨论带有浓烈的达尔文主义的味道。1892年德意志道德文化协会建立，协会宣称把道德引入无产阶级的阶级斗争以帮助无产阶级。考茨基和梅林认为，不管这个协会的宗旨是什么，它实际采取了道德的中立立场，因此它实际沦为了资产阶级的同盟。② 1899年伯恩施坦等修正主义企图用新康德主义补充马克思主义，指责马克思没有表达道德理想以鼓舞工人阶级进行阶级斗争，并鼓吹伦理社会主义，因此考茨基在同伯恩施坦的论战中不得不一再阐明道德与唯物

---

① 《马克思恩格斯文集》第9卷，北京：人民出版社2009年版，第99—100页。
② [美] P. 格里尔：《恩格斯、考茨基和新康德主义的道德理论》，子华译，载《世界社会科学》，1980年第8期。

主义历史观的关系，以捍卫马克思主义理论。考茨基对马克思主义与道德关系的关注达到顶点集中体现在 1906 年出版的《伦理和唯物史观》一书以及该书出版后考茨基为自己观点辩护而写的诸多文章之中。其中《伦理和唯物史观》是"为了反对那种硬把康德的伦理学同马克思主义拉扯在一起的企图而写的"①。从所有这些关于考茨基与道德理论关系的材料来看，我们有理由相信考茨基在马克思主义伦理学问题上做出了重要贡献。

首先，考茨基批判了康德的伦理学思想。考茨基并没有指责康德的全部哲学，而是对康德实践理性批判中的经验论因素表示了赞同。考茨基指出"康德承认我们以外的世界是实在的，并不是我们头脑的产物。我们只是通过我们的感觉经验到外部世界"②，这样的原则是所有"真正的"唯物主义者都同意的。考茨基还赞同康德关于人类对世界的认识受到认识能力限制的观点，但是考茨基批评康德的地方在于康德试图描述物自体的本性，虽然物自体世界是不可认识的，但是康德却看到了一个没有时间、没有空间的纯粹精神的世界，一个自由的世界，这恰恰构成了康德描绘人类意志自由的出发点。考茨基指出，在康德那里，本体可以成为原因，而其自身并没有原因，这是康德道德规律的基础，基于此，人的一切行为是由我本身的道德所规定的，这种道德完全产生于纯粹的理性；而且作为一种形式原则的道德规律，它具有无条件性和永恒性，对个人来说是一种神秘的至上命令，而且不被特定的目的所污染，否则就会坠入经验现象的牢笼丧失它的普遍有效性。所以，在考茨基看来，康德伦理学的缺陷有二，其一，康德把道德的起源归于纯粹的理性，由二元论走向主观唯心主义，这是康德伦理观的致命缺陷；其二，康德的伦理观"虽力倡个性的至上命令，但其与历史上及社会上的倾向，自始至今，常由图缓或调解阶级的反对，而不能籍斗争以解决阶级的反对"③，换句话说，在考茨基看来，康德

---

① [德] 考茨基：《一个马克思主义者的成长》，北京：生活·读书·新知三联书店 1973 年版，第 23 页。
② [德] 考茨基：《唯物主义历史观》第一分册，上海：上海人民出版社 1964 年版，第 55 页。
③ 转引自徐军：《考茨基对康德哲学的批判与反思——〈伦理与唯物史观〉与〈唯物主义历史观〉的比较性文本解读》，载《南京政治学院学报》，2011 年第 4 期。

的抽象道德根本不能解决阶级之间的对立斗争。

其次,考茨基指出马克思唯物主义的伦理观与康德伦理学有着本质的差异,唯物史观在归根结底的意义上把道德看作社会经济发展的产物。考茨基指出唯物主义历史观把以康德为代表的"超世的道德"变成了"人世的道德",它从考察"动物的起源而熟知道德之为物,且依技术进步之变化而决定其在人类社会中的变化"①。换句话说,考茨基从人与动物、人与社会的关系出发,来考察道德的起源,认为道德起源于社会性群居生活。在考茨基看来,人与动物的区别在于人能生产工具,即"人类之异于动物,不在消费物底产生及器械的使用。而仅在于创造器械"②。正是通过制造生产工具,人类使得自己的生活日益超出自然界而逐步走向复杂的社会群体性生活及其组织。在考茨基看来,"人的整个自身存在依存于社会,社会统治着人,只有在了解社会的特征之后,才能了解人的特征"③。因此,在这个社会中人们日益培养着社会本能,诸如社会语言、道德、对美和知识的渴望以及由战争、财产以及阶级分化产生的变化所引起的一系列社会现象的出现。考茨基接受了达尔文的观点,即利他主义的感情非人的特性所特有,动物界也存在利他主义的感情,由此考茨基认为道德起源于群居生活,在动物界已经存在社会本能和道德的总和,即道德基础。但是考茨基补充到,"这种已经潜存于动物世界中的'社会本能',是只有在一种'新的原因'的作用下才能发展起来的,这就是'出现劳动的共同体、进行共同的斗争'"④,即道德基础只有在人类社会中才能真正形成。在考茨基看来,随着经济的发展,人类从动物界继承下来的道德要素便发生变化,并且随着阶级、宗教组织等团体的产生,人类的社会本能和道德会发

---

① 转引自徐军:《考茨基对康德哲学的批判与反思——〈伦理与唯物史观〉与〈唯物主义历史观〉的比较性文本解读》,载《南京政治学院学报》,2011年第4期。

② 转引自徐军:《考茨基对康德哲学的批判与反思——〈伦理与唯物史观〉与〈唯物主义历史观〉的比较性文本解读》,载《南京政治学院学报》,2011年第4期。

③ 转引自[苏联]布赖奥维奇:《卡尔·考茨基及其观点的演变》,北京:东方出版社1986年版,第131页。

④ 刘佩弦、马健行:《第二国际若干人物的思想研究》,北京:中国人民大学出版社1994年版,第196页。

生更大变化。因此，考茨基把道德的起源与社会联系起来，并且指出道德会随着阶级、经济等社会因素的变化而变化，在这里考茨基实际上捍卫了由恩格斯所阐释的马克思主义的道德观——一切道德论归根到底都是社会经济状况的产物。

最后，考茨基论述了关于道德理想的问题。考茨基虽然在道德起源上赞同达尔文把道德与动物的群居联系起来，认为达尔文是第一个结束了把人类的天性划分为动物部分和超自然部分的人。但是考茨基认为，道德理想却是达尔文的假设所无法企及的。道德理想在动物界没有任何迹象，只有唯物主义历史观才能说明人类确立的道德理想。这是因为，一方面，道德律令的发展需要依赖于语言的发展，而动物界是没有语言的，所以动物界只有强烈的道德情感而没有道德律令；另一方面，从人与社会的关系上看，随着人脱离动物界越来越远，人与社会的关系越来越复杂，原先的道德要求以及道德情感就逐渐变成了道德命令。道德律令始终是由经济基础决定的，每个阶级都有自己的道德意识。因此，考茨基把产生于一个被压迫阶级的道德律令称为一种理想的道德，在他看来，道德律令之所以是一种道德理想，是因为它与统治阶级的伪善的道德意识相对抗，它产生于一种深刻而强烈的社会需要，一种对于现存社会以外的社会的强烈愿望。①

考茨基阐述了社会主义道德理想的经济的现实性与必然性。社会主义的道德理想在唯物主义历史观看来，首先是资本主义经济发展、阶级和阶级对立消灭的必然结果。因此，考茨基详细谈论了作为道德理想前提的经济发展，主要表现在三个方面：一是要消灭由资本主义生产资料所有制造成的一切社会差别和对立。二是继续推进分工的发展。考茨基指出，一切社会差别和对立的消灭不能理解为分工和职业的消灭，在他看来，分工的发展推动道德的进步。三是国际贸易的发展。考茨基指出世界贸易的发展使各国经济联系密切，从而为取代生产资料私有制、克服民族对抗、结束战争和军备竞赛以及实现国家间的持久和平提供了基础。② 考茨基一方面

---

① [美] P. 格里尔：《恩格斯、考茨基和新康德主义的道德理论》，子华译，载《国外社会科学》，1980年第8期。
② 刘佩弦、马健行：《第二国际若干人物的思想研究》，北京：中国人民大学出版社1994年版，第195页。

从造成社会差别和阶级对立的经济条件中把分工区别出来，并且没有混淆社会差别与职业差别，另一方面又能从国家之间的经济贸易关系和国际和平的可能性中去考察社会主义道德理想实现的条件，这是考茨基思想中的深刻之处。

考茨基指出社会进步不是由道德确定的，而是由物质生产方式以及社会经济发展条件确定的。所以，在考茨基看来，道德因素不像康德主义所想象的那样在社会中占主导地位，并由此批判了伦理社会主义思潮，考茨基指出工人阶级为争取解放的阶级斗争虽然不能缺少道德理想，但是科学社会主义不是从道德理想中产生的，而是建立在对社会历史发展规律进行科学研究的基础上的。

总的来说，考茨基的伦理学思想并不是完美的，考茨基在阐述道德起源时，把道德看作是一种社会本能，并且指出这种社会本能是人从动物遗传下来的。显然，考茨基在阐释唯物主义道德观念时，为了反对康德的唯心主义的道德律令，从自然实证科学，特别是达尔文主义中寻找自然依据，这导致考茨基的伦理学表现出一种经验主义、实证主义以及达尔文主义的倾向。但是从另外的角度来看，考茨基把唯物主义历史观应用于道德问题研究，并且在考察中注重道德与社会、经济的关系，看到了非个人主义的倾向，这是对他早期在人与动物、人与人关系上的自然主义的超越。

三、对唯物主义历史观"经典表述"的集中阐释

马克思在1859年《〈政治经济学批判〉序言》中对唯物主义历史观作了经典表述，考茨基对马克思的经典表述作了详尽的研究与阐发。考茨基认为在运用唯物主义历史观所采取的方法和所取得的结果上，他和马克思、恩格斯是完全一致的。考茨基对经典表述的重新阐释应该被看作是对唯物史观的一个贡献，这并不意味着本书完全肯定考茨基的唯物主义历史观是正确的，而是要看到这样的事实——在20世纪初资本主义政治经济发展的新形势下，考茨基通过重新解读唯物主义历史观和纠正关于唯物主义历史观的各种误解，去探索唯物主义历史观新的发展方向，本书认为考茨基的这种尝试和努力是值得肯定的。在这个意义上看，考茨基关于唯物主

义历史观经典表述的集中阐释富有时代意义，其中也不乏有价值的思想。

首先，考茨基纠正了关于"人类意志与生产方式"和"经济基础和上层建筑"两个观点的误解。考茨基指出很多理论家由于受到经济决定论思想的影响，在理解马克思《〈政治经济学批判〉序言》中关于"人们在自己生活的社会生产中发生一定的、必然的、不以他们的意志为转移的关系，即同他们的物质生产力的一定发展阶段相适合的生产关系"①时，往往把"人类意志"排除在社会生产之外。考茨基从生产力和生产关系两个方面，论述了人类意志的作用。就生产关系而言，生产关系不是与人类意志无关，不以人的意志为转移只是在归根到底的意义上，考茨基总结道：

> 人们所构成的生产关系，经常是一种强烈的意向的结果……从这一点来说，生产关系是受人们的意向制约的。但是，人们当时有什么样的特殊需要，以及使用什么样的手段来满足他们的需要，都是不以他们的意志为转移的，而是取决于当时的物质生产力的一定发展阶段。②

就生产力而言，它也不可能只从自然界的发展中产生。生产力是从人们对自然界的认识以及对这种认识的应用中产生出来的，这必然包含人类的意识等社会主体因素。

同样，考茨基认为"经济基础与上层建筑"的比喻也会产生误解，其中一种误解是把社会比作建筑物，容易造成从静止的角度而非运动的角度理解社会关系；另一种误解是把"现实基础"简单地说成物质的事物，上层建筑仿佛只有思想和情感。考茨基指出，经济基础与上层建筑的辩证关系原理最根本的要义是为了说明历史中新事物的产生，即阐明在每个新的社会状态中出现的新的意识形态。其中，旧的思想适应新的关系以及旧思想最后被淘汰，这就是产生新技术或新经济的一切时代的精神运动内容，引

---

① 《马克思恩格斯文集》第2卷，北京：人民出版社2009年版，第591页。
② [德]考茨基：《唯物主义历史观》第三分册，上海：上海人民出版社1984年版，第369页。

起这种运动的根源完全是经济,"意识形态只是慢吞吞地跟在经济的后面"①,在考茨基看来,这便是马克思所强调的经济基础对上层建筑在"归根到底"上的意义。在一定程度上,由于马克思恩格斯并未对"经典表述"进行更细致的解释,以及"经典表述"本身"格言式"的局限②,考茨基关于社会基本矛盾两种形式的解释在纠正误解和深化理论层面上有重要价值。

其次,考茨基对阶级斗争以及社会革命规律的适用范围作了规定。《〈政治经济学批判〉序言》指出:"社会的物质生产力发展到一定阶段,便同它们一直在其中运动的现存生产关系或财产关系(这只是生产关系的法律用语)发生矛盾。于是这些关系便由生产力的发展形式变成生产力的桎梏。那时社会革命的时代就到来了。"③ 在考茨基看来,《共产党宣言》中关于"至今一切历史都是阶级斗争"的观点与《〈政治经济学批判〉序言》中社会革命的规律的适用性是需要限制的,即便恩格斯已经对此做出了限制——"这是指有**文字**记载的全部历史"④。考茨基根据当时人类学的成就以及自己对东方古代史和古代史的研究,指出社会革命以及阶级斗争的历史性:"就连在有文字记载的历史范围以内,社会革命这条规律也不是普遍适用的,甚至即使在具有最激烈的阶级斗争和社会变革的传统的地方,也不是总能适用的。"⑤ 考茨基进一步指出马克思在1859年看作是社会发展的普遍规律的东西,在今天只能算作是工业资本主义出现以来的社会发展规律。此外,根据中世纪以前欧洲国家和古代东方社会的历史发展情况,考茨基指出在这些历史阶段上并不是统统表现为生产力的发展同原有的生产关系发生根本冲突,也不都表现为通过社会革命的形式完成新的

---

① [德] 考茨基:《唯物主义历史观》第三分册,上海:上海人民出版社1984年版,第377—378页。
② 徐军:《浅析考茨基对历史唯物主义"经典表述"的修正》,载《井冈山大学学报》(社会科学版),2011年第4期。
③ 《马克思恩格斯文集》第2卷,北京:人民出版社2009年版,第591—592页。
④ 《马克思恩格斯文集》第2卷,北京:人民出版社2009年版,第31页,注②。
⑤ [德] 考茨基:《唯物主义历史观》第五分册,上海:上海人民出版社1964年版,第323页。

第六章　如何评价考茨基的唯物主义历史观

生产关系代替旧的生产关系的前进,而往往表现为一种不从内部而从外部获得动力的循环。所以,在考茨基看来,社会革命的规律并不适用于古代国家和东方国家,仅仅适用于中世纪晚期、资产阶级革命和无产阶级的时代。

最后,关于马克思所说的考茨基对"无论哪一个社会形态,在它所能容纳的全部生产力发挥出来以前,是决不会灭亡的;而新的更高的生产关系,在它的物质存在条件在旧社会的胎胞里成熟以前,是决不会出现的"①,考茨基进行了限制。他认为这个规律只适用于资本主义以前的社会,但是不适用于工业资本主义的社会,因而也不适用于无产阶级社会。在考茨基看来,资本主义生产方式内部出现生产力发展的界限是很难看到的,在资本主义持续迅速发展中,无产阶级在先进的资本主义国家里,其地位已经接近于统治阶级了,因此,无产阶级的胜利将会出现在资本主义发展遇到限制之前,亦即在资本主义生产力还没有消耗殆尽之前便会出现。

考茨基对"经典表述"的阐释,在一定程度上是对唯物主义历史观的补充,特别是在关于古代国家和古代东方国家尤其是无阶级时代方面,对马克思的"经典表述"进行了条件限制,同时也表现出考茨基关于唯物史观的辩证态度:

> 我们的历史观……不是僵固的教条……只能够是它的时代的产儿,是一定的条件的产儿,必须随着那些条件而改变,必须适应新的经验、新的认识并将它们接受到自己本身来。……只怀疑和否定马克思主义,使之退回到马克思主义以前的思想方法上去的修正主义,肯定不会给我们带来任何科学进步。②

综上可以看出,考茨基对待马克思主义的态度是正确的,他既看到了唯物主义历史观要适应新的政治、经济和科学的发展,提出要适时发展唯物主义历史观;又指出不能像修正主义者那样一味地否定马克思主义,必

---

① 《马克思恩格斯文集》第 2 卷,北京:人民出版社 2009 年版,第 592 页。
② [德] 考茨基:《唯物主义历史观》第五分册,上海:上海人民出版社 1964 年版,第 335—336 页。

须坚持马克思唯物主义历史观的精髓。因此，考茨基关于唯物主义历史观的"经典表述"的"修正"在一定意义上是对唯物主义历史观的发展，是对20世纪资本主义政治经济新形势以及无产阶级运动新状况的适时反应，也是谋求马克思主义新发展的一种尝试，从理论和实践统一的角度，我们不能彻底否定这种尝试和努力。

第二节 考茨基的理论局限性

考茨基一生都在试图实践马克思的唯物主义历史观，并且他相信自己在观点和方法上都与马克思和恩格斯达成了一致。考茨基的唯物主义历史观在研究方法上所影射的社会人类学批判维度、对马克思主义道德学说的发展以及对经典表述的捍卫与阐释是不能被忽略的贡献。然而不得不承认，在对马克思唯物主义历史观的理解中，考茨基的理论存在着不可忽视的缺陷。首先，同第二国际大多数马克思主义者一样，考茨基否定马克思主义与哲学的关系，把马克思主义看作经验的实证科学，这种中立的科学立场进而导致了折中主义倾向。复旦大学陈学明教授就明确指出，考茨基用马克思主义的科学性质来反对它的革命性，其目的是为了"割断马克思主义、科学社会主义与无产阶级及其反对资产阶级的阶级斗争的内在联系"①。其次，考茨基虽然把唯物主义作为唯物史观的世界观基础，以此反对唯心主义哲学，但是考茨基并未超出旧唯物主义立场，他虽然反对把马克思的唯物主义看作是费尔巴哈哲学，但由于忽视了马克思的哲学革命，造成作为马克思主义哲学核心的"实践"概念缺失。② 最后，考茨基虽然

---

① 陈学明：《评卡尔·考茨基的主要理论观点》，载《马克思主义与现实》，2008年第4期。
② 吴晓明在《形而上学的没落》（人民出版社2006年版）中阐述了梅林等对于马克思与费尔巴哈关系的阐释路径，其中便隐含了考茨基等第二国际理论家并未超出旧唯物主义范畴的观点，虽然考茨基没有像梅林、普列汉诺夫那样将马克思主义哲学完全等同于旧唯物主义。同时刘森林在《论第二国际哲学》中也提出了考茨基等理论家不理解马克思的实践哲学基础（《烟台师范学院学报（哲社版）》，1990年第2期）。

非常重视唯物主义的辩证法，但是由于他没有理解马克思的哲学革命，故而也没有理解马克思的唯物主义辩证法的真正内核，其结果便是考茨基只在历史主义和发生学的层面上把握辩证法，辩证法的能动性层面被他忽视了。

一、实证主义和折中主义倾向

正如柯尔施对第二国际马克思主义作出的批判，以考茨基为代表的第二国际理论家在理解马克思主义时，都犯了一个共同的错误，即根据马克思和恩格斯的一些辞令的表面含义直接判断马克思主义"从其本性上来讲与哲学没有任何关系"[①]，从而否认了马克思主义特别是唯物史观的哲学性质。1907年，考茨基在回答关于"马克思主义和马赫主义之间关系"问题的一封信中，说道：

> 我认为马克思主义不是哲学，而是一种经验科学，一种特殊的社会观……马克思没有宣布一种哲学，而是宣告了一切哲学的终结。至于普列汉诺夫是精通马克思学说的人之一，那是不能怀疑的。[②]

在1927年出版的《唯物主义历史观》中，考茨基仍然坚持关于哲学不想多谈，而只是就哲学与唯物主义历史观有关联来谈哲学问题；在讨论朗格时考茨基也重复到类似论述："我们在这里并不讨论'哲学本身'，而只是从历史唯物主义的角度来看。"[③]

由于考茨基否认马克思主义的哲学性质，才会把马克思主义装饰成为实证主义的科学，以实现对哲学形而上学的逃遁。正如姚顺良教授所说，在考茨基看来，马克思的唯物主义历史观就是关于历史的科学，是一种历

[①] ［德］柯尔施：《马克思主义和哲学》，王南湜、荣新海译，重庆：重庆出版社1989年版，第4页。

[②] ［德］考茨基：《一封关于马克思和马赫的信》，商鼎译，见《国际共运史研究资料》第3辑，北京：人民出版社1981年版，第251—252页。

[③] ［德］考茨基：《唯物主义历史观》第一分册，上海：上海人民出版社1964年版，第69页。

史研究方法，就是"从对'事实'的总和进行经验研究并从经验研究中得出历史规律的方法"①。考茨基对于传播马克思主义是有贡献的，但是不可否认在传播之时，也强化了考茨基关于唯物史观理解和研究的实证科学的性质，结果正如柯尔施所说，一个统一的有关社会革命的理论被转换为对资产阶级的经济、国家、教育、宗教、艺术、科学和文化的批判②，实证科学研究把唯物主义历史观割裂成了碎片。比如考茨基在《唯物主义历史观》第二卷研究"人性"时，便从自然科学特别是达尔文的学说中寻找依据，把人性看作是"人身上的动物性的东西"③。为了反对康德的伦理学思想，为了寻找道德的唯物主义根据，考茨基基于达尔文关于道德与群居的关系说明人的道德起源。另外，考茨基反对把种族理论完全作为历史研究的方法，其最主要观点是认为人类学以及生物学在某种程度上的不可靠性和证据不足，因此不能把凭空虚构的东西当作科学中的最终决定因素。但是考茨基坚信，将来可能通过改进方法了解事实。由此可见，考茨基判断一种理论是否能用于历史研究的标准就是该理论是否有充足的科学依据，并且认为随着无产阶级斗争的开展，社会主义获得了一个"纯粹科学的"新的基础，而这个基础便是作为"纯粹的科学"的唯物主义历史观。④ 考茨基这种知性科学的实证态度，让唯物史观变成了纯粹的科学观察，唯物史观与政治的或其他实践没有任何直接的关系，在考茨基这里，马克思的历史观变成了僵死的事实的集合，从而使唯物史观在客观性和科学性的外观下，失去了全部革命性质。

此外，考茨基把革命的胜利寄希望于议会民主制，在政治上保持温和态度，也与他的实证思维有关。考茨基把马克思主义看作一个单一的统一模式，它包含并解释了人类存在的总体，在他看来，正是马克思主义的科

---

① 姚顺良：《资本主义理解史（第二卷）：第二国际时期资本主义批判理论的演变》，南京：江苏人民出版社2009年版，第204页。
② [德] 柯尔施：《马克思主义和哲学》，王南湜、荣新海译，重庆：重庆出版社1989年版，第28页。
③ [德] 考茨基：《唯物主义历史观》第二分册，上海：上海人民出版社1965年版，第244页。
④ 《考茨基文选》，王学东编，北京：人民出版社2008年版，第81页。

第六章　如何评价考茨基的唯物主义历史观

学特征使其与资产阶级的社会理论区别开来，并且给予工人阶级命运感和优越感。① 在解释马克思的《资本论》时，考茨基把落脚点放在了社会存在的经济维度上，由于资本主义生产以计算性为基础，关于资本主义的研究基本是因果性的调查，甚至是数学调查，因果性最终可以表达为一种规律，这些规律能在客观上决定社会和政治发展趋势。基于这样的分析思路，在考茨基看来，驳倒资产阶级的神话成为可能，这如同黑格尔的世界观把历史看作是观念的发展，最终让位于政治并且使国家物化。考茨基的分析试图证明各种政治事件的出现是经济生产过程中的具体经济利益和阶级利益的客观规律的反应，因而从考茨基的观点看，马克思的贡献在于揭示了资本主义经济得以发展的积累规律，也在于使这些规律得以经验证实。因此，考茨基从政治方面预示了马克思主义的前景，由于资本主义的发展会不断地扩大工人阶级的规模，所以考茨基能够合乎逻辑地推断，一旦议会民主制胜利，工人能够成为社会中的大多数，社会主义革命将自然会取得成功。

考茨基否认马克思主义与哲学之间关系的另一个后果是折中主义倾向。② 考茨基折中主义倾向的萌芽产生于他关于唯物主义的两种阐释方法。考茨基将唯物主义的方法定义为"辩证法或发生学方法"，值得注意的是这里的"辩证法"，并非是马克思、恩格斯从黑格尔那里继承来的作为创立唯物史观之基础的辩证法，而是指经验主义的发生学方法③。在考茨基看来，这种方法不是唯物主义独有的，马赫的经验主义也使用这样的方法，马赫将这种方法看作是"最完全、最严格"④的精彩论断。由此，考茨基便得出了马克思主义哲学可以与其他哲学结合在一起的折中主义的

---

① Stephen Eric Bronner. "Karl Kautsky and the Twilight of Orthodoxy", *Political Theory*, NO.1, October 1982, p.580.

② 自列宁批判考茨基以来，考茨基的折中主义缺陷是被普遍认同的观点。国内学者黄楠森、刘佩弦、姚顺良、陈学明、吴晓明、周宏等在马克思主义哲学史的研究中明确提到了考茨基的折中主义缺陷。

③ 姚顺良：《资本主义理解史（第二卷）：第二国际时期资本主义批判理论的演变》，南京：江苏人民出版社2009年版，第206页。

④ [德]考茨基：《唯物主义历史观》第一分册，上海：上海人民出版社1964年版，第27页。

结论：

> 我们完全可以说，唯物主义历史观并不是与一种唯物主义哲学结合在一起的。它可以与任何一种使用辩证唯物主义的方法的世界观合得拢，或者至少与它不发生合不拢的矛盾……
>
> 在我们看来，唯物主义历史观不仅可以与马赫和阿芬那留斯合得拢，而且可以与许多别的哲学合得拢。①

考茨基的错误在于他没有看到经验主义既可以是唯物主义的，又可以是唯心主义的，正如列宁所说："从感觉出发，可以沿着主观主义的路线走向唯我论（'物体是感觉的复合或组合'），也可以沿着客观主义的路线走向唯物主义（感觉是物体、外部世界的映象）。"② 马赫试图调和唯物主义和唯心主义，是一种二元论的调和论。因此，考茨基抹杀了唯物史观辩证方法的革命特殊性，他试图将唯物史观与各种哲学结合起来，从而走向了一种折中主义。列宁对这种折中主义进行了批判，在列宁看来，"把马克思主义篡改为机会主义的时候，用折中主义冒充辩证法最容易欺骗群众，能使人感到一种似是而非的满足，似乎考虑到了过程的一切方面、发展的一切趋势、一切相互矛盾的影响等等，但实际上并没有对社会发展过程作出任何完整的革命的解释"③。因此可以看出，考茨基最终站在"中派"立场上，在政治实践上总是持摇摆或犹豫不决的姿态，追究其哲学上的原因，折中主义倾向难辞其咎。

二、旧唯物主义立场和历史主义发生学

第二国际马克思主义者以梅林和普列汉诺夫为代表，强调马克思主义哲学与费尔巴哈哲学在一般世界观上的一致，梅林曾说"在自然科学领域里，马克

---

① [德]考茨基：《唯物主义历史观》第一分册，上海：上海人民出版社1964年版，第29—30页。
② 《列宁全集》第18卷，北京：人民出版社2017年第2版增订版，第126页。
③ 《列宁全集》第31卷，北京：人民出版社2017年第2版增订版，第19页。

思和恩格斯也是机械唯物主义者,如同在社会科学领域里是历史唯物主义者一样"①。与梅林、普列汉诺夫不同,考茨基没有把马克思的唯物主义等同于费尔巴哈的唯物主义。针对包括梅林、普列汉诺夫、布哈林以及康德派修正主义者路德维希·伏尔特曼等人把马克思的唯物主义等同于费尔巴哈的唯物主义的做法,考茨基指出马克思并没有简单地把费尔巴哈的人本学归结为经济学,在马克思这里,人并不是一种单纯的经济生物。考茨基认为在这样的基础上是"完全不足以建立一种新型的唯物主义的。唯物主义是一种关于世界的观点,而不只是关于人的观点"②。由此可以看出,在考茨基眼里,马克思的唯物主义与费尔巴哈的不同在于世界与人的区别,因而没有看到费尔巴哈唯物主义的根本的缺陷③——缺乏"感性的活动"即实践,进而没有发现马克思的唯物主义与近代唯物主义的根本区别。刘森林在讨论第二国际哲学时,便明确指出"滞留在实证科学的思维层面上,不理解马克思历史决定论的哲学基础——实践唯物主义,忽视对社会历史之本体的探究,正是第二国际理论家误解马克思的哲学根源"④,换句话说,第二国际理论家要么认为马克思主义没有哲学基础,要么认为这种基础是旧唯物主义。

考茨基没有认识到马克思的唯物主义与费尔巴哈唯物主义的根本区别,这说明考茨基没有发现马克思在实践本体论基础上发动的超越近代认识论的哲学革命,因而不会了解新唯物主义在《关于费尔巴哈提纲》和《德意志意识形态》等相关论著中阐述的真正形成。比如考茨基在维护唯物主义作为唯物主义历史观的世界观基础地位时,虽然强调马克思和恩格斯在提出自己的历史观之前,就已经在哲学上形成了唯物主义的观点,但是考茨基却从未指出过马克思和恩格斯的唯物主义到底形成于什么时候或

---

① [苏联] 布·恰根:《反对德国社会民主党内哲学修正主义斗争史(1895—1914)》,杨远等译,北京:生活·读书·新知三联书店出版社1964年版,第321页。
② [德] 考茨基:《唯物主义历史观》第一分册,上海:上海人民出版社1964年,第20页。
③ 徐军:《考茨基历史唯物主义思想的基本内容——〈唯物主义历史观〉的文本解读》,载《哲学动态》,2011年第8期。
④ 刘森林:《论第二国际哲学》,载《烟台师范学院学报》,1990年第2期。

者具体标志是什么，这足以说明考茨基没有注意到马克思的哲学革命。考茨基忽视马克思实践唯物主义的哲学革命，造成的直接后果首先是他对唯物史观理解中缺乏实践概念。考茨基在论述人与世界的关系时，把实践理解为人对外界的自觉的适应，特别表现为"人通过人工器官来解决外界问题，人工器官是属于与人分开的，向人提出问题的外在世界"①，也就是说人工器官的产生以及发展表明了人对自然和社会的"自觉的适应"能力，表明人的能动性。人对外界的"自觉的适应"虽然带有实践性以及能动性的意味，但是与"人工器官"一样，它们带有的生物学色彩完全抹杀了马克思的"实践"的哲学思辨性。此外，考茨基在论述自然外界和人工外界的关系时，很少提到社会关系，基本脱离了"一定的社会形态或社会制度条件的。而这就不能不使他的这种议论显得过于抽象"②，从而说明考茨基没有理解"全部社会生活在本质上是**实践的**"③ 哲学含义。总的说来，马克思的能动的实践，在考茨基的唯物史观中是缺失的，他虽然提出了与此相关的某些观点，但是由于在旧唯物主义哲学的影响下，这些观点的哲学思辨性以及革命性缺乏。

考茨基忽视马克思的哲学革命的另一个重要后果便是关于马克思主义辩证法的误解。早期西方马克思主义者指责第二国际理论家没有看到马克思与黑格尔辩证法之间的联系，从而忽视马克思的革命辩证法，从一定程度上说，这是不准确的。事实上，包括考茨基在内的大多数第二国际马克思主义者都看到了马克思的哲学与黑格尔辩证法之间的关系。考茨基在晚年的《唯物主义历史观》中便花费了大量篇幅论述唯物主义辩证法，并且看到了唯物主义辩证法与黑格尔辩证法之间的关系：

> 我们所述的这种辩证法，与恩格斯在他的《反杜林论》中所阐述的辩证法并不完全一致。我们的辩证法，在某些点上与其说接近恩格

---

① ［德］考茨基：《唯物主义历史观》第三分册，上海：上海人民出版社1984年版，第337页。

② 刘佩弦、马健行等：《第二国际若干人物的思想研究》，北京：中国人民大学出版社1994年版，第210页。

③ 《马克思恩格斯文集》第1卷，北京：人民出版社2009年版，第501页。

第六章　如何评价考茨基的唯物主义历史观

斯的辩证法，不如说接近黑格尔的辩证法。①

但是由于考茨基没有理解马克思作为哲学革命根基的能动的实践活动，因而他没有发现，真正的辩证法既不存在于旧唯物主义视野下的纯粹受动性的经验中，也不存在于黑格尔所理解的纯粹能动性的经验中，而只存在于对两者扬弃的体现能动性与受动性的统一的实践中。② 因此，考茨基没有准确地理解马克思的辩证法与黑格尔辩证法之间的关系，因而也没有正确理解马克思的辩证法的真正含义。

考茨基非常重视方法论的作用，突出反映在他的历史主义的研究方法上。这种历史主义的态度直接表现在他把唯物主义的方法看作是一种发生学的方法，即"从联系、从机能、从生成消灭去观察事物的方法"③。因此，考茨基在研究任何现实事物的关系时，总会首先考虑"它是怎么会变成这样的"④，在他看来，任何历史的发生，没有一个是因个别的偶然而形成的，都是长期发展的结果。这种方法同样适用于对社会主义观念的理解和研究，在考茨基看来，概念及其定义本身就是在这种辩证方法或发生学方法的应用过程中逐渐明了起来的。考茨基将这个唯物主义的方法总结为以下两点：

> 并不是事实遵从原理，而是原理必须遵从事实。……不要把我们以外的事物一个一个孤立地起来当作不动的、不变的东西来考察，而要从它们的运动变化、生成消灭中，从它们的总联系中来研究它们。⑤

---

① ［德］考茨基：《唯物主义历史观》第三分册，上海：上海人民出版社1984年版，第349页。
② 王南湜：《追寻哲学的精神》，北京：北京师范大学出版社2006年版，第94页。
③ ［德］考茨基：《唯物主义历史观》第一分册，上海：上海人民出版社1964年版，第26页。
④ ［德］考茨基：《一个马克思主义者的成长》，叶至译，北京：生活·读书·新知三联书店1973年版，第8页。
⑤ ［德］考茨基：《唯物主义历史观》第一分册，上海：上海人民出版社1964年版，第25页。

考茨基认为以上两种方法便是唯物主义历史观所借助的方法,并将这种方法用于评价个人在历史中的贡献。考茨基承认个人在历史中的作用,同时指出问题的关键在于如何评价个人的作用,考茨基从历史和联系观点出发,指出"如果我们将这些人物放到若干世纪的历史总关联里来看,他们之中就没有一个人具有什么重要性了,他们每一个人都只不过是对历史过程的总结局不会引起丝毫改变的一段插曲而已"①,由此可以看出考茨基对辩证法作为一种历史主义的研究方法的重视。但是这无疑是考茨基对马克思的辩证法和黑格尔的辩证法的片面理解。历史主义确实是黑格尔辩证法的一个原则,但是在黑格尔那里,历史主义更是为了凸显绝对精神对历史的推动作用,强调主体的能动性。马克思与黑格尔辩证法的关系首先就在于拯救这个"合理"内核。马克思把一切对象现实看作是感性客观与主观能动的统一,看作社会历史的实践,因而马克思恩格斯在考察一切现实及其在观念上的反映时,"本质上是从它们的联系、它们的联结、它们的运动、它们的产生和消逝方面去考察的"②。在此意义上,正如恩格斯所说:"马克思和我,可以说是唯一把自觉的辩证法从德国唯心主义哲学中拯救出来并运用于唯物主义的自然观和历史观的人。"③ 考茨基观点不足的地方就是忽视了马克思辩证法中的能动性的活动原则,因而在用唯物主义方法解释历史时陷入了一种历史进程是自然发生的怪圈中,正如卢卡奇批判考茨基没有抓住辩证法的核心问题,考茨基的唯物史观没有关于"历史过程中的主体和客体之间的辩证关系"的论述,更未曾把它置于"与它相称的方法论的中心地位"④。

考茨基在把唯物主义的辩证法理解为一种历史主义的社会科学方法的同时,还把这种方法与自然科学联系起来,甚至有时把唯物主义的方法直接等同于自然科学的方法,使得这种方法又陷入了旧唯物主义纯科学的经

---

① [德]考茨基:《唯物主义历史观》第六分册,上海:上海人民出版社1965年版,第66页。
② 《马克思恩格斯文集》第9卷,北京:人民出版社2009年版,第25页。
③ 《马克思恩格斯文集》第9卷,北京:人民出版社2009年版,第13页。
④ [匈]卢卡奇:《历史与阶级意识》,杜章智等译,北京:商务印书馆1999年版,第51页。

验抽象中，导致辩证法沦为一种纯粹的研究工具，从而与马克思的哲学失去联系。考茨基的发生学方法揭露了考茨基的唯物史观的实证主义特点，这意味着考茨基把自然科学研究的方法应用于历史研究中，并最终将两者混淆。在讨论精神的起源时，考茨基认为虽然精神之谜还没有得到最后的解决，但是我们已经通过科学研究取得了关于精神的成果，而且"这一方面所获知的一切，全要归功于唯物主义方法，即自然科学方法"①。这种将唯物主义方法等同于自然科学方法的直接表述绝不是偶然，在讨论朗格的新康德主义与康德思想时，考茨基说过这样的话："如果有抛弃绝对的力量，如果停留在经验的界限以内，那就已经属于唯物主义的方法，即自然科学的方法了。"② 考茨基认为唯物史观无非是把这种方法运用到社会分析之上。

由此可见，考茨基忽视了唯物主义方法的哲学性质，他采用实证主义的思维方式，将唯物史观的方法仅仅理解为一种中性的自然科学方法，进而把唯物主义方法仅仅看作一种工具。虽然考茨基没有明确指出唯物主义就是一种工具，但是他却援引并赞同拉法格的论断："马克思……并没有用一套具有公理、定理、绎理、补题的学说体系讲出过他的说明历史的方法。他认为这种方法只不过是一种研究的工具；他用铭文的体裁表述了这种方法，通过应用检验了它。"③ 这种作为工具的唯物主义的方法还往往被"进化"所取代，"在鼓动工作中，我们宁愿用准确得多、也丰富得多的'进化'概念取代'辩证法'。对工人们来说，'进化'概念是更明白易懂的。倍倍尔诉求于伟大的达尔文的精神，我们离达尔文比离黑格尔更近"④。我们可以看出，考茨基由于没有理解马克思的哲学革命，其观点仍

---

① [德] 考茨基：《唯物主义历史观》第一分册，上海：上海人民出版社1964年版，第48页。
② [德] 考茨基：《唯物主义历史观》第一分册，上海：上海人民出版社1964年版，第70页。
③ [德] 考茨基：《唯物主义历史观》第一分册，上海：上海人民出版社1964年版，第11页。
④ [英] 戴维·麦克莱伦：《马克思以后的马克思主义》，李智译，北京：中国人民大学出版社2017年版，第43页。

然停留在旧唯物主义的阶段，还误解了马克思的辩证法，把辩证法作为一种中立的科学研究方法。因此，在马克思和恩格斯那里本质上是辩证的唯物史观，在考茨基这里变成了非辩证的东西，"马克思的唯物辩证法的流动的方法论冻结成了一些关于不同的社会领域里的历史现象的因果联系的理论公式——换言之，它变成了……一般系统社会学的东西"①，并且考茨基教条地把马克思的社会学理解为"首先是一个经济学体系，甚至是一个地理学和生物学的体系"②，在考茨基看来，这些理论知识只是一些纯粹的经验科学观察，与政治革命或阶级斗争的实践没有任何直接关系。因此，考茨基以丧失了批判性和革命性的辩证法为指导，这必然影响他对待革命的态度，从一定程度上说，考茨基对革命的消极被动态度与他关于辩证法的理解有着不可分割的联系。

第三节　重新审视两个争议焦点

综观早期西方马克思主义者以及国内学界对考茨基的评价，可以看出考茨基最受诟病的地方集中于以下两点：经济决定论和达尔文主义。本节试图重新思考考茨基的唯物主义历史观中最有争议的两个维度：第一，考茨基是绝对的"经济决定论"者或者是"唯生产力论"者？第二，社会进化论是否一直贯穿考茨基的全部思想？关于考茨基的评价不应该只局限于把他作为一个"经济决定论"者和社会进化论者加以否定，而应该对考茨基思想中展现的这些维度或特点进行深入到历史的本质性一度的分析，如此才能把握考茨基的唯物主义历史观的历史与社会的现实性。

一、考茨基与经济决定论

"经济决定论"或"唯生产力论"是苏联马克思主义者和早期西方马

---

① ［德］柯尔施：《马克思主义和哲学》，王南湜、荣新海译，重庆：重庆出版社1989年版，第27页。
② ［德］柯尔施：《马克思主义和哲学》，王南湜、荣新海译，重庆：重庆出版社1989年版，第27—28页。

克思主义者批判考茨基的重要维度。以卢卡奇、柯尔施和葛兰西为代表的早期西方马克思主义者立足于复活马克思的辩证法和重新释放人类主动性的维度，对考茨基的"经济决定论"进行了哲学上的批判，指责考茨基把历史发展和社会主义的胜利变成了"必然性送给忍气吞声的人类的礼物"，抨击考茨基把社会主义的胜利过多地押在了铁的必然性上，从而对无产阶级的社会革命采取宿命论的态度，换句话说，在考茨基看来，社会主义不需要过多人的主观努力，便自然而然地到来。正如恩斯特·布洛赫所说，在诸如考茨基之类的人看来，我们只需购买一张通往共产主义的火车票，车子就会一直把我们送到目的地，其结果便是考茨基等人反复强调革命时机的不成熟，从而主张等待策略，阻碍了工人运动的发展。长期以来，我国学界对考茨基的看法也基本沿袭了早期西方马克思主义者和苏联学者的论调，"经济决定论"已经成为考茨基最为臭名昭著的标签之一。

不可否认，经济决定论是考茨基对马克思主义解读的特点之一。考茨基坚持认为社会主义只有在资本主义高度发展的地方才能建立，因此，他嘲笑苏联的计划经济政策。在帝国主义德国、布尔什维克俄国和德意志第三帝国问题上，考茨基也没有诉诸无产阶级行动去解决工党的问题，而是将他的信念放在关于不可改变的经济规律的著作中。[1] 在他看来，任何不顾社会发展逆流而上的企图都注定是失败的，经济规律不会被人类的行为打破。可以看出，经济决定论倾向在考茨基的思想中确实存在，这影响着他关于革命策略的制定以及对苏联政权的态度。

但是，我们仍需要思考是否应该把经济决定论的标签不加批判地贴在考茨基的全部思想上。在纯粹理论的层面上，考茨基的社会发展模式并不像同时代的批评者和后来的诋毁者想象的那样机械，考茨基从来没有否认偶然因素在历史发展中的作用，也没有否认个体有时也会改变历史进程。在考茨基看来，马克思主义从来不是宿命论，比如他肯定政治组织的必要性，主张理论灌输以及夺取政权，这就让他与更加机械的社会发展观点区别开来，比如一些修正主义者，或者是贝贝尔。同时考茨基一次又一次地指出马克思并没有把资本主义的自动灭亡看作纯粹经济原因的结果，从这

---

[1] Dick Geary. *Karl Kautsky*. Manchester：Manchester University Press，1987，p. 93.

一点看来，与拉法格、库诺夫相比，考茨基并不是严格意义上的经济决定论者。

首先，考茨基并不否认经济活动中人的意志力量。考茨基在晚年的《唯物主义历史观》序言中明确承认了意志的作用，并划定了意志的界限，指出唯物史观从来没有否认意志的重要性和个人对社会的巨大作用，它否认的只是抛弃意志的界限，完全"无基础、无限度"的意志：

> 人的意志只有在朝着经济关系所提出的方向活动的时候，只有在谨守经济关系所决定的当时可能条件的界限的时候，才能持久地胜利，才是不可克服的。蔑视这些界限的意志，是决不能做出任何持久的事情的，即使取得了一时的成果，并且企图不顾一切地用血腥的恐怖手段来保卫这个成果，最后也必定失败。①

马克思在《〈政治经济学批判〉序言》中提到了"意志与生产方式"的观点②，考茨基在对其进行重新解释时，纠正了当时人们普遍流行的"每个时期的生产关系都是由当时的技术自行决定的，与人类的任何意向无关"的误解，在阐释生产力与生产关系以及经济基础与上层建筑之间辩证关系之时，着重论述了意志对经济生活的影响，以便说明唯物主义历史观对人的主观能动性的重视。考茨基指出，要研究一个时代的历史，需要研究两个因素，除了关于那个时代本身的生产方式的知识外，还需要"精神实质，即需要、思想意识等等的复合体"③，这种精神实质是由该时代以前和当时的生产方式决定的。但是，规定人们生产关系的，不是超人的高级力量，而是人们自身的意向。可见，考茨基的唯物史观并没有只重视生

---

① ［德］考茨基：《唯物主义历史观》第一分册，上海：上海人民出版社1964年版，序，第9页。

② "人们在自己生活的社会生产中发生一定的、必然的、不以他们的意志为转移的关系，即同他们的物质生产力的一定发展阶段相适合的生产关系。"，见《马克思恩格斯文集》第2卷，北京：人民出版社2009年版，第591页。

③ ［德］考茨基：《唯物主义历史观》第三分册，上海：上海人民出版社1984年版，第357页。

产力和生产方式的作用而忽视人的精神因素的作用。1909年，面对以杜冈－巴拉诺夫斯基为代表的修正主义对马克思存在思想上的经济必然性与革命实践中的意志能动性之间的矛盾的指责，考茨基指出在马克思这里，从来不存在对意志和个人的社会作用的否定，他否认的只是完全不相干的自由意志。考茨基指出，意志并不是一个与经济并列且超然于经济之上的特别因素，经济发展也不是不受意志支配而只受规律支配的自动和独立的过程；相反，意志是整个经济的基础。意志的任何表现形式，归根结底都不外是生活意志。生活意志所采取的不同形式，是由生存条件决定的。对于文明人类，生活意志便是在技术的推动下追求美好生活的意志。考茨基便在这个前提下，论述了技术发展、经济发展以及阶级矛盾都是意志倾向的发展和矛盾的表现。资本家的生活意志引发对工人阶级的剥削，而工人阶级的生活意志便唤起反抗资本家的意志，由此阶级斗争便产生。考茨基得出结论，"意志是整个经济过程的动力。意志是经济过程的出发点；经济过程的任何表现都贯穿着意志。再没有把意志和经济看作是两个彼此无关的因素更荒谬的了"①。考茨基进一步补充到，经济必然性并不等于听天由命，认识经济必然性不等于削弱意志，经济必然性产生于人的生活意志的必然性以及人们利用他们所处的生活条件的不可避免性。

其次，考茨基反对资本主义"自动崩溃论"，主张通过工人阶级的政治斗争为社会主义开辟道路。考茨基指出"自动崩溃论"是伯恩施坦对马克思主义关于资本主义必然灭亡的歪曲。在考茨基看来，虽然资本主义生产存在资本积累和经济危机等内在限制，但是资本主义经济危机不会自动带来资本主义的灭亡和社会主义的到来，不能把资本主义消亡寄托在资本主义生产的限制上，在考茨基看来：

> 如果指望销售危机会有朝一日达到这样一种扩大和持久的程度，以至使资本主义生产方式不可能继续维持下去，使资本主义生产方式为社会主义生产方式所代替成为不可避免的，那么这样的指望在今天

---

① 《考茨基文选》，王学东编，北京：人民出版社2008年版，第223页。

再也找不到根据了。①

考茨基认为，在资本主义经济仍然存在生命力的情况下，社会主义的前途不是依赖于资本主义行将崩溃或衰落的可能性或必然性，而是依赖于作为资本主义"掘墓人"的无产阶级的斗争和革命。在考茨基看来，工人阶级必须努力扩大政治影响和取得政权，努力使国家政权为自己服务。由此，我们可以看出考茨基非常重视工人阶级作为斗争主体的作用。

在分析无产阶级与资产阶级的阶级斗争所包含的政治因素和经济因素时，考茨基也没有仅仅局限于经济，而是从唯物史观的角度，作出了正确的说明。一方面，考茨基指出，一个阶级的政治力量并不依赖于该阶级的爱好和意愿，而是依赖于该阶级的经济条件，正是这个经济条件给予了这个阶级强大的政治力量。因此，随着工业资本的不断增强，资产阶级的力量日益超过无产阶级，并且在经济上日益与无产阶级对立。另一方面，考茨基指出，政治因素也日益成为资产阶级与无产阶级对立的原因。就无产阶级的阶级意识和阶级政策的形成来说，首先就是政治的对立，在这个方面，政治对立的作用远远胜过经济的作用。考茨基指出，这并不意味着我们否认了经济的决定作用，在唯物主义历史观中"经济环节只是历史发展的最后的因素，却并不是显露于事件表面的历史发展的唯一因素"②。因此，在关于无产阶级与资产阶级对立的分析中，考茨基并没有把经济因素看作唯一的决定因素，他同时看到了政治因素的重要作用，并把政治对立看作资产阶级与无产阶级对立的首要表现。在这个意义上，考茨基非常注重政治斗争和政治权利，在他看来，如果没有民主等政治权利，无产阶级就不可能进行经济斗争，也无法发展无产阶级的经济和政治组织。

最后，在无产阶级的阶级斗争问题上，考茨基非常重视无产阶级意识自觉性的提高。考茨基高度肯定了科学社会主义理论、工会以及无产阶级

---

① [德]考茨基：《唯物主义历史观》第五分册，上海：上海人民出版社1964年版，第245页。
② [德]考茨基：《唯物主义历史观》第五分册，上海：上海人民出版社1964年版，第205页。

政党对无产阶级的教育和组织作用。一方面，考茨基高度赞扬科学社会主义理论实现了社会主义理论与无产阶级运动的结合，指出工人阶级能够从社会主义理论中吸取新的生命和新的力量，从而得到鼓舞和希望。民主社会主义的任务就是"使无产阶级的阶级斗争能够成为更自觉和更合目的的斗争"①，由此可以看出考茨基对社会主义理论的重视。另一方面，考茨基非常重视工会和无产阶级政党对无产阶级的组织作用，尤其重视无产阶级政党的作用以及无产阶级政党领导下的政治行动。在考茨基看来，没有工会就没有无产阶级的前进和发展，也没有无产阶级的阶级斗争。同时考茨基指出要想让无产阶级的阶级斗争上升为人类解放的斗争，仅仅有工会是不够的，无产阶级必须组成政党，在政党的领导下展开政治行动。此外，考茨基关于灌输论的思考，也集中反映了考茨基对社会主义政党、科学社会主义以及无产阶级意识在社会革命中的重要作用的肯定。

综上可以看出，考茨基并非绝对的经济决定论者，他没有否定意志在生产力以及生产关系中的重要性，并且肯定了意志在经济过程中的能动作用。在分析无产阶级与资产阶级之间的对立时，考茨基不仅仅看到了经济的对立，而且也看到了政治的对立，在此基础上，考茨基反对依赖资本主义经济的自动崩溃实现社会主义，相反，他非常重视无产阶级作为斗争主体的政治斗争。在政治斗争中，考茨基又强调了社会主义理论和无产阶级政党对无产阶级意识的培养作用，这些都足以说明考茨基并非绝对机械的经济决定论者，他也看到了精神、意识、理论的作用。考茨基的问题在于，一方面他过分夸大社会形态发展的自然史的性质，认为社会主义只有在资本主义经济和政治高度发展的前提下才能产生，他对苏联政权的抨击集中反映了这一点；另一方面他过分夸大了政治民主、议会斗争在从资本主义向社会主义转变过程中的作用，从而在面对是否进行群众大罢工的具体策略时，出现了沉默与动摇，最终使他走向中派，走向民主社会主义的道路。

二、考茨基与社会进化论

早期西方马克思主义者柯尔施认为考茨基的历史观与马克思、恩格斯

---

① 《考茨基文选》，王学东编，北京：人民出版社2008年版，第45页。

的历史观在其所有的发展阶段上从来都不是一致的，并且对考茨基晚年出版的《唯物主义历史观》嗤之以鼻，柯尔施认为通过这本书考茨基完成了"从隐蔽修正主义到公开修正主义的过渡的概括说明"①。德国当代学者马蒂亚斯同柯尔施的观点一致，认为从考茨基早年所写的《人类发展史大纲》到他晚年的《唯物主义历史观》一直贯穿着社会进化论思想，考茨基从未突破过他早期的历史观局限。②事实上，柯尔施和马蒂亚斯关于考茨基与达尔文进化论关系的评价奠定了一个影响至今的基调：考茨基终其一生都是达尔文主义者，他通过达尔文主义消除了马克思主义，在这个过程中，严重破坏了德国工人阶级的革命斗志和热情。

（一）考茨基关于社会进化论态度的发展历程

纵观考茨基唯物史观发展进程，考茨基关于达尔文主义的态度并不是前后一致的。在成为马克思主义者以前，考茨基是一个坚定的达尔文主义者，这已经是公开的秘密，他早期关于人口学的著作《人口增殖对社会进步的影响》，集中反映了在前马克思主义阶段，考茨基作为社会进化论者的典型特点。但是，在整个考茨基的政治生涯中，他对达尔文主义态度的变化是剧烈的。比如1910年出版的关于人口过剩理论的著作《自然界和社会中的增殖和发展》，便是从马克思主义者的视角完成的。遗憾的是，在对考茨基思想的研究中，达尔文主义、社会进化论已经作为一个否定和消极的标签贴在了考茨基的唯物史观上，成为考茨基思想研究的一个消极的"前提"，而且是一个缺乏澄清与界限划定的前提。③统观考茨基的唯物主义历史观，达尔文主义的进化论色彩是挥之不去的，社会进化论已经溶解在考茨基关于马克思主义的解读中。本着"澄清前提，划定界限"的批

---

① 转引自李兴耕：《近三十年来西德和民主德国的考茨基研究》，载现刊名：《当代世界与社会主义》，1983年第1期。

② ［德］马蒂亚斯：《考茨基和考茨基主义》，李兴耕译，载《当代世界与社会主义》，1983年第1期。

③ 值得一提的是，姚顺良教授则看到了考茨基对达尔文主义态度的前后变化，对考茨基思想的前马克思主义阶段和马克思主义阶段作了不同的分析。参见《资本主义理解史》第二卷《第二国际时期资本主义批判理论的演变》，南京：江苏人民出版社2009年版，第195—196页。

判原则，我们不应该简单地把考茨基作为社会进化论者全盘否定，而应该在历史的现实中澄清考茨基与达尔文主义或者社会进化论之间的关系。一般来说，考茨基关于达尔文主义的态度前后有变化，这表现在从前马克思主义时期的社会进化论的信仰者过渡到完全拒斥作为资产阶级意识形态的进化论，再到与社会进化论达成和解。因此，我们应该对考茨基与社会进化论之间的关系进行全面的批判性认识。

在成为马克思主义者以前，考茨基一直坚信达尔文主义，并在此基础上完成了他的第一本著作《人口增殖对社会进步的影响》，其主要理论观点是从达尔文主义出发，反对马尔萨斯的理论，但是对新马尔萨斯理论却抱有好感。马尔萨斯的人口论认为人口的增加经常超出土地的生产能力，与之相反，考茨基认为农业的生产能力能够通过技术创新大大提高；不过科学技术的有效性只能通过大规模的组织农业生产，废除土地私有财产来实现。因此，同马克思一致，考茨基认为马尔萨斯坚持自然的丰产有一个恒定的程度，这种观点是错误的，丰产是一个历史现象，它受到特定生产方式的影响。但是考茨基没有像马克思在《剩余价值论》中所讲的一样，研究马尔萨斯的土地算术级数的基础——报酬递减率的起源。这就意味着考茨基在关于人口学的著作中，根本没有破坏马尔萨斯理论，只是转移了重点。因此，考茨基仍然坚持马尔萨斯的命题有效性，即贫困和疾病是人口过剩的结果而并非是阶级分化的社会结果，他企图消除生存竞争是永远不会成功的乌托邦理想。在1876年的《人类发展史大纲》中，考茨基把人类民族的发展看作是在生存斗争和共产主义本能的驱动下完成的，在他看来，人类的发展是共产主义与个人主义斗争的结果，他把"共产主义和个人主义并不是了解成两种不同的生产方式，也不是了解为两种不同的社会观，而是了解为由不同类的生存斗争在人们身上培养出来的不同类的欲望"①。由此可以看出，考茨基此时是用自然科学的方法研究人类历史，带有浓厚的社会进化论的自然主义倾向，在自然与社会关系上，考茨基较多地强调了人类社会发展与自然界发展之间的一致性，从人与自然关系中探

---

① [德]考茨基：《唯物主义历史观》第一分册，上海：上海人民出版社1964年版，第18页。

寻社会发展的依据。

随着考茨基与恩格斯的接触以及对《资本论》的集中学习，考茨基转向了马克思主义的立场，这一立场的转变从根本上改变了他对社会进化论的态度。在1902年的《社会革命》中，考茨基把达尔文的进化论看作资产阶级的意识形态而加以反对，考茨基指出，进化论已经成为资产阶级用来反对革命的武器，因为进化论"既把自然界说成是没有任何跳跃的，那么要在社会关系中达到任何突然改变也都是不可能的了，只有通过最微小的变化或改进（在社会中称为社会改良）的积累，才能取得进步"①。所以，考茨基指出达尔文主义在英国的产生似乎不是偶然的，因为英国的资产阶级统治者总善于及时摧折革命初露的锋芒，以致在英国250年的历史中只出现过一些革命的萌芽。与之相应，在自然与社会关系上，考茨基指出要把社会与自然严格区别开来：

> 如果把自然界的规律直接应用到社会中去，譬如援引生存斗争的规律来宣布竞争的天然必要性，或从自然界的进化规律推论出社会革命应受谴责，甚或推论出社会革命是不可能的，那就会犯同样的错误。②

考茨基在1910年出版的《自然界和社会中的增殖与发展》一书中，同样表现出了对社会进化论的自然主义态度的转变。在这本书中，考茨基不再将自然规律应用于社会，而是强调自然与社会是两个独立的实体。考茨基既否认把自然和社会对立起来的有效性，又反对将自然和社会混淆起来，在他看来，人们不能完全将自然规律应用到社会领域，自然规律在所有条件下都是有效的，但是由于社会转变是由技术引起的，所以社会现象是可变的短暂的，而社会规律也是历史性的，而非永久性。同时考茨基认为人类的社会活动虽然也由人与自然的关系决定，但是更多的人类社会活动必须遵循诸如财产关系之类的社会关系，正是这种社会关系而非自然关

---

① 《考茨基文选》，王学东编，北京：人民出版社2008年版，第98页。
② 《考茨基文选》，王学东编，北京：人民出版社2008年版，第99页。

系构成了社会规律。①

由此可以看出，考茨基关于达尔文主义的进化论的态度是前后有变化的，在转变为马克思主义者以后，考茨基对待达尔文主义的态度有了根本变化。考茨基既把达尔文主义的社会进化论倾向看作是资产阶级用以反对革命的意识形态，又试图脱离社会进化论的自然主义倾向，竭力证明在社会发展和自然界发展之间存在连续性的同时存在质的差别。

（二）考茨基与社会进化论之间的纠缠

在成为马克思主义者前后，考茨基关于社会进化论态度的变化并不意味着社会进化论倾向在考茨基成为马克思主义者之后，就消失得无影无踪了。相反，达尔文主义成为考茨基唯物史观的一个重要维度，犹如色彩之于画作，考茨基与社会进化论彼此之间纠缠着。社会进化论对于考茨基唯物史观的影响直接体现在他晚年出版的著作《唯物主义历史观》中。在该书中，考茨基明确指出他的马克思主义观是马克思、恩格斯的思想与达尔文主义结合的过程，并且深信自己的这种历史观已经与马克思的历史观完全一致。考茨基补充道，由于自己研究马克思主义的出发点毕竟是达尔文主义，所以他仍然保留着"对于历史中的自然因素的兴趣，继续努力把历史的发展与有机体的发展联系起来"②。其中最能说明考茨基通过达尔文主义构建唯物主义历史观的理论便是考茨基对人性的分析，特别是关于道德起源的理论。考茨基指出达尔文关于道德和群居性之间联系的论述给他深刻印象，在考茨基看来，要了解人类社会和道德的起源，必须返回到动物界中去，从动物的群居本质说明道德的起源。考茨基的结论是道德是人和动物皆有的，道德产生于各种社会欲望，他还表示马克思没有从群居的本质说明道德是非常遗憾的。至此，达尔文主义与马克思的历史观在考茨基这里所完成的"和解"已经显现出来。

考茨基关于社会进化论的态度是飘忽不定的、处于摇摆之中，并不是

---

① Catherine Rafferty. "Karl Kautsky—Between Darwin And Marx", *Australian Journal of Politics & History*, Volume 36, Issue 3, 1990（12）, pp. 377 - 387.

② ［德］考茨基：《唯物主义历史观》第一分册，上海：人民出版社1964年版，第18页。

所有考茨基的思想都表现出达尔文主义的进化论,但是他的唯物史观确实包含了达尔文主义进化论的色彩。然而请注意,我们指出考茨基关于唯物史观的理解带有达尔文主义的色彩,并不意味着我们又返回到了柯尔施的批判。柯尔施等以考茨基与达尔文主义之间的联系为由,彻底否定考茨基唯物史观的意义,完全否定自然和社会之间的一致性,主张社会本体论,从而完全把社会历史过程同自然界的发展过程绝对对立起来。事实上,马克思主义的唯物主义历史观与达尔文主义并不是截然对立的,唯物史观反对的是将达尔文主义直接运用于社会分析,将社会等同于自然,把社会发展看作进化的过程;而不是反对达尔文主义本身。首先,马克思和恩格斯都曾高度评价过达尔文的学说,认为它揭示了人类的起源,抨击了自然界不可改变的形而上学的观点,因为达尔文"证明了今天的整个有机界,植物和动物,因而也包括人类在内,都是延续了几百万年的发展过程的产物"①。1861 年在给斐迪南·拉萨尔的信中,马克思再次肯定了达尔文的意义:

> 达尔文的著作非常有意义,这本书我可以用来当做历史上的阶级斗争的自然科学根据。当然必须容忍粗率的英国式的阐述方式。虽然存在许多缺点,但是在这里不仅第一次给了自然科学中的"目的论"以致命的打击,而且也根据经验阐明了它的合理的意义……②

在这个意义上,达尔文主义成为一种进步的而不是保守的激进理论。因而考茨基早期的达尔文主义思想,便是对代表科学和社会进步、为了争取启蒙和理性的自然科学家的回应,不能把早期的考茨基作为一个达尔文主义者而全盘否定,自然科学研究视角终究有着时代的进步意义,是时代的产物。当然我们不能忽视在达尔文主义社会进化论的影响下,考茨基以纯粹经验的方式进行马克思主义分析,他忽视了马克思主义的真正维度:立足于自然科学与阶级分化的社会关系,质疑自然科学的基本假定,把社

---

① 《马克思恩格斯文集》第 3 卷,北京:人民出版社 2009 年版,第 541 页。
② 《马克思恩格斯文集》第 10 卷,北京:人民出版社 2009 年版,第 179 页。

会变化看作是阶级意识活动的结果。因此，在面对政治实践之时，新时代背景的变化必然造成达尔文主义进化论有效性的丧失，这成为考茨基备受指责的原因。20世纪初，在第一次世界大战引起的错综复杂的历史背景下——德国统一的工人阶级运动的分裂以及瓦解和社会主义革命在落后的俄国取得胜利——进化论与革命的和辩证的实践之间的对立便产生了。一方面，从历史维度看，社会进化论确实为马克思主义的社会发展理论提供了自然科学的基础，考茨基通过达尔文主义建构的马克思主义确实在19世纪末收获了大批的听众；另一方面，作为物种进化机制的自然选择不能为20世纪的工人运动实践给出令人满意的马克思主义解释。在这种情况下，考茨基思想中的社会进化论倾向便受到了攻击，最为典型的便是第二国际内部卢森堡和考茨基在关于群众性大罢工问题上的争论。在面对19世纪末20世纪初世纪之交政治、经济以及革命形势转变的大的时代背景下，考茨基没有及时对达尔文主义思想进行批判的扬弃，反而在它影响下制定了被动的革命策略，因此受到了马克思主义阵营左派的攻击。

总之，一方面，在面对"和平长入社会主义"的修正主义思潮时，考茨基把达尔文主义作为资产阶级的意识形态加以批评；另一方面，在构建唯物主义历史观时，在自然与社会关系方面，尤其在研究人性以及人类发展中，考茨基又选择了达尔文主义的自然主义和进化论倾向进行方法论的研究。关于达尔文主义的社会进化论的态度，考茨基并不是从始至终都是肯定的，而是处于一种犹豫不决、摇摆不定的态度中。

参考文献

一、著作

[1]《巴枯宁言论》，北京：生活·读书·新知三联书店1978年版。

[2]《伯恩施坦言论》，北京：生活·读书·新知三联书店1966年版。

[3] 陈炳辉：《西方马克思主义的国家理论》，北京：中央编译出版社2004年版。

[4][德]伯恩施坦：《社会主义的前提和社会民主党的任务》，殷叙彝译，北京：生活·读书·新知三联书店1965年版。

[5][德]弗兰茨·奥本海姆：《论国家》，沈蕴芳、王燕生译，北京：商务印书馆1994年版。

[6][德]格罗塞：《艺术的起源》，蔡慕晖译，北京：商务印书馆1984年版（2024年重印）。

[7][德]黑格尔：《历史哲学》，王造时译，北京：商务印书馆1963年版。

[8][德]黑格尔：《法哲学原理》，范扬、张企泰译，北京：商务印书馆1961年版（2023年重印）。

[9][德]考茨基：《爱尔福特纲领解说》，北京：生活·读书·新知三联书店1963年版。

[10][德]考茨基：《帝国主义》，史集译，北京：生活·读书·新知三联书店1964年版。

[11][德]考茨基：《国防问题和社会民主党》，何疆、王禹译，北京：三联书店1964年版。

[12][德]考茨基：《恐怖主义和共产主义》，北京：生活·读书·

新知三联书店 1963 年版。

[13][德]考茨基：《基督教之基础》，叶启芳等译，北京：生活·读书·新知三联书店 1955 年版。

[14][德]考茨基：《取得政权的道路》，北京：生活·读书·新知三联书店 1961 年版。

[15][德]考茨基：《社会革命》，北京：人民出版社 1980 年版。

[16][德]考茨基：《土地问题》，梁琳译，北京：生活·读书·新知三联书店 1955 年版。

[17][德]考茨基：《唯物主义历史观》第一分册，上海：上海人民出版社 1964 年版。

[18][德]考茨基：《唯物主义历史观》第二分册，上海：上海人民出版社 1965 年版。

[19][德]考茨基：《唯物主义历史观》第三分册，上海：上海人民出版社 1984 年版。

[20][德]考茨基：《唯物主义历史观》第四分册，上海：上海人民出版社 1964 年版。

[21][德]考茨基：《唯物主义历史观》第五分册，上海：上海人民出版社 1964 年版。

[22][德]考茨基：《唯物主义历史观》第六分册，上海：上海人民出版社 1965 年版。

[23][德]考茨基：《无产阶级专政》，北京：生活·读书·新知三联书店 1963 年版。

[24][德]考茨基：《一个马克思主义者的成长》，叶至译，北京：生活·读书·新知三联书店 1973 年版。

[25][德]康德：《判断力批判》，邓晓芒译，北京：人民出版社 2002 年版。

[26][德]柯尔施：《马克思主义和哲学》，王南湜、荣新海译，重庆：重庆出版社 1989 年版。

[27][德]库诺：《马克思的历史、社会和国家学说》，袁志英译，上海：上海世纪出版集团 2006 年版。

［28］［德］库诺夫：《党破产了吗?》，北京：生活·读书·新知三联书店1977年版。

［29］［德］洛塔尔·贝托尔特：《德国工人运动史大事记》第一卷，北京：人民出版社1983年版。

［30］［德］韦伯：《韦伯：人类社会经济史》，唐伟强译，北京：中国画报出版社2012年版。

［31］机会主义资料选编编译组：《第二国际修正主义者关于帝国主义的谬论》，北京：生活·读书·新知三联书店1976年版。

［32］［法］阿隆：《阶级斗争：工业社会新讲》，南京：译林出版社2003年版。

［33］［法］拉法格：《思想起源论》，北京：三联书店1963年版。

［34］［法］索雷尔：《论暴力》，上海：上海人民出版社2005年版。

［35］方章东：《第二国际理论家马克思主义观研究》，合肥：安徽大学出版社2007年版。

［36］《福尔马尔文选》，北京：人民出版社1984年版。

［37］中共中央编译局编：《国际共运史研究资料》第三辑，北京：人民出版社1981年版。

［38］中共中央编译局编：《国际共运史研究》第四辑，北京：人民出版社1988年版。

［39］［荷兰］林登：《西方马克思主义与苏联：1917年以来的批评理论和争论概览》，南京：江苏人民出版社2012年版。

［40］黄楠森：《马克思主义哲学史》第三卷，北京：北京出版社1991年版。

［41］黄楠森：《马克思主义哲学史》第四卷，北京：北京出版社1994年版。

［42］《考茨基文选》，王学东编，北京：人民出版社2008年版。

［43］《考茨基言论》，北京：三联书店1966年版。

［44］《拉萨尔言论》，北京：三联书店出版社1976年版。

［45］《列宁全集》第6卷，北京：人民出版社2013年第2版增订版。

［46］《列宁全集》第18卷，北京：人民出版社2017年第2版增

订版。

[47]《列宁全集》第 25 卷,北京:人民出版社 2017 年第 2 版增订版。

[48]《列宁全集》第 26 卷,北京:人民出版社 2017 年第 2 版增订版。

[49]《列宁全集》第 31 卷,北京:人民出版社 2017 年第 2 版增订版。

[50]《列宁全集》第 35 卷,北京:人民出版社 2017 年第 2 版增订版。

[51] 刘佩弦、马健行:《第二国际若干人物的思想研究》,北京:中国人民大学出版社 1994 年版。

[52]《卢森堡文选》,李宗禹编,北京:人民出版社 2012 年版。

[53] 马健行:《帝国主义理论形成史》,北京:中国社会科学出版社 1993 年版。

[54]《马克思恩格斯全集》第 1 卷,北京:人民出版社 2001 年版。

[55]《马克思恩格斯全集》第 18 卷,北京:人民出版社 1964 年版。

[56]《马克思恩格斯全集》第 35 卷,北京:人民出版社 2013 年版。

[57]《马克思恩格斯文集》第 1—10 卷,北京:人民出版社 2009 年版。

[58]《马克思恩格斯选集》第 1—4 卷,北京:人民出版社 1999 年版。

[59][美] 保罗·斯威齐:《资本主义发展论》,陈观烈、秦亚男译,北京:商务印书馆 1962 年版(2022 年重印)。

[60][美] 爱德华·W. 赛义德:《知识分子论》,北京:生活·读书·新知三联书店 2002 年版。

[61][南斯拉夫] 弗兰尼茨基:《马克思主义史》第 1 卷,胡文建等译,哈尔滨:黑龙江大学出版社 2015 年版。

[62]《普列汉诺夫文集》第三卷,北京:商务印书馆 2021 年版。

[63][苏联] 斯·布赖奥维奇:《卡尔·考茨基及其观点的演变》,李兴汉等译,北京:东方出版社 1986 年版。

[64] 吴晓明：《形而上学的没落：马克思主义与费尔巴哈关系的当代解读》，北京：人民出版社 2006 年版。

[65] 复旦大学哲学系编译：《西方学者论〈一八四四年经济学—哲学手稿〉》，上海：复旦大学出版社 1983 年版。

[66] [匈] 卢卡奇：《历史与阶级意识》，杜章智译，北京：商务印书馆 1999 年版。

[67] 徐崇温：《怎样认识民主社会主义》，北京：社会科学文献出版社 2013 年版。

[68] 姚顺良：《资本主义理解史（第二卷）：第二国际时期资本主义批判理论的演变》，南京：江苏人民出版社 2009 年版。

[69] [意] 葛兰西：《实践哲学》，徐崇温译，重庆：重庆出版社 1990 年版。

[70] [意] 葛兰西：《狱中札记》，曹雷雨、姜丽等译，北京：中国社会科学出版社 2000 年版。

[71] 殷叙彝：《社会民主主义概论》，北京：中央编译出版社 2011 年版。

[72] 殷叙彝：《第二国际研究》，北京：中央编译出版社 1998 年版。

[73] 尹树广：《国家批判理论》，哈尔滨：黑龙江人民出版社 2002 年版。

[74] [英] 安东尼·吉登斯：《民族—国家与暴力》，北京：三联书店 1998 年版。

[75] [英] 戴维·麦克莱伦：《马克思以后的马克思主义》，李智译，北京：中国人民大学出版社 2008 年版。

[76] [英] 戴维·李：《关于阶级的冲突：晚期工业资本主义不平等之辩论》，姜辉译，重庆：重庆出版社 2005 年版。

[77] [英] 佩里·安德森：《西方马克思主义探讨》，张秀琴译，北京：人民出版社 2023 年版。

[78] 俞吾金、陈学明：《国外马克思主义哲学流派》，上海：复旦大学出版社 2002 年版。

[79] 郁建兴：《马克思国家理论与现时代》，北京：东方出版中心

2007年版。

[80] 张世鹏：《德国社会民主党纲领汇编》，北京：北京大学出版社2005年版。

[81] 张一兵：《回到列宁》，南京：江苏人民出版社2008年版。

[82] 庄福龄：《马克思主义史》，北京：人民出版社1995年版。

[83] 邹永贤：《国家学说史》，福州：福建人民出版社1987年版。

[84] Dick Geary. *Karl Kautsky*. Manchester：Manchester University Press，1987.

[85] Gary P. Steenson. *Karl Kautsky*，1854 – 1938：*Marxism in the Classical Years*. Pittsburgh：University of Pittsburgh Press，1979.

[86] John H. Kautsky. *Karl Kautsky*：*Marxism，Revolution，and Democracy*，New Brunswick（U. S. A）and London（U. K.），Transaction Publishers，1993.

[87] John H. Kautsky. *Karl Kautsky and The Social Science Of Classical Marxism*，Leiden：E. J. Brill，1989.

[88] Jukka Gronow. *On The Formation Of Maxism*，Commentationes Scientiarum Socialium，1986.

[89] M. Salvadori. *Karl Kautsky And The Socialist Revolution* 1880 – 1938，London：New Left Books，1979.

[90] Moira Donald. Marxism and revolution：Karl Kautsky and the Russian Marxists（1900 – 1924）. New Haven & London：Yale University Press，1993.

[91] P. Goode. *Karl Kautsky*：*elected Political Writings*，London：Macmillan，1983.

二、论文

[1] 陈爱萍：《西方学者对第二国际马克思主义哲学研究的三个阶段》，载《哲学动态》，2010年第2期。

[2] 陈学明：《评西方马克思主义所开辟的马克思哲学的解释路向——重读柯尔施的〈马克思主义和哲学〉》，载《学术月刊》，2004年第5期。

[3] 陈学明：《马克思主义在本质上是哲学》，载《复旦学报（社会科学版）》，2006年第5期。

[4] 陈学明：《评卡尔·考茨基的主要理论观点》，载《马克思主义与现实》，2008年第4期。

[5] 陈学明：《罗莎·卢森堡对伯恩施坦、考茨基修正主义的批判》，载《学海》，2009年第2期。

[6] ［德］埃里希·马蒂亚斯：《考茨基和考茨基主义（摘录）》，李兴耕译，载《国际共运史研究资料》，1983年第1期。

[7] ［德］安奈利斯·拉希察：《卡尔·考茨基》，载《当代世界与社会主义》，唐春华译，1990年第2期。

[8] ［德］路易莎·考茨基：《卡尔·考茨基》，唐春华译，载《当代世界与社会主义》，1985年第3期。

[9] ［德］约翰·考茨基：《卡尔·考茨基和欧洲共产主义》，刘庸安译，载《国际共运史研究资料》，1986年第2期。

[10] 池元吉：《马克思恩格斯阶级和阶级斗争理论与当代现实》，载《吉林大学社会科学学报》，2005年第4期。

[11] 金隆德：《考茨基对历史唯物主义的阐释——读〈唯物主义历史观〉札记之一》，载《安徽大学学报（哲学社会科学版）》，1989年第4期。

[12] 金隆德：《考茨基〈唯物主义历史观〉的理论贡献》，载《中国社会科学》，1989年第6期。

[13] 金隆德：《考茨基和弗洛伊德主义》，载《社会科学战线》，1990年第2期。

[14] 考茨基：《一封关于马克思和马赫的信》，商鼎译，载《国际共运史研究资料》，1981年第1期。

[15] 李庆钧：《重建：在何种意义上是马克思主义的？——读孙伯鍨先生的〈卢卡奇与马克思〉》，载《南京政治学院学报》，2001年第1期。

[16] 李双翼：《试论卢卡奇对第二国际庸俗马克思主义的批判》，载《辽宁大学学报（哲学社会科学版）》，2002年第3期。

[17] 李兴耕：《近三十年来西德和民主德国的考茨基研究》，载《当

代世界与社会主义》，1983 年第 1 期。

[18] 刘森林：《论第二国际哲学》，载《烟台师范学院学报（哲社版）》，1990 年第 2 期。

[19] [美] 诺曼·莱文：《列宁国家思想来源的探询》，贺翠香译，载《现代哲学》，2010 年第 2 期。

[20] [美] P. 格里尔：《恩格斯、考茨基和新康德主义的道德理论》，子华译，载《国外社会科学》，1980 第 8 期。

[21] [南斯拉夫] R. 施密特：《布尔什维主义、民主和阶级理论》，戴侃译，载《国外社会科学》，1984 年第 8 期。

[22] 欧阳英：《从 MEGA2 重新理解马克思有关国家的学说》，载《哲学研究》，2011 年第 3 期。

[23] 欧阳英：《国家、阶级、和谐社会——重读马克思国家学说》，载《学术研究》，2011 年第 12 期。

[24] 孙关宏：《民主与社会主义：历史与逻辑的考察——对考茨基民主理论的再认识》，载《浙江社会科学》，2008 年第 1 期。

[25] 王凤才、陈学明：《国外马克思主义研究：四条路径及其评价》，载《学术月刊》，2011 年第 2 期。

[26] 王学东：《略谈考茨基"灌输论"思想的形成过程》，载《国际共运史研究》，1988 年第 4 期。

[27] 吴晓明：《论柯尔施对"庸俗马克思主义"的批判与反拨——〈马克思主义和哲学〉的阐释定向及存在论基础》，载《云南大学学报（社会科学版）》，2004 年第 3 期。

[28] 吴友军：《论葛兰西对"正统"马克思主义经济决定论的批判》，载《当代世界与社会主义》，2008 年第 4 期。

[29] 谢淀波：《试论考茨基的思想演变及其教训》，载《中国人民大学学报》，1987 年第 6 期。

[30] 邢立军：《〈美国工人〉与考茨基早期的社会历史概念》，载《国外理论动态》，2008 年第 7 期。

[31] 徐军：《浅析考茨基对历史唯物主义"经典表述"的修正——关于〈唯物主义历史观〉第三、五分册的文本解读》，载《井冈山大学学报

（社会科学版）》，2011年第4期。

[32] 徐军：《考茨基对康德哲学的批判与反思——〈伦理与唯物史观〉与〈唯物主义历史观〉的比较性文本解读》，载《南京政治学院学报》，2011年第4期。

[33] 徐军：《考茨基历史唯物主义思想的基本内容——〈唯物主义历史观〉的文本解读》，载《哲学动态》，2011年第8期。

[34] 仰海峰：《葛兰西的意识形态理论及其当代效应》，载《马克思主义与现实》，2006年第2期。

[35] 姚顺良：《应该重视和加强对第二国际的研究》，载《国外理论动态》，2008年第6期。

[36] 俞吾金：《关于唯物史观及其历史命运的思考》，载《学术月刊》，1994年第7期。

[37] 俞吾金、王凤才：《关于诠释学视阈中的马克思哲学的学术对话》，载《晋阳学刊》，2009年第5期。

[38] 邹诗鹏：《唯物史观与经典社会理论》，载《学术研究》，2010年第1期。

[39] 周宏：《考茨基与马克思主义哲学》，载《扬州大学学报（人文社会科学版）》，2005年第4期。

[40] 周宏：《第二国际时期马克思主义的境遇》，载《河南大学学报（社会科学版）》，2003年第2期。

[41] Alan Shandro. "Karl Kautsky: on the Relation Of Theory And Practice", *Science & Society*, Vol. 01, No. 4, Winter 1997 – 1998, pp. 474 – 501.

[42] Bertel Nygaard. "Constructing Marxism: Karl Kautsky and the French Revolution", *History of European Ideas*, No. 35, 2009, pp. 450 – 464.

[43] Catherine Rafferty. "Karl Kautsky—Between Darwin And Marx", Australian Journal of Politics & History, Volume 36, Issue 3, 1990 (12), pp. 377 – 387.

[44] David. W. Morgan. "The Eclipse of Karl Kautsky, 1914 – 1924", *International Jornal Of Comparative Sociology*, No. 30, 1989, pp. 57 – 67.

[45] Gary p. Steenson. "Early Assumptions, Preconceptions, And Preju-

dices", *International Journal Of Comparative Sociology*, No. 30, 1989, p. 33.

[46] John H. Kautsky. "Karl Kautsky and Eurocommunism", *Studies In Comparative Communism*, Vol. 14, No. 1, 1981, pp. 3 – 44.

[47] Jules townshe. "Reassessing Kautsky's Marxism", *Political Studies*, No. 37, 1989, pp. 659 – 664.

[48] Jules Townshend. "Amending Kautsky's Charge-Sheet", *Politics*, Vol 4, No. 2, October 1984, pp. 27 – 32.

[49] Karl Kautsky. "The Intellectuals and the Workers", *Die Neue Zeit*, Vol 22, No. 4, 1903, first published in English: *Fourth International*, Vol. 7 No. 4, April 1946, pp. 125 – 126.

[50] Massimo. L. Salvadori. "Reinterpreting kausky", *International review of social history*, vol. 34, 1989, p. 110.

[51] Paul Blackledge. "Karl Kautsky and Marxist Historiography", *Science & Society*, Vol. 70, No. 3, July 2006, pp. 337 – 359.

[52] Stephen Eric Bronner. "Karl Kautsky and the Twilight of Orthodoxy", *Political Theory*, No. 1, October 1982, pp. 580 – 605.

[53] Terrence McDonough, Robert Drago. "Crises of Capitalism and the first crisis of Marxism: A Theoretical Note on the Bernstein-Kautsky Debate", Review of Radical Political Economics, Vol. 21, No. 3, 1989, pp. 27 – 32.

[54] Steven K. Holloway. "Relations Among Core Capitalist States: The Kautsky-Lenin Debate Reconsidered ", *Canadian Journal of Political Science*, Vol. 16, No. 2, June 1983, pp. 321 – 333.

后 记

卡尔·考茨基是德国社会民主党和第二国际最重要的理论家之一,考茨基在传播、普及以及捍卫马克思主义理论方面做出了重大贡献。立足于21世纪国外马克思主义再研究视角,关于考茨基马克思主义观的研究具有重要理论意义和时代意义。唯物主义历史观是考茨基用以指导其活动和思想的方法,是其一生工作的结晶,关于考茨基的唯物主义历史观的再研究再考察,一方面有利于了解考茨基的唯物主义历史观的演变历程,另一方面有利于理解面对19世纪末20世纪初国际社会主义运动的新形势,考茨基关于社会主义运动的理论与实践策略变迁。

本书是在笔者博士论文的基础上修改完成的,以考茨基的著作《唯物主义历史观》为文本依托,对考茨基关于唯物主义历史观的理解进行了深层次的梳理,从唯物主义历史观的本质和研究对象,到阶级、国家、社会主义运动等详细梳理了考茨基唯物主义历史观的基本内容,初步构建了较系统的考茨基的理论体系。同时,通过考察考茨基与同时代理论家的论争,力图全方位地呈现考茨基在马克思主义发展史中的形象和作用。最后,本书对考茨基的唯物主义历史观进行了相对客观的评价,分析了考茨基的理论贡献和局限。本书分为导论和六章内容,其中,导论和第三章第三节"国家的消亡"经过略微修改后已发表在期刊上。

本书作为笔者在复旦大学哲学学院读书学习的阶段性成果,记载了自己的求学经历;如今将其整理出版,承载着满满的美好回忆,书写着对各位老师、同学和好友的深深谢意。从博士论文选题、构思到最后的定稿,离不开导师郑召利教授的指导和关心,离不开论文指导小组成员孙承叔教授、陈学明教授、吴晓明教授、王德峰教授、冯平教授、王金林教授、邹诗鹏教授的指导建议,同时离不开王凤才教授对著作框架的悉心指导,在

后　记

此表示衷心的感谢！

本书出版得到了上海体育大学马克思主义学院院长胡德平教授的关心与支持，得到了"上海体育大学马克思主义理论研究专项出版资助计划"的全力支持，得到了山东大学杨志友博士的热情帮助，同时中央编译出版社编辑付出了辛勤劳动，在此一并表示衷心感谢！

本书撰写过程中参阅、借鉴了诸多中外学者的著述，他们丰硕的研究成果为本书提供了坚实的研究基础和参考文献，在此表示敬意和感谢！本书所用资料大多已在书中注明，如有疏漏，还请谅解。由于作者水平所限，书中不足和偏颇之处在所难免，诚望同行专家、读者多提宝贵意见。

张　颖

2023 年 5 月 17 日